AF861069

Gestion de la banque

Tout le catalogue sur
www.dunod.com

DUNOD
ÉDITEUR DE SAVOIRS

PPN 170041603
(8W)
332.1 COU (Mont.)
Retiré des collections mars 2025

MANAGEMENT SUP
GESTION - FINANCE

Gestion de la banque

Du diagnostic à la stratégie

7e édition

CENTRE D'ÉTUDES UNIVERSITAIRES
DE BOURG ET DE L'AIN
UNIVERSITÉ JEAN MOULIN
LYON 3
2, Rue du 23ème R.I.
01000 BOURG EN BRESSE
Tél. 04 74 23 82 35

Sylvie de Coussergues
Gautier Bourdeaux

DUNOD

Le pictogramme qui figure ci-contre mérite une explication. Son objet est d'alerter le lecteur sur la menace que représente pour l'avenir de l'écrit, particulièrement dans le domaine de l'édition technique et universitaire, le développement massif du photocopillage.
Le Code de la propriété intellectuelle du 1er juillet 1992 interdit en effet expressément la photocopie à usage collectif sans autorisation des ayants droit. Or, cette pratique s'est généralisée dans les établissements d'enseignement supérieur, provoquant une baisse brutale des achats de livres et de revues, au point que la possibilité même pour les auteurs de créer des œuvres nouvelles et de les faire éditer correctement est aujourd'hui menacée.
Nous rappelons donc que toute reproduction, partielle ou totale, de la présente publication est interdite sans autorisation de l'auteur, de son éditeur ou du Centre français d'exploitation du droit de copie (CFC, 20, rue des Grands-Augustins, 75006 Paris).

© Dunod, Paris, 2013
ISBN 978-2-10-058940-1

Le Code de la propriété intellectuelle n'autorisant, aux termes de l'article L. 122-5, 2° et 3° a), d'une part, que les « copies ou reproductions strictement réservées à l'usage privé du copiste et non destinées à une utilisation collective » et, d'autre part, que les analyses et les courtes citations dans un but d'exemple et d'illustration, « toute représentation ou reproduction intégrale ou partielle faite sans le consentement de l'auteur ou de ses ayants droit ou ayants cause est illicite » (art. L. 122-4).
Cette représentation ou reproduction, par quelque procédé que ce soit, constituerait donc une contrefaçon sanctionnée par les articles L. 335-2 et suivants du Code de la propriété intellectuelle.

Table des matières

Introduction

Le titre même de cet ouvrage invite à se poser immédiatement une question : « La gestion d'une banque est-elle à ce point différente de la gestion des autres entreprises pour que des analyses particulières lui soient consacrées ? » À cette question, la réponse est oui. Certes, il existe de nombreux points communs entre entreprises bancaires et non bancaires, mais les banques présentent des spécificités qui justifient et nécessitent des approches et analyses adaptées. Ces spécificités peuvent s'appréhender à plusieurs niveaux.

Au niveau du secteur, les banques appartiennent à un secteur réglementé. La stabilité des intermédiaires financiers étant indispensable au bon fonctionnement de l'économie, la réglementation bancaire, dont les crises financières récentes ont bien montré l'importance et l'utilité, est omniprésente et contraint, à l'évidence de très nombreux aspects de la gestion des établissements de crédit. C'est ainsi que la réglementation sur la solvabilité a des répercussions sur la stratégie, sur l'accomplissement des opérations et la mise en place de procédures de contrôle. Cette réglementation s'appliquant à tous les intervenants du secteur bancaire, elle ne fait pas obstacle aux conditions de vive concurrence qui y prévalent : concurrence et réglementation sont deux caractéristiques majeures du secteur bancaire.

Au niveau des firmes, on observe que les banques ne connaissent guère de cycle de production et que leur activité ne peut être qualifiée de saisonnière. De même, il est difficile d'introduire au plan de la gestion une différence fondamentale entre le court et le long terme, l'exploitation et le financement, tant des phénomènes d'interdépendance se manifestent. Mais surtout, la fonction essentielle d'une banque est de prendre des risques. Plus que tout autre, la banque est confrontée quotidiennement à des prises de décision en avenir risqué.

Au niveau des produits, les banques sont des prestataires de services. Leurs produits sont donc peu sujets à l'obsolescence, ne sont pas protégés par des brevets mais font fréquemment l'objet d'une réglementation.

C'est pourquoi dans cet ouvrage, ce sont les questions qui découlent de ces spécificités qui seront traitées et non celles qui relèvent de la gestion des ressources humaines, de l'organisation ou des systèmes informatiques qui se présentent globalement dans les mêmes termes pour toutes les entreprises.

Aussi, après avoir présenté le secteur bancaire français (chapitre 1) et la réglementation à laquelle il est soumis (chapitre 2), la comptabilité des établissements de crédit sera étudiée en tant que système d'information à destination d'utilisateurs variés (chapitre 3). La qualité de l'information financière diffusée par les banques cotées en bourse est en effet primordiale pour permettre la réalisation d'un diagnostic financier (chapitre 4), indispensable pour les marchés.

La gestion d'un établissement de crédit implique la mise en place de méthodes de contrôle s'attachant aux coûts, aux marges et à la rentabilité ainsi que de systèmes de pilotage (chapitre 5). Dans ces conditions, une gestion performante du risque de contrepartie (chapitre 6) ainsi qu'une gestion des actifs et passifs bancaires (chapitre 7) peuvent être réalisées. Quant au marketing bancaire, il a vocation à configurer toutes les actions commerciales d'une banque (chapitre 8) et au-delà de la politique commerciale, la détermination d'une stratégie de développement couronnée de succès assure la croissance, la rentabilité et la pérennité de la firme bancaire (chapitre 9).

Chapitre 1

Le secteur bancaire français

SOMMAIRE

Il serait difficile de bien comprendre les principales caractéristiques et les enjeux de la gestion d'une banque si le secteur bancaire français n'était pas d'abord présenté.

Cette présentation s'appuiera en premier lieu sur une définition de la banque.

Puis, après avoir examiné les grandes évolutions du cadre réglementaire qui ont accompagné les modifications de l'environnement des établissements de crédit, on s'attachera à la physionomie actuelle du secteur bancaire français.

Section 1 L'ENTREPRISE BANCAIRE

Le terme de banque est l'appellation générique habituellement utilisée pour désigner des entreprises à fonctions, statuts ou activités fort différents. Il convient donc de définir plus précisément ce que ce terme recouvre en adoptant successivement trois approches, une approche théorique où la fonction d'intermédiaire financier est privilégiée, une approche institutionnelle liée à la notion d'établissement de crédit et une approche plus professionnelle qui reconnaît la diversité du métier de banquier.

1 La banque, intermédiaire financier

Une banque est l'intervenant principal du processus de finance indirecte en raison des rôles essentiels à ce processus qu'elle remplit.

1.1 Finance directe et finance indirecte

Cette distinction fondamentale renvoie aux modes de financement d'une économie, c'est-à-dire à l'allocation des ressources financières à des emplois multiples (figure 1.1).

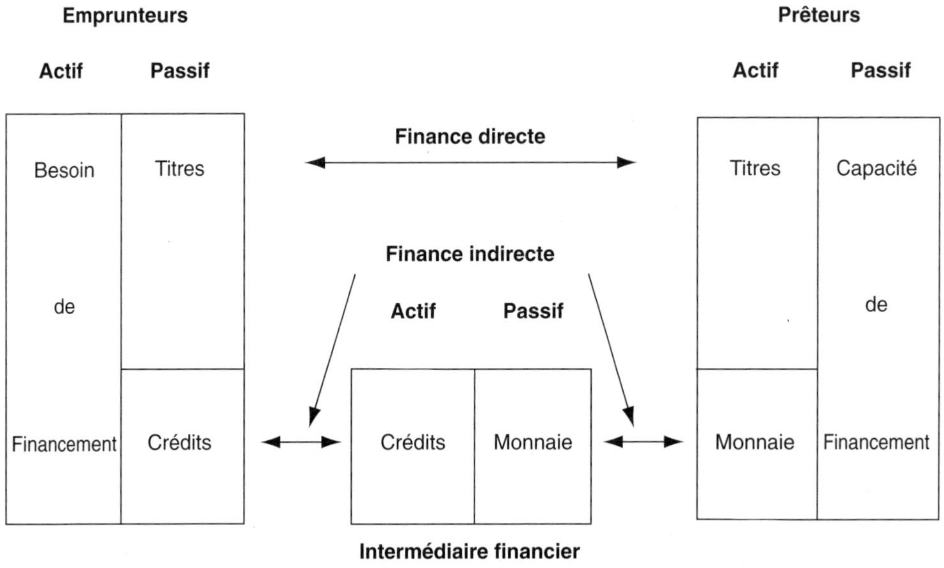

Figure 1.1 – Finance directe-Finance indirecte

Agents à capacité ou à besoin de financement

Certains agents économiques, ainsi les ménages, ne consomment pas l'intégralité de leur revenu et dégagent une épargne qu'ils cherchent à placer. *Ils ont une capacité de financement, ils sont prêteurs.* D'autres agents, au contraire, dépensent davantage que leur revenu parce qu'ils ont des projets d'investissement à réaliser comme par exemple les entreprises ou l'État. *Ils ont un besoin de financement, ils sont emprunteurs.*

Les deux processus de financement d'une économie

Les agents à besoin de financement s'adressent aux agents à capacité de financement afin de leur emprunter leur excédent de revenu selon deux modalités.

• *La finance directe*, appelée également finance désintermédiée ou économie de marchés de capitaux : *avec la finance directe, les agents à besoin et capacité de financement entrent directement en relation en se présentant sur des marchés dits marchés de capitaux.* Les agents à besoin de financement émettent des titres (de type actions, obligations, TCN) qui sont souscrits (achetés) par les agents à capacité de financement. Ceci revient pour les agents à capacité de financement à prêter et pour les agents à besoin de financement à emprunter. Les deux parties concluent un contrat sur le marché des capitaux, ce qui signifie qu'ils se sont mis d'accord sur un montant, une date de remboursement et un prix, le taux d'intérêt.

Il y a donc un face à face des prêteurs et des emprunteurs sur des marchés de capitaux qui assurent l'allocation des ressources financières au financement des projets d'investissement, ce qui explique que l'on parle d'économie de marchés de capitaux.

Les pays où la finance directe est très développée sont les pays anglo-saxons, États-Unis et Grande-Bretagne, où, de longue date, des marchés de capitaux efficients et diversifiés assurent l'allocation des ressources financières. Un pays comme la France, suivie en cela par d'autres pays européens comme l'Allemagne, a considérablement développé ses marchés de capitaux, donc la finance directe, à partir de 1985. Notons également que le développement de la finance directe ne signifie pas pour autant absence ou atrophie du système bancaire. Dans les économies de marchés de capitaux, les deux processus coexistent et les systèmes bancaires sont également très développés.

• *La finance indirecte* dite également finance intermédiée ou économie d'endettement : *avec la finance indirecte, un intermédiaire financier vient s'intercaler entre les agents à capacité et à besoin de financement.* Cet intermédiaire financier emprunte aux agents à capacité de financement leur épargne en leur proposant des contrats de type contrats de dépôts, ce faisant l'intermédiaire collecte des capitaux. Puis, il va prêter les capitaux ainsi collectés aux agents à besoin de financement en leur proposant des contrats de crédit.

© Dunod – Toute reproduction non autorisée est un délit.

Il n'y a plus de face à face entre prêteurs et emprunteurs. L'allocation des ressources financières transite par des organisations que l'on appelle intermédiaires financiers, d'où l'appellation d'économie d'endettement, les projets d'investissement étant financés par des crédits bancaires.

Les pays où la finance directe est peu développée sont les pays en voie de développement ou en transition et les pays qui ont privilégié les banques dans le financement de l'économie pour des raisons historiques comme par exemple l'Allemagne ou le Japon. Mais, comme on vient de le préciser, l'Allemagne ainsi que le Japon ont développé leurs marchés de capitaux ces dernières années. Dans les économies d'endettement, les marchés de capitaux, s'ils existent, sont étroits et peu efficients.

• L'opposition entre finance directe et indirecte tend, depuis les années 80, à se brouiller, notamment parce qu'est apparu aux États-Unis un nouveau modèle bancaire. Les banques qui traditionnellement consentaient des crédits et les conservaient dans leur bilan (modèle dit *originate to hold*) ont cherché à céder ces crédits à des investisseurs. A ainsi été développé un modèle d'octroi-cession des crédits qualifié « originate to distribute » s'appuyant sur la technique de la titrisation.

Si la distinction tend à être plus complexe, il n'en demeure pas moins que l'on est conduit à se demander pourquoi la finance directe n'a pas supplanté la finance indirecte puisque des intermédiaires financiers, en s'intercalant entre prêteurs et emprunteurs, renchérissent l'allocation des ressources en prélevant une marge nécessaire à l'équilibre de leur exploitation.

1.2 Le rôle de l'intermédiaire financier dans l'allocation des ressources

Les intermédiaires financiers, et plus particulièrement les banques, remplissent des rôles irremplaçables dans l'allocation des ressources, regroupés autour de trois arguments.

La banque traite de l'information

Un intermédiaire financier internalise les coûts de transaction liés à la collecte d'information et supportés par les prêteurs et emprunteurs sur les marchés de capitaux ainsi ; il se forge une véritable compétence dans le traitement de l'information. Sur les marchés, les coûts de transaction consistent pour le prêteur à rassembler des informations sur les rendements et risques des titres émis puis à surveiller le comportement de l'émetteur ; pour l'emprunteur, il s'agit de démarcher le prêteur et de lui fournir les informations qui lui sont nécessaires de façon rapide et fiable alors qu'il ne souhaite peut-être pas les révéler. Dans ces conditions, l'intervention d'une banque est utile à plusieurs égards.

• *Les banques et leurs clients, particuliers et entreprises, entretiennent des relations de long terme* ce qui signifie que la relation banque – client est une relation durable. En effet, les deux parties ont tout intérêt à la stabilité de cette relation car, outre les raisons évidentes de commodité, crédit signifie confiance et cette confiance ne peut se manifester qu'à l'issue d'une longue période de contacts fréquents.

De ce fait, les banques accumulent sur leurs clients déposants et emprunteurs des informations dites privées qu'elles sont les seules à détenir, comme par exemple, les habitudes et les incidents de paiements, les besoins de financement, l'honnêteté, la compétence des dirigeants d'une entreprise.

• *Les banques ne divulguent pas cette information*, elles la conservent pour elles-mêmes et l'utilisent pour affiner leur connaissance des clients et pour leur vendre les produits dont ils ont besoin. On observera que les clients sont avertis de la non-divulgation des informations les concernant et que cela les incite à révéler à leur banquier toutes les données utiles à la bonne marche de leur relation.

• *Lorsqu'une banque accorde un crédit à un client, cette opération peut être analysée comme une signalisation à destination des tiers* : le banquier estime que l'emprunteur est un bon risque et la réputation de l'emprunteur est confortée.

L'expertise de la banque en matière d'évaluation et de suivi des risques

Les banques ont développé une véritable expertise dans l'évaluation et le suivi du risque de crédit qu'elles mettent au service des agents à capacité de financement. Elles maîtrisent tous les outils d'analyse du risque de crédit, elles savent rédiger des contrats de crédit avec des clauses incitant les emprunteurs à honorer leurs engagements et assortis de prises de garantie, elles assurent le suivi quotidien des dossiers de crédit et prennent les mesures nécessaires en cas de défaillance de la contrepartie, ce que des prêteurs non qualifiés ne sont pas en mesure de faire. Enfin, la banque assume directement le risque de crédit qu'elle gère grâce à la division des risques.

La banque et l'assurance de liquidité

Les contrats de dépôts comme ceux de crédit fournissent aux clients une assurance de liquidité.

• *Les dépôts bancaires* : les ménages font preuve d'une préférence pour la liquidité et d'une aversion plus ou moins manifeste pour le risque. *Le dépôt bancaire est un actif parfaitement liquide*. Divisible en unités de faible montant, il est accepté par tous comme moyen de paiement d'autant plus que lui sont associés des modes de transfert commodes comme le chèque, le virement ou le paiement par carte bancaire. Des systèmes de compensation assurent la transférabilité entre banques des dépôts collectés. Enfin, ces actifs présentent un risque en capital faible ne se manifestant qu'en cas de faillite de l'établissement de crédit mais, comme on le verra dans le chapitre 2, les autorités de tutelle veillent à prévenir cette éventualité.

© Dunod – Toute reproduction non autorisée est un délit.

• *Les crédits bancaires* : le contrat de crédit garantit à l'emprunteur une fourniture immédiate de liquidités pour engager sans délai des dépenses.

Ainsi, c'est l'imperfection des marchés qui explique l'existence d'intermédiaires financiers et la spécificité de l'un d'eux, la banque, qui réduit les coûts et l'incertitude en transformant de l'information et des risques en liquidités.

2 La banque, établissement de crédit

Cette approche met l'accent sur la banque en tant qu'institution dont le statut et les opérations relèvent d'une législation spécifique, à savoir la loi du 24 janvier 1984 relative à l'activité et au contrôle des établissements de crédit, dite loi bancaire, modifiée à de nombreuses reprises depuis cette date et intégrée en 2000 dans le Code monétaire et financier. Le principal apport de cette loi est de conférer à une mosaïque d'institutions à statut différent un statut unique, celui d'établissement de crédit : *un établissement de crédit se définit comme un établissement habilité à effectuer des opérations de banque* ; et une classification des établissements de crédit est prévue.

2.1 Les différentes formes d'activité

Un établissement de crédit, selon l'article L. 511-1 du Code monétaire et financier est une personne morale qui effectue à titre de profession habituelle des opérations de banque ainsi que des opérations connexes à leur activité. On peut ainsi distinguer quatre types d'activités qu'un établissement est susceptible d'accomplir.

■ *Les opérations de banque*

La loi distingue trois catégories d'opérations de banque pour lesquelles les établissements de crédit jouissent d'un monopole :
- *la réception des dépôts du public,* c'est-à-dire de fonds apportés par des tiers, utilisés par l'établissement de crédit pour son propre compte et remboursables ;
- *la distribution de crédit* : le terme crédit doit être pris au sens large de crédit décaissé, engagement par signature, mais également crédit-bail et locations assorties d'option d'achat ;
- *les services bancaires de paiement* : il s'agit de la mise à disposition de la clientèle et de la gestion de moyens de paiement, à savoir de tout instrument permettant de transférer des fonds, quel que soit le support ou le procédé technique utilisé.

La loi bancaire établit le monopole des établissements de crédit en matière d'opérations de banque. Toutefois, un certain nombre d'exceptions sont prévues et on citera :

– pour la réception de fonds, les comptes courants d'associés, les dépôts entre sociétés d'un même groupe ;
– pour la distribution de crédit, le crédit interentreprises, les prêts entre sociétés d'un même groupe ou les prêts d'organismes sociaux (sociétés de HLM, Caisses d'allocations familiales, etc.).

Les deux premières catégories d'opérations constituent l'essence même de l'intermédiation financière traditionnelle, appelée parfois *intermédiation de bilan* et la troisième relève de la prestation de services. Cette définition des opérations de banque ne rend pas bien compte de certaines opérations de marché très fréquemment accomplies par les banques, avec les émissions et les achats de titres, appelées *intermédiation de marché*.

Les activités connexes

Ce sont les activités qui prolongent les opérations de banque, elles sont énumérées par la loi dans l'article L. 311-2 du Code monétaire et financier et comprennent les opérations de change, les opérations sur or, métaux précieux et pièces, les opérations sur valeurs mobilières et produits financiers, le conseil en matière de gestion de patrimoine, le conseil en matière de gestion financière, l'ingénierie financière et les opérations de location simple. La plupart de ces opérations relèvent de la prestation de services.

Focus

Les services d'investissement

Selon le Code monétaire et financier, les services d'investissement sont :
– la réception, la transmission et l'exécution d'ordres pour le compte de tiers ;
– la négociation pour compte propre (à savoir acheter ou vendre des instruments financiers pour son propre compte) ;
– la gestion de portefeuille pour le compte de tiers (donner des ordres d'achat ou de vente pour le compte d'un client en vertu d'un mandat) ;
– la prise ferme et le placement de valeurs mobilières (services rendus aux sociétés qui émettent des titres) ;
– l'exploitation d'un système multilatéral de négociation.

Ces services d'investissement, et les services qui leur sont connexes, sont liés aux instruments financiers, plus précisément aux :
– titres financiers (actions, obligations, parts ou actions des organismes de placement collectifs) ;
– contrats financiers, également dénommés instruments financiers à terme.

© Dunod – Toute reproduction non autorisée est un délit.

Dans cette liste, les opérations sur valeurs mobilières et produits financiers occupent une place privilégiée car en application de la loi de modernisation financière (MAF) de 1996 qui transpose en droit français la directive européenne sur les services d'investissement, autrement dit les métiers du titre, les établissements de crédit habilités peuvent fournir à leur clientèle tous les services d'investissement.

Les activités non bancaires

Les banques peuvent accomplir des activités ne relevant pas des deux catégories précédentes comme la commercialisation de produits d'assurance ou de voyages organisés mais les revenus tirés de ces activités sont plafonnés par la réglementation bancaire à 10 % du produit net bancaire de l'établissement concerné.

Les prises de participation

Les prises de participation correspondent à la détention durable pour des motifs stratégiques d'actions émises par d'autres sociétés, établissements de crédit ou entreprises ne relevant pas de ce statut. Comme indiqué dans le chapitre 2, les prises de participation sont soumises à une réglementation.

La figure 1.2, qui récapitule les différentes formes de l'activité bancaire, met en évidence la double fonction d'une banque dans les économies contemporaines : intermédiaire financier et prestataire de services.

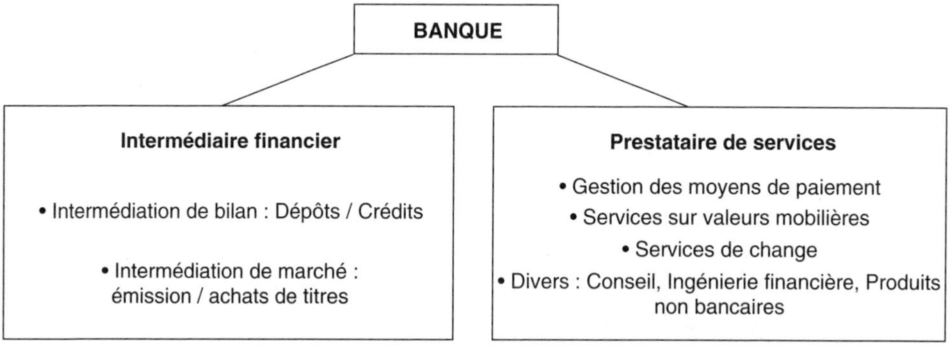

Figure 1.2 – La banque, intermédiaire financier et prestataire de services

2.2 La classification des établissements de crédit

L'article L. 511-9 du Code monétaire et financier prévoit cinq catégories d'établissements de crédit et chaque établissement doit être agréé dans l'une de ces catégories. D'une catégorie à l'autre, l'agrément n'englobe pas toutes les opérations ci-dessus. Ainsi, les trois premières sont habilitées à traiter toutes les opérations de banque, les deux autres ont un agrément restreint qui leur interdit de recevoir du public des fonds à vue ou à moins de deux ans de terme. De même, au sein des trois premières catégories, certains établissements ont un agrément limité lorsque leur activité est concentrée sur une clientèle ciblée et offre une gamme de produits restreinte (gestion de patrimoine ou tenue de compte-conservation, par exemple).

Tableau 1.1 – Les établissements de crédit agréés en France au 01.01.2012

Banques	197
Banques mutualistes ou coopératives :	94
– BPCE	43
– Crédit Agricole	40
– Crédit Mutuel (y compris crédit mutuel agricole et rural)	10
– Sociétés Coopératives de banques	1
Caisses de crédit municipal	18
Sociétés financières	277
Institutions financières spécialisées	3
Total	589

Source : Autorité de contrôle prudentiel.

Les banques

Établissements habilités à effectuer toutes les activités bancaires, les banques sont au nombre de 197 en janvier 2012 (tableau 1.1). Il s'agit d'une catégorie hétérogène avec des établissements :
– de taille très différente puisqu'au sein de cette catégorie figurent les plus grandes banques françaises en termes de total de bilan ou de capitalisation boursière mais aussi des établissements de très petite taille ;
– à mode d'exercice de métier différent, certaines banques étant des banques universelles ou généralistes, présentes sur toutes les activités bancaires, d'autres, au contraire, étant spécialisées sur un métier, une zone géographique ou une clientèle ;
– à contrôle varié. Si toutes les banques ont la forme de sociétés commerciales, certaines ont un capital détenu par un petit nombre d'actionnaires, personnes physiques ou sociétés appartenant à un même groupe, d'autres au contraire un capital très dispersé, principalement lorsqu'elles sont cotées sur une bourse de valeurs mobilières. Parmi les quelques banques demeurant sous contrôle public, on citera S.A. BPI-Groupe (anciennement Oséo S.A.) et la Banque Postale, créée en 2005 et détenue à 100 % par La Poste.

La plupart des banques appartiennent à un groupe. À titre d'exemple, fin 2007, le groupe BNP Paribas contrôlait 16 banques agréées en France. Leur association professionnelle est la Fédération bancaire française (FBF).

© Dunod – Toute reproduction non autorisée est un délit.

Les banques mutualistes ou coopératives

Ces banques font l'objet de dispositions spécifiques du Code monétaire et financier. Leur caractère mutualiste ou coopératif implique certaines particularités :
– un capital variable ;
– des sociétaires et non des actionnaires d'où le principe « un homme égal une voix » ;
– une solidarité entre sociétaires pour les bénéfices et pertes.

Ce statut spécial a deux implications majeures pour la gestion de ces banques. D'une part, elles ne sont pas opéables car elles ne sont pas cotées en bourse et les titres de propriété qu'elles émettent ne permettent pas une prise de contrôle. De l'autre, elles ne peuvent pas financer leurs opérations de croissance externe par des échanges de titres, ce qui explique que certaines d'entre elles (comme, par exemple, le Crédit Agricole avec CA. SA) ont inclus dans leur groupe une société cotée.

Au nombre de 94 (tableau 1.1), elles ont été créées il y a fort longtemps afin de combler des vides laissés par le financement d'activités particulièrement risquées comme l'agriculture ou les petites entreprises. À l'origine, toutes étaient spécialisées sur une clientèle spécifique. Elles ont ensuite entrepris, et à des rythmes différents souvent imposés par les évolutions réglementaires, de se diversifier et la plupart d'entre elles sont aujourd'hui des banques généralistes.

Ces banques se sont regroupées en réseaux pour constituer aujourd'hui trois grands groupes : le Crédit Agricole, le groupe Banques populaires-Caisses d'épargne et le Crédit mutuel. Ces réseaux organisés autour d'organes centraux (Crédit Agricole SA, BPCE et la Confédération nationale du Crédit mutuel), sont reconnus comme tels par la loi. Les organes centraux rendent des services communs et ont pour mission de représenter les réseaux et de veiller à leur bon fonctionnement. Ils exercent un contrôle technique, juridique et financier sur le réseau.

Les établissements mutualistes ou coopératifs connaissent un processus continu de concentration avec des fusions entre banques (la reprise du Crédit coopératif par les Banques populaires en 2003) ou au sein d'un même réseau : les Caisses d'épargne qui étaient 430 en 1985 sont 17 en janvier 2012, ou le Crédit Agricole avec 90 Caisses régionales en 1990 et 39 en 2012. Le rapprochement qui s'est opéré en 2009 entre les réseaux des Banques populaires et des Caisses d'épargne marque une nouvelle étape de ce processus.

Les Caisses de crédit municipal

Au nombre de 18 (tableau 1.1), ces établissements de crédit ont un agrément plus restreint que les deux catégories précédentes car les crédits qu'elles peuvent consentir à des personnes morales sont limités aux associations et établissements publics locaux. Elles détiennent en outre le monopole du prêt sur gage et elles se sont diversifiées vers les crédits à la consommation. Elles entretiennent des liens étroits avec les communes dans lesquelles elles sont implantées.

Les sociétés financières

Au nombre de 277 (tableau 1.1), les sociétés financières présentent deux caractéristiques :

- elles ne peuvent collecter dans le public des dépôts à vue ou à moins de deux ans de terme, ce qui signifie qu'elles ne peuvent exercer le métier de banque de détail ;
- leur activité est limitée soit par des dispositions qui leur sont propres comme les sociétés anonymes de crédit immobilier (SACI) ou les Sofergies, soit par la nature de leur agrément comme les sociétés de crédit-bail, d'affacturage ou de crédit à la consommation.

Leur nombre a considérablement diminué depuis quelques années (elles étaient 1 017 en 1985) en raison de restructurations ou changement statutaire, comme par exemple dans le cas des maisons de titres et des sociétés de caution mutuelle.

Les institutions financières spécialisées (IFS)

Les IFS sont des établissements auxquels les pouvoirs publics confient une mission d'intérêt général. Comme les sociétés financières, elles ne collectent pas de dépôts à vue ou à moins de deux ans de terme.

La situation de cette catégorie d'établissement de crédit a considérablement évolué ces dernières années pour occuper aujourd'hui une place marginale au sein du secteur bancaire français.

Avec la déréglementation des années quatre-vingt, la mission de certaines IFS a disparu ou s'est banalisée. Celles-ci ont rencontré bien des difficultés pour s'adapter à un environnement concurrentiel et la plupart ont été intégrées à des groupes bancaires commerciaux, perdant de ce fait leur statut d'IFS, comme le Crédit foncier de France qui fait désormais partie du groupe BPCE ou le Crédit national et la BFCE qui ont été repris par le groupe des Banques populaires, et relèvent aujourd'hui de Natixis (Groupe BPCE). Au 1er janvier 2012, les IFS sont au nombre de trois : l'Agence française de développement, dont l'activité s'exerce en faveur des pays en développement, la Caisse de garantie du logement social, ainsi qu'Euronext Paris, l'entreprise de marché française.

Cette classification est très institutionnelle en ce sens que la loi bancaire a créé autant de catégories que nécessaires afin de soumettre à un cadre juridique uniforme des établissements à l'origine très divers. *Elle ne reflète plus la réalité* :

- un critère déterminant de cette classification est la possibilité de recevoir du public des fonds à vue ou à moins de deux ans, critère peu pertinent pour la gestion d'un établissement de crédit ;
- depuis le vote de la loi bancaire en 1984, une tendance à l'homogénéisation de l'activité bancaire s'est développée avec la déréglementation et la banalisation des produits et réseaux. De nombreuses restructurations se sont produites entre établissements de catégories différentes, la dimension stratégique l'emportant sur l'aspect

© Dunod – Toute reproduction non autorisée est un délit.

statutaire, comme, par exemple, la prise de contrôle du CIC par le Crédit mutuel ou du Crédit lyonnais par le Crédit Agricole ;
– les établissements de crédit développent des stratégies très proches autour de métiers et de parts de marché et leur mode de gestion s'est uniformisé.

Focus

Les autres personnes relevant du Code monétaire et financier

À côté des établissements de crédit, d'autres types d'établissements sont régis par le Code monétaire et financier :
– les compagnies financières, qui sont des « holdings » des groupes bancaires ;
– les changeurs manuels ;
– les intermédiaires en opérations de banque ;
– les entreprises d'investissement, qui sont des personnes morales autres que les établissements de crédit fournissant les services d'investissement à titre de profession habituelle ;
– les établissements de paiement ;
– les établissements de monnaie électronique ;
– les conseillers en investissement (CIF).

La Caisse des dépôts et consignations, par ailleurs, dispose d'un statut spécifique.

La Banque publique d'investissement, quant à elle, est un groupe public créé par une loi du 31 décembre 2012 afin de soutenir le financement des entreprises en regroupant le fonds stratégique d'investissement, Oséo et CDC entreprises.

3 Les métiers de la banque

Pour compléter la définition d'une entreprise bancaire, il importe de présenter les métiers de la banque, sachant qu'*un métier se définit comme une activité articulée autour de structures de production et de compétences appliquées à des marchés*. Les métiers de la banque sont variés, surtout quand on y inclut les métiers du titre, des critères permettent de les définir et d'en établir une typologie.

3.1 L'identification des métiers de la banque

Pour décrire le métier exercé par une banque, plusieurs critères peuvent être utilisés.

Le mode de collecte des ressources

On distingue ainsi les banques qui collectent leurs ressources par l'intermédiaire d'un réseau d'agences et/ou par de nouveaux canaux de distribution relevant de la banque à distance ou en ligne, et celles qui collectent leurs ressources sur des marchés de capitaux. Les premières collectent des dépôts à vue et d'épargne auprès d'une clientèle composée principalement de particuliers et d'entreprises dans le cadre du processus de finance indirecte. Les secondes émettent des titres sur les marchés, titres de créance à court terme (les certificats de dépôt) ou à plus long terme (les obligations), et ces émissions relèvent du processus de finance directe.

La clientèle

On distingue plusieurs catégories de clientèle : les particuliers, les petites et moyennes entreprises qui incluent les commerçants, les artisans et les professions libérales, les grandes entreprises, sociétés cotées en bourse principalement, et les investisseurs institutionnels. La clientèle d'une banque commande sa gamme de produits et a de fortes implications sur le mode de collecte des ressources.

La zone d'exercice du métier

Une banque exerce une activité domestique lorsqu'elle concentre ses activités dans une zone géographique qui ne dépasse pas les frontières de son pays d'origine. Elle exerce une activité internationale lorsqu'elle a des succursales ou filiales à l'étranger et/ou des opérations vis-à-vis de non-résidents qui dépassent le tiers de son total de bilan. Avec le développement du marché bancaire européen, qui est beaucoup plus avancé que le marché financier européen, on pourrait penser que ce critère n'est pas aussi déterminant qu'il y a quelques années. Toutefois, les marchés bancaires des différents pays européens ont conservé une forte empreinte nationale qui justifie encore ce clivage.

L'intensité de l'utilisation des fonds propres

Certaines activités bancaires comme le conseil ou la gestion pour compte de tiers consomment peu de fonds propres, par contre les crédits ou le capital-risque en consomment davantage.

La récurrence des revenus

D'un métier à l'autre, l'activité se maintient plus (le cas de la gestion d'actifs ou de la collecte des dépôts) ou moins (les fusions et acquisitions ou les introductions en bourse) aisément, principalement en fonction de la conjoncture.

L'impact du risque

Les métiers bancaires sont plus ou moins sensibles à certains risques. Par exemple, les métiers directement liés aux marchés financiers sont particulièrement sensibles au risque de marché tandis que le risque de crédit est inhérent aux activités de financement.

© Dunod – Toute reproduction non autorisée est un délit.

3.2 Une typologie des métiers de la banque

Quatre grands métiers composent alors l'activité bancaire qui se définit par rapport à ces critères (tableau 1.2.).

Tableau 1.2 – Critères de définition des métiers de la banque

Métiers \ Critères	Collecte des ressources	Clientèle	Zone d'activité	Utilisation des FP	Récurrence des revenus
Banque de détail	Réseau d'agence	Particuliers PME	Domestique	+ –	+ +
Banque de financement et d'investissement	Marchés	Grandes Entreprises	Internationale	+ –	– –
Gestion d'actifs et banque privée	Non significatif	investisseurs institutionnels Particuliers	Internationale	– –	+ +
Services financiers spécialisés	Marchés	Particuliers - PME Grandes Entreprises	Domestique	+ +	+ –

La banque de détail

Appelée également banque à réseau, *retail banking* ou banque de proximité, *ce métier correspond à l'intermédiation de bilan traditionnelle avec la collecte de capitaux auprès de la clientèle et la distribution de crédits et à la prestation des services destinés à cette clientèle.* De ce fait, une banque de détail est un établissement de crédit :

- qui collecte ses ressources grâce à son réseau de guichets et aux nouveaux canaux de distribution ;
- dont la clientèle est principalement composée de particuliers, de PME et de professionnels ;
- qui exerce ce métier à l'échelon local, régional, national ou international. En raison des spécificités juridiques ou culturelles de chaque marché national, la banque de détail est très fréquemment une banque domestique ;
- dont l'intensité d'utilisation des fonds propres est modérée car ayant une clientèle très atomisée, elle divise bien les risques ;
- présentant une bonne récurrence de ses revenus car son activité correspond à des parts de marché qui découlent de la densité de son réseau d'agences.

On peut citer le Crédit mutuel ou les Caisses d'épargne comme exemples de banques de détail françaises à dimension nationale et BNP Paribas et la Société Générale comme exemples de banques de détail françaises à dimension internationale. Quant aux Britanniques Barclays ou HSBC, ce sont des banques étrangères exerçant ce métier en France.

La banque de financement et d'investissement

Appelée banque d'affaires ou *corporate and investment banking,* ce métier se définit par :
- la collecte des ressources sur les marchés ;
- la clientèle composée de très grandes entreprises (*corporate*) et parfois d'États pour lesquels la banque propose des financements et l'accompagnement des clients sur les marchés de capitaux en dirigeant leurs émissions de titres. À titre d'exemple, les activités et produits de ce métier dans le cas de BNP Paribas sont présentés dans l'encadré ci-après. Les activités de *trading* pour compte propre, c'est-à-dire pour le compte de la banque elle-même, relèvent également de la banque de financement et d'investissement ;
- une dimension géographique obligatoirement internationale à l'instar de la clientèle ;
- une faible utilisation des fonds propres pour toutes les activités de conseil et une forte utilisation pour les financements ;
- une récurrence de revenus aléatoire en cas de replis des marchés de capitaux, comme la crise financière de 2007-2008 l'a amplement illustré.

Focus

La banque de financement et d'investissement de BNP Paribas

- *Structured Finance* (financements structurés) : Grandes opérations de financement sur-mesure (entre autres, financements de matières premières et énergie, financements à l'exportation, financement de projets) ;
- *Corporate and Transaction Banking Europe* : Opérations de financement ou de « cash management » aux entreprises ;
- *Corporate Finance* : Conseil en matière de fusions-acquisitions, activités de marché primaire actions, ingénierie financière ;
- *Global Equities and Commodities Derivatives* : Mise à disposition des clients (entreprises, banques, *hedge funds*...) de produits dérivés sur action ou de contrats sur matières premières ;
- *Fixed Income* : Origination, vente, structuration ou syndication de produits de taux, de change et de crédit (émissions obligataires, CDS, produits structurés, *prime brokerage*...).

D'un pays à l'autre et en fonction de la réglementation, la banque d'affaires renforce ses liens avec ses clients en détenant des participations dans leur capital, ce qui est très fréquent dans le cas des banques allemandes et japonaises mais contraire à la réglementation dans le cas des banques américaines.

Les banques de financement et d'investissement les plus importantes sont américaines avec Morgan Stanley ou Goldman Sachs. En France, ce métier est exercé par des établissements comme les banques Lazard ou Rothschild, mais également par

© Dunod – Toute reproduction non autorisée est un délit.

des groupes comme BNP Paribas ou le Crédit Agricole, avec leurs filiales BNP Paribas Corporate and Investment Banking ou Crédit Agricole Corporate and Investment Bank.

La gestion d'actifs et la banque privée

Appelé gestion pour compte de tiers ou *asset management*, ce métier relève davantage de la prestation de services que de l'intermédiation financière, donc le mode de collecte des ressources n'est pas un critère pertinent. *La gestion d'actifs consiste en effet à gérer des portefeuilles de titres pour le compte d'une clientèle* composée :

- *d'investisseurs institutionnels* comme des compagnies d'assurance ou des caisses de retraite, et on parle alors de gestion institutionnelle, mais aussi de particuliers très fortunés et dans ce cas l'offre ne se limite pas à la gestion du portefeuille du client mais à l'ensemble de son patrimoine ;
- d'organismes de placements collectifs en valeurs mobilières (OPCVM) et la gestion d'actifs est alors souvent dénommée gestion collective.

Ce métier revêt toujours une dimension internationale liée à la nature de la clientèle et aux exigences de la gestion d'actifs. Il consomme peu de fonds propres, puisque les titres appartiennent à des tiers, et procure une très bonne récurrence des revenus. On notera également que, pour des raisons de déontologie, la gestion d'actifs est toujours filialisée afin d'être clairement séparée des autres métiers, notamment celui de banque de financement et d'investissement qui implique de la gestion pour compte propre.

À cette gestion pour compte de tiers, viennent s'ajouter toute une gamme de services issus des métiers du titre comme la tenue de compte et la conservation, dénommées *global custody*, l'administration de fonds ou le financement des flux de règlement-livraison. L'encadré ci-après présente les activités et produits de ce métier dans le cas du groupe Crédit Agricole.

Focus

Les métiers de gestion d'actifs au Crédit Agricole

- Gestion d'actifs et titres :
  - Gestion d'actifs (Amundi, filiale à 75 % du groupe).
  - Titres et services financiers aux institutionnels (Caceis, filiale à 85 %).
- Assurances (Crédit Agricole Assurances) :
  - Assurance-vie.
  - Assurance-dommage.
  - Assurance-emprunteur.
- Banque privée :
  - Crédit Agricole banque privée.
  - Banque de gestion privée Indosuez.
  - LCL Banque privée.
  - Crédit Agricole Private Banking (à l'international)

La plupart des grands groupes bancaires français et étrangers exercent ce métier, concurrencés en cela par des compagnies d'assurances ou des sociétés spécialisées dans la gestion d'actifs.

Les services financiers spécialisés

Autour de ce métier gravite un ensemble d'activités financières variées comme le crédit à la consommation ou au logement, le crédit-bail ou l'affacturage. Les ressources de ces banques proviennent des marchés même si certaines firmes détiennent un réseau d'agences mais dont la finalité est la vente des services financiers spécialisés et non l'ouverture de comptes de dépôts. Selon la nature du service vendu, la clientèle est composée de particuliers ou d'entreprises et les banques exerçant ce métier ont parfois une dimension européenne.

Ces banques sont très fréquemment adossées à un groupe bancaire ou à un groupe de la grande distribution, ce qui facilite leur accès à des ressources à coût raisonnable ; de ce fait, certains auteurs estiment qu'il s'agit d'un prolongement du métier de la banque de détail et non d'un métier de plein exercice.

Le secteur bancaire français fournit de nombreux exemples d'établissements de ce type tel BNP Paribas *Personal Finance*, spécialiste du crédit à la consommation du groupe BNP Paribas et possédant la marque Cetelem, ou encore la société d'affacturage Eurofactor relevant du groupe Crédit Agricole.

La distinction entre ces quatre métiers est fondamentale pour réaliser un diagnostic financier et pour analyser le champ concurrentiel dans lequel évoluent les groupes bancaires ainsi que leur stratégie. Il ne faut pas confondre le métier bancaire avec son mode d'exercice : une banque ou un groupe qui développe une stratégie de généraliste exerce plusieurs métiers simultanément et une banque spécialiste se concentre sur un seul de ces métiers (le chapitre 9, consacré aux stratégies bancaires, reviendra sur cette question).

Section 2 LES ÉVOLUTIONS DU CADRE LÉGISLATIF ET RÉGLEMENTAIRE

Comme tous les secteurs bancaires, le secteur bancaire français est réglementé et la réglementation bancaire a connu des évolutions sensibles ces dernières années dans un souci de rénovation et d'adaptation à un environnement et à des conditions de fonctionnement connaissant de profondes mutations. L'objet de cette section est de retracer les principales évolutions du cadre législatif et réglementaire qui expliquent l'état actuel de la réglementation, présenté en détail dans le chapitre 2.

© Dunod – Toute reproduction non autorisée est un délit.

1 Une nouvelle donne pour le secteur bancaire

Il faut remonter aux années 1966 et 1967 au cours desquelles des réformes considérables ont été introduites dans le système bancaire français et qui marquent le point de départ de sa modernisation.

1.1 Le choix du modèle de banque universelle

Un secteur bancaire peut être organisé autour de banques universelles, c'est-à-dire de banques habilitées à exercer toutes les activités bancaires, décrites dans la section précédente, ou autour de banques spécialisées dans telle ou telle activité. Le principe de spécialisation des établissements est parfois imposé par la réglementation afin d'éviter les « faillites » bancaires liées au risque de transformation. C'est le cas aux États-Unis où a été adoptée en 1933 une législation en conséquence de la crise de 1929 qui instituait une séparation stricte, aujourd'hui assouplie, entre les banques commerciales qui exercent le métier de banque de détail et les banques d'investissement. En France, une séparation entre banques de dépôts, banques d'affaires ou banques de crédit à moyen et long terme a été prévue en 1945. Cependant, ce cloisonnement a été progressivement atténué à partir de 1966. La loi bancaire du 24 janvier 1984, en retenant le statut d'établissement de crédit, consacre le système de la banque universelle.

Le choix du modèle de banque universelle n'interdit pas aux groupes bancaires français de filialiser leurs différentes activités.

1.2 Le choix de la concurrence

Le rétablissement de la concurrence au sein du secteur bancaire a été réalisé par trois dispositions.

La libération des conditions de banque

Les intérêts débiteurs (les intérêts facturés à la clientèle pour les crédits accordés), les jours de valeur ainsi que les intérêts créditeurs (les intérêts versés aux apporteurs de capitaux) se négocient librement entre la banque et sa clientèle, avec toutefois quelques restrictions qui se sont amenuisées au fil des temps, avec notamment, en 2005, la suppression de l'interdiction de rémunération des dépôts à vue à la suite d'une décision de la Cour de Justice européenne qui a estimé cette disposition contraire aux règles de la concurrence au sein de l'Union européenne. Seule la rémunération des comptes d'épargne réglementés (livrets A, livrets de développement durable, comptes et plans d'épargne logement) demeure fixée par la puissance publique.

Quant à la libre fixation des commissions, elle a été instaurée en 1986 avec la libéralisation du contrôle des prix dans l'économie française.

La liberté rendue dans la gestion des agences de banque

Les établissements de crédit jouissent d'une totale liberté pour ouvrir ou fermer les agences bancaires et les implanter dans les zones géographiques de leur choix. Cette liberté instituée en 1967 a été tempérée entre 1982 et 1991, mais elle a été intégralement rétablie depuis.

Le nombre d'agences permanentes des établissements de crédit à la fin 2010 est en France métropolitaine de 28 001 (tableau 1.3). La densité est de 0,60 agence pour 1 000 habitants, à comparer avec une densité de 0,49 en Allemagne, de 0,36 au Royaume-Uni et de 0,49 en Italie. On observe, par ailleurs, que ce nombre s'est sensiblement accru depuis 2000. Sont, en outre, implantés 58 170 distributeurs et guichets automatiques de banque dont le nombre a pratiquement doublé en dix ans, dépassant le nombre d'agences.

Tableau 1.3 – Le nombre de guichets permanents en France au 31 décembre 2010

Banques	11 334
Groupe Crédit Agricole	5 928
Groupe Caisses d'épargne	4 211
Groupe Banques populaires	2 715
Groupe Crédit mutuel	3 533
Autres	280
Total	28 001

Source : Banque de France.

La banalisation des réseaux et produits bancaires

La banalisation des réseaux et produits bancaires correspond à la suppression des monopoles et privilèges dont certains établissements étaient dotés. Cette banalisation s'est opérée plus rapidement pour les produits que pour les réseaux. Pour les produits, les pouvoirs publics ont veillé à ce que tout nouveau produit bancaire créé par la réglementation (PEA en 1992, prêts à taux zéro en 1996, plans d'épargne retraite populaire en 2003, par exemple) puisse être proposé par toutes les banques concernées.

L'évolution vers la fin des monopoles et privilèges de certains réseaux a été plus progressive. La déréglementation financière entreprise à partir de 1985 a supprimé de nombreuses formules de crédits administrés, apanages de réseaux avec les prêts bonifiés à l'agriculture du Crédit Agricole ou les crédits au logement du Crédit foncier de France. Certains privilèges ont été supprimés bien plus tardivement comme

© Dunod – Toute reproduction non autorisée est un délit.

celui de recevoir les dépôts des notaires obtenu par le Crédit Agricole au même titre que la Caisse des dépôts et consignations, et qui n'a été aboli qu'en 2000.

La suppression du monopole du livret A défiscalisé distribué par les Caisses d'épargne et la Banque postale, ainsi que du livret bleu du Crédit mutuel, parachève cette banalisation des réseaux et des produits d'épargne. À compter du 1er janvier 2009, tous les établissements de crédit français habilités à recevoir des fonds à vue du public peuvent, en effet, proposer le livret A à leur clientèle.

Ces mesures constituent un ensemble cohérent en faveur de la modernisation du secteur bancaire.

1.3 La privatisation du secteur bancaire français

À la suite d'un changement de majorité politique et de politique économique en 1981, la nationalisation d'un certain nombre de banques et de compagnies financières a été décidée.

À l'issu de cette nationalisation, 39 banques appartenaient au secteur public en 1982 et 197 restaient dans le secteur privé. En fait, ces 197 banques ne recueillaient que 2,25 % des dépôts à vue et à court terme : la nationalisation du secteur bancaire français était quasi-intégrale.

La privatisation des banques et compagnies financières a été entreprise à partir de 1986 et, au gré des alternances politiques, elle s'est achevée en 2002. Elle s'est réalisée au moyen soit d'offres publiques de vente jumelées avec une mise sur le marché des actions, soit de ventes de gré à gré généralement précédées d'appel d'offres. Ces opérations ont été fréquemment l'occasion de restructurations et de consolidations du secteur bancaire, lorsqu'il s'est agi de privatiser des établissements de taille petite ou moyenne ou d'établissements ayant connu des difficultés. La privatisation s'est également étendue à la Caisse nationale de crédit agricole, cédée aux Caisses régionales de crédit agricole, afin de mettre en conformité le statut de ce groupe avec sa stratégie de croissance et de diversification.

Le bilan de ces nationalisations et privatisations est plutôt négatif. Coûteuses pour les finances publiques, les nationalisations n'ont pas provoqué le changement souhaité de comportement des banques dans le sens d'une subordination du secteur bancaire à la réalisation des objectifs de politique économique ou industrielle. Elles n'ont pas davantage préservé le secteur bancaire français de la montée des risques. De nombreuses banques nationalisées, dont les dirigeants se sentaient protégés par leur statut, ont mené des opérations particulièrement risquées les conduisant au bord de la faillite, d'où des recapitalisations très onéreuses pour la collectivité. L'exemple du Crédit lyonnais est connu de tous, mais des établissements comme la Société Marseillaise de Crédit ou la banque Worms ont obligé à des recapitalisations proportionnellement bien plus élevées au regard de leur taille.

Quant aux privatisations, elles ont très sensiblement influencé la structure actuelle du secteur bancaire français par les opérations de consolidation qu'elles ont engendrées. En revanche, elles n'ont heureusement pas fait obstacle à la nécessaire adaptation du secteur bancaire français aux enjeux issus du développement des marchés et de la mondialisation.

1.4 La construction européenne

Un marché bancaire européen unique ainsi qu'un marché unique des capitaux constitue l'environnement dans lequel évoluent les banques françaises.

Le marché unique en matière bancaire

La construction du marché bancaire unique s'est essentiellement faite par le biais de directives européennes qui harmonisent progressivement les règles applicables aux établissements de crédit, notamment les conditions d'exercice de la profession. Ont ainsi été proclamées deux libertés communautaires : le libre établissement et la libre prestation de service au sein de l'Union européenne.

Les directives européennes en matière bancaire se sont multipliées et touchent de nombreux secteurs comme celui du crédit à la consommation, de la garantie des dépôts ou de la commercialisation à distance de services financiers.

Le marché unique des capitaux

Le marché unique des capitaux découle du principe de libre circulation des capitaux, réalisé en 1990, tandis que le traité de Maastricht de 1992 a permis l'adoption de l'euro en tant que monnaie unique dans le cadre du Système européen des banques centrales.

Par ailleurs, la directive européenne 2007/64, dite directive SEPA (« Single Euro Payment Area »), met en place un marché unique des moyens de paiement dans les pays de l'Union européenne ainsi qu'en Islande, en Norvège et au Lichtenstein. Depuis le 28 janvier 2008 est ainsi proposé un virement européen, le « SEPA Credit Transfer », permettant la réalisation de paiements transfrontaliers et qui devrait se substituer au virement national. Un prélèvement européen, le « SEPA Direct Debit », est en cours d'élaboration. La mise en place de l'espace unique de paiements en euros, conduit à l'adaptation des droits internes et génère un coût important pour les banques dans la mesure où elle conduit à harmoniser en Europe divers processus (RIB européen…). Cet espace unique devrait conduire à une concurrence accrue dans le domaine de la gestion des moyens de paiement, d'autant plus qu'elle introduit un nouvel acteur : les établissements de paiement.

© Dunod – Toute reproduction non autorisée est un délit.

2 La tutelle du secteur bancaire

La crise des *subprimes* a rappelé l'importance d'une supervision efficace du système bancaire par des organes de tutelle. En France, les premières autorités de supervision du secteur bancaire ont été mises en place par le législateur en 1941. L'architecture de cette tutelle a été modifiée par la loi bancaire de 1984, puis par la loi de sécurité financière de 2003.

En réponse aux crises financières récentes, des réformes ont toutefois été entreprises à partir de 2010 afin de renforcer la surveillance des établissements et la coordination des autorités de contrôle au sein de l'Union européenne.

2.1 Les organes de tutelle français

Le secteur bancaire français demeure sous la double tutelle du ministère de l'Économie et des Finances (en fait, la Direction du Trésor) et de la Banque de France. Cette tutelle est principalement confiée, depuis une ordonnance du 21 janvier 2010, à une autorité administrative indépendante : l'Autorité de contrôle prudentiel. Le 19 décembre 2012, un projet de loi « de séparation et de régulation des activités bancaires » a, par ailleurs, été adopté par le Conseil des ministres ; il vise à renforcer les pouvoirs de cette autorité et à la renommer Autorité de contrôle prudentiel et de résolution. En outre, une nouvelle autorité devrait être créée, le Conseil de stabilité financière, afin de détecter et prévenir les risques systémiques.

Les organes consultatifs

Les organes consultatifs, communs aux professions de la banque et de l'assurance, sont composés de deux instances :
- *le Comité consultatif du secteur financier (CCSF)*, compétent pour examiner les questions liées aux relations entre les établissements de crédit et leur clientèle ;
- le Comité consultatif de la législation et de la réglementation financière (CCLRF), qui donne son avis sur tout projet de loi ou de règlement relatifs aux établissements de crédit et entreprises d'investissement.

L'Autorité de contrôle prudentiel

Depuis 2010, l'Autorité de contrôle prudentiel (ACP) est l'autorité de supervision du secteur bancaire et assurantiel français afin d'assurer la stabilité du système financier et la protection des clients. Cette autorité est issue du regroupement du Comité des établissements de crédit et entreprises d'investissement, de la Commission bancaire et des autorités équivalentes du secteur des assurances dont elle reprend l'essentiel des missions.

– L'ACP exerce *une fonction démographique* car sa compétence a trait à toutes les décisions individuelles concernant les établissements de crédit et entreprises d'investissement : agrément, radiation ou modification des caractéristiques. Elle donne, par ailleurs, son avis dans les procédures de contrôle des concentrations bancaires ;
– *L'ACP* exerce également *une fonction de contrôle et de sanction* à l'égard des établissements de crédit et entreprises d'investissement. Elle contrôle le respect par les assujettis des dispositions législatives et réglementaires les concernant, les conditions de leur exploitation et la qualité de leur situation financière. Pour exercer cette mission, l'Autorité de contrôle prudentiel dispose de pouvoirs étendus avec les contrôles sur pièces et les inspections sur place. Elle sanctionne les établissements de crédit et entreprises d'investissement en infraction avec la réglementation. La gamme des sanctions, de l'avertissement au retrait d'agrément, est large. En cas de difficultés graves, l'ACP peut désigner un administrateur provisoire, ou un liquidateur, sans attendre la mise en route de la procédure judiciaire.
– Elle est également compétente pour mettre en œuvre l'intervention du Fonds de garantie des dépôts.

L'ACP est une autorité administrative indépendante qui agit au nom de l'État en disposant de pouvoirs pouvant être exercés avec une certaine indépendance. Elle entretient des liens fonctionnels étroits avec la Banque de France :

2.2 Les organes de représentation

Ces instances sont des intermédiaires entre les autorités de tutelle et les établissements de crédit.

• Les organes centraux : la loi bancaire dénomme ainsi les instances communes aux banques mutualistes ou coopératives qui exercent des missions de :
– représentation ;
– *contrôle* et ce terme est à prendre au sens large avec le respect des dispositions propres à chaque réseau mais aussi un contrôle administratif et financier ;
– *animation* puisque l'organe central veille au bon fonctionnement du réseau.

Quelques exemples d'organes centraux : la Caisse nationale du crédit agricole, la Confédération nationale du Crédit mutuel ou BPCE (organe central qui résulte de la fusion de la Banque fédérale des Banques populaires et de la Caisse nationale des Caisses d'épargne).

• Les associations professionnelles s'organisent en deux niveaux :
– les associations professionnelles pour les établissements de crédit non dotés d'organes centraux comme la Fédération bancaire française (FBF) ou l'Association des sociétés financières. La FBF est une association constituée en 2000 entre l'Association française des banques (AFB) et plusieurs réseaux mutualistes, les Banques populaires, les Caisses d'épargne, le Crédit Agricole et le Crédit mutuel. La création de la FBF, appelée parfois la « maison commune », traduit l'homogénéisation déjà

© Dunod – Toute reproduction non autorisée est un délit.

signalée du comportement des établissements de crédit ainsi que l'instauration de meilleures relations entre banques et banques mutualistes ou coopératives à la suite du quasi-achèvement de la banalisation des réseaux ;
– l'Association française des établissements de crédit et entreprises d'investissement (AFECEI) qui représente l'ensemble des établissements de crédit auprès des pouvoirs publics et qui regroupe les organes centraux et les associations professionnelles.

2.3 La tutelle du système financier de l'Union européenne

La crise financière de 2007-2008 a montré la nécessité de renforcer la surveillance des établissements bancaires en dépassant le seul cadre national. A donc été institué un système européen de surveillance financière. En outre, la crise de la zone euro conduit à renforcer l'union bancaire et, partant, à instituer une supervision sous l'égide de la BCE.

Le système européen de surveillance financière

Le système européen, en vigueur depuis 2011, distingue la surveillance macroprudentielle, qui vise à la détection des risques systémiques, et la surveillance microprudentielle liée aux établissements surveillés.

• Le Comité européen du risque systémique (CERS) est responsable de la surveillance macroprudentielle du système financier dans l'Union. Ce Comité, qui est notamment composé des gouverneurs des banques centrales des États membres, est présidé par le gouverneur de la BCE qui en assure le secrétariat. Il exerce une mission d'analyse des risques et alerte ou fait des recommandations aux institutions européennes, aux États membres ou aux autorités nationales de surveillance.

• La surveillance microprudentielle est réalisée par trois autorités européennes : l'une en charge des assurances, l'autre en charge des marchés financiers et enfin, l'autorité bancaire européenne (ABE), qui a pour compétence le marché bancaire.
– L'ABE fournit ainsi des avis, formule des projets de normes techniques et veille à l'application harmonisée des normes bancaires dans l'Union ;
– l'ABE surveille le marché bancaire européen faisant remonter au CERS les informations utiles et peut même interdire temporairement certaines activités financières trop risquées ;
– l'autorité coordonne enfin les actions des autorités nationales, notamment en cas de crise bancaire et financière.

L'Union bancaire

• Des propositions de règlement ont été formulées en septembre 2012 afin de créer en 2013, au sein de la zone euro, un mécanisme de surveillance unique des établis-

sements de crédit. La Banque centrale européenne se verra ainsi confier le rôle de superviseur des banques de la zone euro. Elle sera notamment chargée :
- d'agréer ou de retirer l'agrément aux établissements de crédit ;
- de veiller au respect des règles prudentielles et à la bonne gestion des établissements ;
- de mener des tests de résistance prudentiels ;
- de prendre, le cas échéant, des sanctions à l'encontre des établissements ;
- de diligenter des contrôles sur pièces ou sur place.

• Pour éviter des conflits d'intérêts entre politique monétaire et surveillance prudentielle, les missions seront exercées par des organes distincts de la banque centrale européenne.

• Par ailleurs, pour la mise en œuvre de ce mécanisme de surveillance unique, la BCE sera aidée par les autorités nationales de surveillance. L'Autorité de Contrôle prudentiel deviendra ainsi, au-delà de ses compétences propres et notamment de protection de la clientèle, un élément du mécanisme de surveillance unique.

• Enfin, la mission de la BCE s'exercera dans le cadre du système européen de surveillance financière. L'ABE conservera donc ses prérogatives s'agissant des établissements établis dans les États membres hors zone euro.

3 L'adaptation des marchés de capitaux

Le passage d'une économie d'endettement à une économie de marchés de capitaux qui a débuté en France dès le milieu des années quatre-vingt a donné lieu à de très nombreuses réformes. Elles concernent les établissements de crédit en tant qu'intervenants majeurs des marchés de capitaux avec le développement de l'intermédiation de marché, mais seules les grandes lignes en seront retracées en laissant de côté, bien qu'il s'agisse de décisions fondamentales, tout ce qui ressortit de la politique monétaire européenne et de la monnaie unique.

3.1 La modernisation des marchés

Elle a revêtu plusieurs aspects avec, en premier lieu, l'accueil à la cotation de sociétés comme de grosses PME ou des entreprises en démarrage, la création de nouveaux marchés comme le marché monétaire ou les marchés dérivés, et la rénovation des organes de tutelles et des statuts des professionnels de ces marchés. Elle s'est traduite également par la diversification des instruments financiers, concept qui recouvre les titres financiers (titres de capital émis par les sociétés par actions, titres de créances et parts ou actions d'OPCVM) ainsi que les contrats financiers (également dénommés instruments financiers à terme).

© Dunod – Toute reproduction non autorisée est un délit.

Avec la création des titres de créances négociables ou des valeurs mobilières composées, les instruments financiers n'ont cessé de se diversifier afin de se conformer aux attentes des émetteurs et des investisseurs. Enfin, la modernisation des marchés des capitaux a également impliqué le recours à de nouvelles techniques financières dont il a fallu asseoir la pratique sur une base juridique adéquate. C'est ainsi que la titrisation, la pension livrée ou la compensation d'instruments financiers ont fait l'objet de dispositions spécifiques.

3.2 Les marchés européens des instruments financiers

L'harmonisation européenne des marchés de capitaux a démarré plus tardivement que celle de la banque. La loi MAF de 1996, présentée précédemment, marque le premier jalon de cette entreprise. Le second est constitué par le lancement en 1999 par la Commission européenne du Plan d'action pour les services financiers (PASF) destiné à fournir le cadre législatif d'un marché européen des services financiers. Parmi les mesures adoptées, la plus structurante dans le domaine des services financiers est la directive du 21 avril 2004 concernant les marchés d'instruments financiers (dite directive MIF) entrée en vigueur le 1er novembre 2007. Cette directive instaure un cadre réglementaire commun aux marchés européens des titres. Elle a ainsi mis fin au monopole des Bourses nationales en mettant en concurrence les lieux de négociation des instruments financiers. À côté des opérations négociées de gré à gré, la négociation des titres s'effectue désormais soit sur un marché réglementé, soit auprès d'une plateforme multilatérale de négociation (MTF), soit fait l'objet d'une internalisation systématique.

Les marchés réglementés sont gérés par des entreprises de marché comme Euronext. De nouvelles plateformes multilatérales de négociation se sont créées en Europe et concurrencent les marchés réglementés pour le courtage sur le marché des actions. Elles sont gérées par des prestataires de services d'investissement ou des entreprises de marché, comme BATS Chi-X Europe ou Turquoise, qui définissent les règles applicables pour l'exécution des ordres. L'implication d'établissements de crédit français ou européens dans le capital des entreprises de marché ou des MTF montre le caractère stratégique de ces plateformes pour les banques. Enfin, certains établissements ont fait le choix de se porter directement contrepartie des ordres qu'ils reçoivent de leurs clients devenant ainsi des internalisateurs systématiques.

La révision de ce texte, avec la directive MIF 2, paraît cependant indispensable afin d'élargir ce dernier à d'autres instruments comme les quotas de gaz à effet de serre et, surtout, pour introduire plus de transparence.

Section 3 LA PHYSIONOMIE ACTUELLE DU SECTEUR BANCAIRE FRANÇAIS

Le secteur bancaire français occupe une place significative dans l'économie française : une valeur ajoutée de l'ordre de 2,7 % du Produit intérieur brut, et 373 000 salariés en 2011 pour les banques AFB et réseaux mutualistes (tableau 1.4). Le taux de bancarisation de la population française est très élevé, de l'ordre de 99,5 %, avec un taux de détention de livret A de 94,3 %.

Tableau 1.4 – Les effectifs du secteur bancaire français

Année	2001	2006	2011
Effectifs (en milliers) Banques AFB et réseaux mutualistes	358,0	375,5	373,0
Pourcentage de cadres	33.2 %	43.3 %	54,2 %

Source : Observatoire des métiers de la banque.

1 L'environnement du secteur bancaire français

Plusieurs tendances durables caractérisent l'environnement bancaire du début du XXIe siècle, en contraste avec celles des années antérieures.

1.1 L'environnement réglementaire

Il est nécessaire de revenir sur l'environnement législatif et réglementaire pour mettre à présent en évidence deux mouvements concomitants et apparemment opposés qui le caractérisent.

La déréglementation

Ce terme désigne le changement ou l'atténuation des règles appliquées aux établissements de crédit dans le domaine de la concurrence. *Déréglementation ou libéralisation correspondent à la mise sur un même pied d'égalité des différents établissements de crédit à l'échelon national et européen avec le décloisonnement des statuts et la banalisation des produits.* Les évolutions prochaines ne peuvent qu'aller vers le renforcement de ce phénomène.

© Dunod – Toute reproduction non autorisée est un délit.

La reréglementation

La montée des risques, la nécessité d'assurer la stabilité des secteurs bancaires ont conduit les autorités de tutelle à renforcer la réglementation dans sa dimension prudentielle. *La réglementation prudentielle vise à interdire les prises de risque excessives pouvant compromettre la pérennité des établissements de crédit.* Elle impose aux banques des normes de gestion et des systèmes de contrôle qui sont harmonisés aux échelons européen et international et qui s'adaptent constamment aux nouvelles conditions de fonctionnement des établissements de crédit.

1.2 La conjoncture économique

Deux aspects de la conjoncture économique influencent les conditions de l'activité bancaire.

La désinflation

Depuis le début des années quatre-vingt-dix, les économies des pays développés ont maîtrisé l'inflation, ce qui a entraîné une forte décrue des taux d'intérêt qui sont restés à des niveaux particulièrement bas depuis le début des années deux mille. Les variations des taux d'intérêt étant le principal instrument de la politique monétaire en Europe, aux États-Unis et au Japon, les agents économiques savent que toute menace inflationniste se traduit par une augmentation des taux d'intérêt et intègrent ces mouvements dans leurs anticipations et comportement d'endettement.

Le retour des cycles et la montée des risques

La fin des trente glorieuses a coïncidé avec celle de la croissance continue. La conjoncture économique connaît des alternances d'expansion et de récession avec une tendance de plus en plus marquée à la mondialisation de ces phases. *Mais surtout les risques s'accroissent :* risque de crédit avec l'augmentation du nombre de faillite d'entreprises et des difficultés de remboursement pour des ménages endettés et confrontés au chômage ; risques de marché avec l'éclatement de bulles spéculatives et les crises boursières ou de change qui s'ensuivent ; risque-pays lorsque des États ou zones géographiques sont confrontés à des situations de faillite monétaire.

Cette montée des risques engendre un accroissement du risque d'insolvabilité pour les établissements de crédit qui semblent plus fragiles qu'il y a vingt ans. La crise financière de 2007-2008 en a fourni une illustration flagrante. Pour le banquier comme pour ses actionnaires ou ses prêteurs et comme pour les autorités de tutelle, la solvabilité des banques et au-delà la stabilité des secteurs bancaires est, et doit être, une préoccupation constante.

1.3 Le passage de l'économie d'endettement à l'économie de marchés de capitaux

Ce phénomène a été souligné, et, dans un contexte de mondialisation des marchés, il a des conséquences majeures sur les conditions de fonctionnement des banques auxquelles le néologisme *marchéisation* des opérations de banque est fréquemment appliqué.

La mondialisation des marchés de capitaux

L'internationalisation des opérations et l'interdépendance des marchés revêtent pour les banques deux dimensions. En premier lieu, l'Europe bancaire et financière est en train de devenir une réalité avec le processus de convergence des systèmes bancaires et financiers. Ce processus est accéléré par la réalisation de l'Euro fiduciaire au 1er janvier 2002 qui, en supprimant le risque de change au sein des États de l'Eurosystème rend plus urgente la réalisation de l'Europe financière.

La mondialisation a également une dimension plus planétaire avec l'intensification des relations économiques et financières entre les pays des trois grandes zones géographiques à niveau de développement comparable, Europe, Amérique du Nord et Japon, auxquelles les pays émergents ou en voie de développement s'efforcent de prendre leur part.

La diminution de l'intermédiation financière de bilan

L'intermédiation traditionnelle de bilan avec la collecte de dépôts auprès de la clientèle et leur transformation en crédits voit sa place diminuer dans l'activité d'une banque car les prêteurs et les emprunteurs se présentent sur les marchés de capitaux pour les opérations de placement et de financement. Le taux d'intermédiation financière, qui mesure la part des crédits octroyés par les établissements de crédit, les entreprises d'investissement, les OPCVM et les assureurs résidents dans les financements consentis aux agents non financiers, est ainsi passé, selon la Banque de France, de 54,2 % en décembre 1994 à 40,2 % en juin 2011.

Cette diminution affecte les banques de façon inégale, les banques finançant les grandes entreprises étant plus concernées que les banques de détail. Par ailleurs, le renforcement des contraintes prudentielles pesant sur les banques contribue à accentuer ce mouvement.

La croissance des opérations de marché des banques

Bien évidemment, les banques ne sont pas restées passives devant la montée de la finance directe et elles se sont adaptées en :

– *développant pour leur propre compte des opérations de marché*, émissions de titres pour diversifier leurs ressources et achats de titres pour se constituer des porte-

© Dunod – Toute reproduction non autorisée est un délit.

feuilles. Cette évolution s'est traduite dans les bilans bancaires par l'augmentation des opérations sur titres, l'intermédiation financière de marché ;
- *accompagnant leur clientèle de grandes entreprises sur les marchés de capitaux* par la prise en charge de leurs émissions de titres ;
- *pénétrant le métier de la gestion d'actifs*, confortées en cela par la question du financement des retraites des populations dans les pays développés ;
- *créant des plateformes électroniques de transactions* pour concurrencer les bourses de valeurs mobilières.

Ces opérations de marché portent sur des produits de plus en plus complexes dont les risques sont eux-mêmes plus difficiles à évaluer.

1.4 Les mutations technologiques

Les traitements de masse et la diversification des opérations, les efforts pour personnaliser les relations avec la clientèle ont été rendus possibles par l'informatisation. Les opérations de banque étant par nature comptables, répétitives et à haut risque d'erreur, leur traitement par des systèmes informatiques évolutifs et décentralisés est la condition indispensable de leur développement. Il n'entre pas dans notre propos de traiter ici de l'informatique bancaire. On se bornera à rappeler que :
- les investissements informatiques nécessaires à l'accomplissement d'opérations de banque basiques sont très onéreux ;
- l'architecture informatique est délicate à mettre au point et toute erreur de capacité ou de chaîne de traitement se révèle lourde de conséquences pour la gestion de l'établissement concerné ;
- d'une banque à l'autre, l'architecture informatique diffère, d'où, lors des restructurations, des synergies de coûts parfois longues à se dégager.

Un autre aspect des mutations technologiques est constitué par les innovations appliquées aux produits et canaux de distribution. Deux exemples retiennent tout particulièrement l'attention en la matière. *La monnaie électronique, c'est-à-dire un droit de créance sur un émetteur de monnaie enregistré sur un support électronique et accepté comme moyen de paiement, est en phase de passage d'innovation technique à celui de nouveau produit bancaire avec deux applications* : le porte-monnaie électronique qui se présente comme une carte bancaire rechargeable et ayant vocation à être utilisée pour les paiements de proximité de petit montant ; le stockage de monnaie dans une mémoire d'ordinateur personnel pour les paiements sur les réseaux.

Quant aux nouveaux canaux de distribution composés du téléphone avec *la banque à distance* puis du réseau Internet avec *la banque en ligne*, ils se développent rapidement sans pour autant supplanter les canaux de distribution traditionnels que sont les agences.

2 Les principaux traits du secteur bancaire français

Plusieurs caractéristiques saillantes méritent d'être soulignées, que l'on retrouvera à maintes reprises tout au long de cet ouvrage.

2.1 La concurrence

Elle est particulièrement vive au sein du secteur bancaire et entre les banques et les entreprises non bancaires. Elle est d'autant plus intense que les marchés bancaires sont saturés donc à faible taux de croissance et les gains de parts de marché se réalisent au détriment des concurrents.

La concurrence au sein du secteur bancaire

L'analyse des parts de marché montre tout d'abord que *le secteur bancaire français est dominé par les banques au sens de la loi bancaire au sein desquelles les deux grandes banques universelles sont prépondérantes et par les banques mutualistes ou coopératives*, les autres catégories d'établissements de crédit occupant une place modeste. Il s'agit d'une concurrence oligopolistique.

Le constat d'une concurrence par métier est une deuxième caractéristique et elle a remplacé pour une large part la concurrence par pays. La banque de financement et d'investissement ou la gestion d'actifs ne concurrence pas la banque de détail ; elles ont une dimension internationale, la qualité des prestations et la maîtrise des opérations étant bien plus déterminantes pour la clientèle que la nationalité de l'opérateur. Sur le métier de banque de détail, en revanche, la proximité avec les spécificités culturelles, juridiques ou fiscales qui en découlent, joue encore un rôle éminent. Les banques à réseaux nationales, mutualistes ou non, s'affrontent en permanence pour maintenir ou accroître leurs parts de marché et les banques étrangères, pour le moment, ne constituent pas des protagonistes majeurs de ce champ concurrentiel.

Enfin, bien que protégé par des barrières à l'entrée efficaces (l'agrément), le secteur bancaire n'est pas pour autant totalement impénétrable. D'un côté, l'agrément unique et la libre prestation de services autorisent n'importe quel établissement de crédit originaire de l'Union européenne à exercer son activité en France. De l'autre, les banques d'autres origines désireuses de s'implanter en France, pourvu qu'elles aient des actionnaires de qualité et un projet viable de développement, obtiennent aisément un agrément. Plus rares sont en revanche les opérations de création de banque qui correspondent souvent à l'ouverture d'une filiale d'un établissement déjà agréé (pour la banque en ligne, par exemple).

© Dunod – Toute reproduction non autorisée est un délit.

La concurrence avec des entreprises non bancaires

Des entreprises appartenant à d'autres secteurs d'activité et qui ont en commun le fait de disposer de ressources importantes sont attirées par les activités bancaires.

Les compagnies d'assurance

Depuis longtemps, des relations institutionnelles se sont établies entre les deux professions. Ces relations ont pris par la suite une tournure plus concurrentielle et de même que les banques s'intéressent aux produits d'assurance, les compagnies d'assurance s'intéressent aux produits bancaires. Dans ce contexte, les banques et les compagnies d'assurance ont, par des mouvements de croissance interne, de croissance externe ou d'alliances, mis en œuvre des stratégies que l'on désigne, selon le secteur d'appartenance de l'initiateur, sous le nom de *bancassurance ou d'assurbanque*. Quoi qu'il en soit, la vente de produits bancaires par une compagnie d'assurance implique la création d'une filiale ayant le statut d'établissement de crédit.

Les sociétés de gestion d'actifs

Ces entreprises d'investissement concurrencent les banques pour la collecte de l'épargne. Même si beaucoup d'OPCVM ont été créés et sont gérés par des établissements de crédit, l'existence de sociétés de gestion indépendantes des groupes bancaires, dont certaines atteignent des tailles considérables par les encours gérés (ainsi les sociétés américaines Fidelity ou Templeton, ou encore les sociétés de gestion d'actifs des compagnies d'assurances comme AXA IM, la société de gestion d'actifs du groupe AXA), anime le champ concurrentiel du métier de la gestion d'actifs.

Les entreprises de la grande distribution

Les grands distributeurs disposent de ressources considérables qui les ont familiarisés avec les activités financières. C'est donc tout naturellement qu'ils se sont tournés vers les produits bancaires de la banque de détail en tant que prolongement (le crédit à la consommation) et diversification (moyens de paiement et produits d'épargne) de leur activité. Le monopole conféré aux établissements de crédit pour ces produits conduit les entreprises de la grande distribution à créer une banque (par exemple, la création en 1987 de la banque Accord par le groupe Auchan) ou à prendre le contrôle d'un établissement déjà existant pour pouvoir vendre des produits bancaires dans leurs propres réseaux ou par les nouveaux canaux de distribution (comme l'illustre la reprise de la banque S2P par Carrefour en 1989). Les établissements ainsi créés ou repris le sont souvent en partenariat avec des entreprises du secteur bancaire. C'est par exemple le cas de la Société Carrefour Banque (anciennement S2P) détenue par Carrefour en partenariat avec BNP Paribas Personal Finance.

2.2 La concentration et la constitution de groupes

La concentration

Le secteur bancaire français est un secteur *assez concentré* en comparaison avec d'autres pays européens, des mouvements de concentration n'ayant cessé de se manifester ces dernières années.

Les 5 premiers établissements de crédit représentent ainsi, en 2009, 47,2 % s'agissant du total des bilans (source : BCE). La France se situe dans une position intermédiaire avec un secteur bancaire moins concentré que celui des pays nordiques et des Pays-Bas, mais plus concentré que celui de l'Allemagne ou de l'Italie.

Cette situation française apparaît dans le tableau 1.5. qui classe les pays européens selon le niveau de concentration de leur secteur bancaire en fonction tant de l'indice Herfindahl-Hirschman, indice utilisé par les autorités de supervision et les autorités de la concurrence, que du poids des cinq premiers établissements.

Tableau 1.5 – Concentration des systèmes bancaires en Europe (le chiffre indiqué est celui de l'indice Herfindahl-Hirschman)

Très concentré	Concentré	Relativement concentré	Fragmenté
Pays-Bas (2 052) Belgique (1 439) Grèce (1 214) Portugal (1 203)	Irlande (900) Suède (860) France (610)	Espagne (528) Royaume-Uni (522) Italie (395)	Allemagne (298)

Source : BCE, données pour l'année 2010.

En revanche, un mouvement continu de concentration s'observe sur la longue période. Il y avait 2 000 établissements de crédit agréés en 1984 contre 589 en 2012 et cette diminution s'explique pour une bonne part par des fusions réalisées dans certains réseaux coopératifs ou mutualistes, comme indiqué précédemment. Les causes de ce phénomène qui traduit la recherche d'une taille critique sur un métier donné sont analysées dans le chapitre 9.

La constitution de groupes

Avec les groupes bancaires, l'accent est mis sur la concentration issue des relations de capital et de contrôle que les établissements de crédit tissent entre eux et avec des sociétés d'autres secteurs.

Le conglomérat financier

Présentant la structuration habituelle d'une société de tête (une banque, en cas général) et de filiales bancaires et non bancaires, un conglomérat financier est *un ensemble de sociétés exerçant des activités dans la banque, l'assurance, les entreprises d'investissement auxquelles peuvent s'ajouter des activités immobilières et industrielles.* Le conglomérat financier a également une dimension internationale.

© Dunod – Toute reproduction non autorisée est un délit.

En 2009, le secteur bancaire français est dominé par cinq groupes : BNP Paribas, Banques populaires-Caisses d'épargne, Crédit Agricole, Crédit mutuel et Société Générale, sachant que la Banque Postale qui a démarré ses activités en janvier 2006 occupe encore une place à part dans ce secteur. Ces cinq groupes distribuent 80 % des crédits et collectent 90 % des dépôts. Le Crédit Agricole depuis la prise de contrôle du Crédit lyonnais dispose de parts de marché supérieures à 25 % dans ces deux activités. *Le secteur bancaire français présente donc un caractère oligopolistique.*

Les restructurations du secteur bancaire français

Avant 1995, les restructurations du secteur bancaire français traduisaient un souci de rationalisation des structures avec la réorganisation des réseaux mutualistes ou la prise de contrôle d'établissements de petite taille de type banque locale par des plus grands. À partir de 1995, des stratégies de croissance externe se sont développées avec le rétablissement de la situation financière des banques et la reprise des privatisations. On observera que ce mouvement a également concerné les autres secteurs bancaires européen et américain et a donné lieu à des centaines d'opérations qu'il serait fastidieux de citer toutes. On peut toutefois tenter d'en dresser une typologie en distinguant :

– les opérations domestiques, les plus fréquentes, et les opérations transnationales impliquant des banques européennes et plus rarement américaines ;
– les opérations concertées et les opérations inamicales ;
– les OPA avec paiement en trésorerie et les OPE avec paiement en titres ;
– les opérations de privatisations.

Focus

Les caractéristiques des restructurations bancaires en France depuis 1995

- Les opérations de restructuration se sont accélérées et on peut en dénombrer plusieurs centaines, sous forme de fusions, de changement de contrôle ou de partenariats.
- Les privatisations ont joué un rôle important dans ce mouvement et ont concerné 30 banques.
- Les opérations domestiques sont prépondérantes. Les opérations transfrontalières ont impliqué majoritairement des actionnaires originaires de l'Union européenne.
- De nombreuses opérations débordent le secteur bancaire pour englober des compagnies d'assurances, des entreprises d'investissement ou des entreprises de la grande distribution.
- Les restructurations ne sont pas achevées mais leur rythme s'est ralenti en phase avec la réduction des opportunités, les opérations les plus aisées à boucler ayant été réalisées, et en raison des contraintes stratégiques nouvelles liées à la crise financière.

2.3 L'internationalisation

L'implantation internationale des établissements de crédit français

Dès sa création, le secteur bancaire français s'est tourné vers l'extérieur, l'Europe principalement. De nos jours, les établissements de crédit français sont installés dans les cinq continents. Les principales banques françaises détenaient ainsi, en 2010, environ 2 300 filiales à l'étranger.

L'internationalisation des banques françaises a emprunté plusieurs voies :
- l'implantation à l'étranger avec la création, en fonction de la nature des opérations traitées et du type de présence souhaité, de bureaux de représentation, de succursales ou de filiales ;
- la prise de participations ou de contrôle d'un établissement étranger. L'acquisition de la Banca Nazionale del Lavoro italienne par BNP Paribas en 2006 est un exemple significatif. En 2009, l'on peut également relever la prise de contrôle de Fortis par BNP Paribas. Ces implantations peuvent s'accompagner de la reprise d'agences bancaires appartenant à des établissements étrangers. Le contexte de crise financière induit toutefois une réduction de ce mouvement, voire des opérations de cession de certains établissements précédemment acquis à l'étranger. C'est le cas en 2012 pour le Crédit Agricole qui a cédé la banque grecque Emporiki ou, pour la Société Générale, qui a vendu sa filiale grecque Geniki ;
- le développement des opérations internationales tant sur le marché des crédits que sur les marchés de capitaux.

La présence étrangère en France

Le secteur bancaire français comprend de nombreux établissements de crédit sous contrôle étranger, 204 sur 683 à la fin 2010. Les pays d'origine sont principalement ceux de l'Union européenne avec 125 établissements de crédit contre 79 en provenance d'autres zones géographiques. La présence étrangère en France s'est accrue régulièrement depuis deux décennies notamment pour les établissements agréés dans la catégorie des banques. La prise de contrôle en 2000 du CCF par l'établissement britannique HSBC l'a sensiblement renforcée. En revanche, en termes de parts de marché, ces établissements occupent une place limitée qui peut varier d'un métier à l'autre.

En conclusion de ce chapitre, il ressort clairement que *confrontées à un environnement changeant, à une concurrence intense et à des évolutions irréversibles, les banques doivent effectuer des choix cohérents sous forme de stratégie de développement*. Aussi, le banquier d'aujourd'hui doit être à la fois :
- *un gestionnaire*, c'est-à-dire un homme qui maîtrise les coûts et les risques engendrés par les diverses opérations et activités ;

© Dunod – Toute reproduction non autorisée est un délit.

– *un stratège* qui conçoit le projet de développement conduisant la banque sur la voie de la croissance et de la rentabilité, sachant que toutes ces décisions, opérationnelles et stratégiques, sont interdépendantes. La gestion du système constitué par la firme bancaire constitue un tout, même si elle semble relever de domaines différents qui font l'objet des chapitres de cet ouvrage.

L'ESSENTIEL

• Une banque est un intermédiaire financier qui participe au processus de finance indirecte d'une économie en collectant et redistribuant des capitaux après leur avoir fait subir une transformation d'échéances et de risque. Initialement, avec l'intermédiation de bilan, cette fonction a pris la forme de dépôts et crédits bancaires ; elle s'est étendue avec le développement des marchés de capitaux aux opérations de marché, d'où l'intermédiation de marché. Une banque est également prestataire de nombreux services.

• Le rôle des banques s'explique par leur aptitude à traiter les coûts de transaction et les asymétries d'information engendrés par la finance directe ainsi que par l'assurance de liquidité qu'elles fournissent.

• L'environnement réglementaire des banques a évolué sensiblement ces dernières décennies. Le Code monétaire et financier encadre le secteur bancaire français, en définissant les opérations de banque et en classifiant les établissements de crédit.

• Sur un plan plus économique, quatre métiers composent l'activité bancaire : la banque de détail, la banque de financement et d'investissement, la gestion d'actifs et les services financiers spécialisés.

• Dans un contexte de risques accrus et de mutations technologiques, le secteur bancaire français est très concurrentiel, concentré, organisé sous forme de groupes et présente une forte dimension internationale.

Chapitre 2

La réglementation bancaire

SOMMAIRE

Comme bien d'autres professions, la banque est réglementée et les dispositions qui encadrent l'activité bancaire ont des conséquences majeures sur le fonctionnement et la gestion des établissements de crédit, d'où la nécessité de connaître les principaux aspects de cette réglementation.

Par réglementation bancaire, on désigne l'ensemble des textes de nature législative et réglementaire dont la plupart sont codifiés au sein du Code monétaire et financier[1]. Le pouvoir normatif a été transféré par la loi du 1er août 2003 sur la sécurité financière du Comité de la réglementation bancaire et financière au ministre de l'Économie. Tous les aspects du fonctionnement d'un établissement de crédit sont concernés par la réglementation bancaire, et l'objet de ce chapitre est de présenter ses principaux aspects à l'exception, toutefois, de la réglementation comptable traitée dans le chapitre 3.

1. Adoptant une présentation fonctionnelle, le Code monétaire et financier comprend les livres suivants : La monnaie ; Les produits ; Les services ; Les marchés ; Les prestataires de services ; Les institutions en matière bancaire et financière ; Régime de l'Outre-mer.

Section 1 LES FONDEMENTS DE LA RÉGLEMENTATION BANCAIRE

Collecte des dépôts, distribution de crédits et mise à disposition de services de paiements, ces trois catégories d'opérations dont les établissements de crédit ont le monopole sont à ce point essentielles au bon fonctionnement de l'économie que, même dans les régimes les plus libéraux, un contrôle des banques existe – contrôle qu'il ne faut pas confondre avec la politique monétaire. Les exemples de crises économiques amplifiées ou trouvant leur origine dans des crises bancaires ou financières sont nombreux et n'appartiennent pas au passé comme dans le cas de la crise de 1929, des difficultés économiques rencontrées par le Japon au cours des années quatre-vingt ou par l'Argentine à partir de 2002 : la crise bancaire et financière de 2007-2008, dite « crise des *subprimes* », et plus récemment la crise des dettes souveraines en Europe en témoignent très clairement.

La réglementation bancaire trouve là son fondement essentiel, assurer la stabilité du secteur bancaire par la prévention du risque systémique. S'attachant à un domaine d'application particulièrement vaste, elle présente aujourd'hui une dimension internationale.

1 Le risque systémique et la nécessaire surveillance des établissements de crédit

1.1 Définition du risque systémique

Tout système financier comprend trois composantes :
- *des marchés de capitaux* sur lesquels se réalise le processus de la finance directe : échange de liquidités contre des instruments financiers matérialisant la dette de l'emprunteur ;
- *un secteur bancaire* qui assume le processus de finance indirecte en transformant les échéances et les risques ;
- *des systèmes de règlements* qui permettent aux agents économiques d'effectuer leurs paiements dans les meilleures conditions de coût et de sécurité et on observe que le secteur bancaire est en charge de la gestion des systèmes de règlements.

Chaque sous-système présente des structures, des intervenants, un mode de fonctionnement mais aussi des régulations qui visent à en assurer le bon fonctionnement.

Le risque systémique est issu d'une discordance entre les comportements des intervenants au sein des différents sous-systèmes et les mécanismes de régulation qui provoque un déséquilibre général et de grande ampleur.

La manifestation du risque systémique est *la crise systémique*. Le déséquilibre initial de l'un des sous-systèmes, par le jeu de réactions en chaîne, se propage à l'ensemble du système financier. Puis, le déséquilibre de la sphère financière s'étend à l'ensemble de l'économie. Dans la mesure où les banques sont parties prenantes des trois sous-systèmes, elles sont au cœur du risque systémique.

1.2 Les banques et le risque systémique

À plusieurs titres, les banques sont concernées par le déclenchement d'une crise systémique : initiatrices, agents de propagation ou victimes.

La banque, origine de la crise systémique

Des prises de risque excessives par des établissements de crédit peuvent conduire à une crise de liquidité puis à une récession économique, comme l'illustre bien la crise asiatique de 1997-1998 mais encore davantage la crise bancaire et financière de 2007-2008.

La prise de risque excessive

Une conjoncture économique soutenue couplée à un secteur bancaire très concurrentiel peut induire une baisse de la perception du risque systémique par les banques. La distribution de crédit se développe rapidement au prix d'un risque de contrepartie de plus en plus élevé et du surendettement des emprunteurs. Cette euphorie et le crédit facile qu'ils engendrent sont favorables au développement de « bulles spéculatives » dans le secteur immobilier ou sur le marché des actions.

Dans ces conditions, tout événement exogène au secteur bancaire – comme la faillite d'une grande entreprise, un relèvement des taux d'intérêt par la Banque centrale plus élevé que prévu pour défendre un taux de change ou pour contenir la hausse des prix – provoque une prise de conscience par toutes les banques simultanément du risque de système ; soit elles contractent brutalement leur offre de crédit (*credit crunch* selon la terminologie anglo-saxonne), soit elles augmentent les primes de risque en majorant les taux des crédits. Ce comportement est à même d'engendrer l'éclatement des bulles spéculatives. Les débiteurs des banques deviennent insolvables et entraînent dans leur chute les banques insuffisamment capitalisées. Une crise de liquidité est alors possible.

La crise de liquidité

Une partie des ressources des banques est constituée de dépôts à vue et chaque déposant sait pertinemment que toutes les demandes de conversion de ces dépôts à vue ne peuvent être satisfaites et que sur chaque banque pèse un risque de liquidité.

© Dunod – Toute reproduction non autorisée est un délit.

L'éclatement d'une bulle spéculative, l'accroissement du nombre de défaillances d'entreprises, les difficultés auxquelles certains établissements sont confrontés, voire même les faillites, peuvent causer une perte de confiance des clients des banques et déclencher une course aux guichets : les déposants se présentent tous en même temps à leurs guichets pour retirer leurs avoirs, une panique bancaire s'ensuit qui s'étend par contagion aux banques saines qui à leur tour deviennent illiquides.

Exemple – La crise financière de 2007-2008

À bien des égards, la crise financière de 2007-2008, résumée dans le schéma ci-après, correspond aux enchaînements qui viennent d'être décrits.

- L'origine de la crise est liée aux crédits *subprimes*. Le marché immobilier américain connaissait depuis 1997 une très forte croissance relayée, à partir de 2004, par le développement de crédits hypothécaires à taux variables distribués par des courtiers à des emprunteurs à risque. La pertinence de ces montages, dits *subprimes*, reposait sur une poursuite de la hausse du marché de l'immobilier et un maintien des taux. L'augmentation du taux de défaillance des emprunteurs et le retournement du marché de l'immobilier, à partir du mois de juin 2007, ont alors engendré une crise financière et bancaire mondiale.
- La crise financière : la perte de confiance liée aux crédits *subprimes* a atteint les marchés des produits structurés, dont certains reposaient sur des crédits *subprimes*, et des conduits d'opérations de titrisation. Ces marchés s'étaient alors particulièrement développés ; ils offraient des rendements élevés tandis que les produits offerts bénéficiaient d'une cotation généreuse par les agences de notation. C'est pourquoi, ils avaient été largement acquis par les gérants des OPCVM monétaires dynamiques. Les fortes tensions sur ces marchés ont été jusqu'à rendre impossible leur valorisation, conduisant, par exemple, un établissement comme BNP Paribas à geler, en août 2007, deux fonds d'investissements. La dégradation brutale des notations des produits structurés a, par ailleurs, accéléré l'éclatement de cette crise financière.
- La crise bancaire : du fait de la crise des *subprimes*, il est apparu que certaines banques pouvaient porter un risque trop élevé lié à ces crédits hypothécaires et être menacées de cessation des paiements. En outre, la dissémination de ce risque au sein du système bancaire et financier mondial par le recours à des opérations de titrisation, de plus en plus complexes, a créé une incertitude quant aux montants supportés et aux établissements touchés. Ces éléments ont conduit a des tensions de plus en plus fortes sur le marché interbancaire allant jusqu'à une paralysie de ce dernier et obligeant, dès le mois d'août 2007, les banques centrales à intervenir massivement afin d'éviter une crise de liquidité bancaire. Cette crise de liquidité s'est trouvée accentuée par le fait que nombre de banques ont réintégré des risques qui avaient été cédés par voie de titrisation, soit parce qu'elles avaient consenti des lignes de crédit aux véhicules de titrisation, soit parce qu'elles ont voulu éviter un risque de réputation. De plus, l'effondrement du marché de la titrisation a rendu impossible le recours à cette source de financement. Les comptes des banques ont également été touchés par la crise des produits structurés enregistrés à leur valeur de marché.

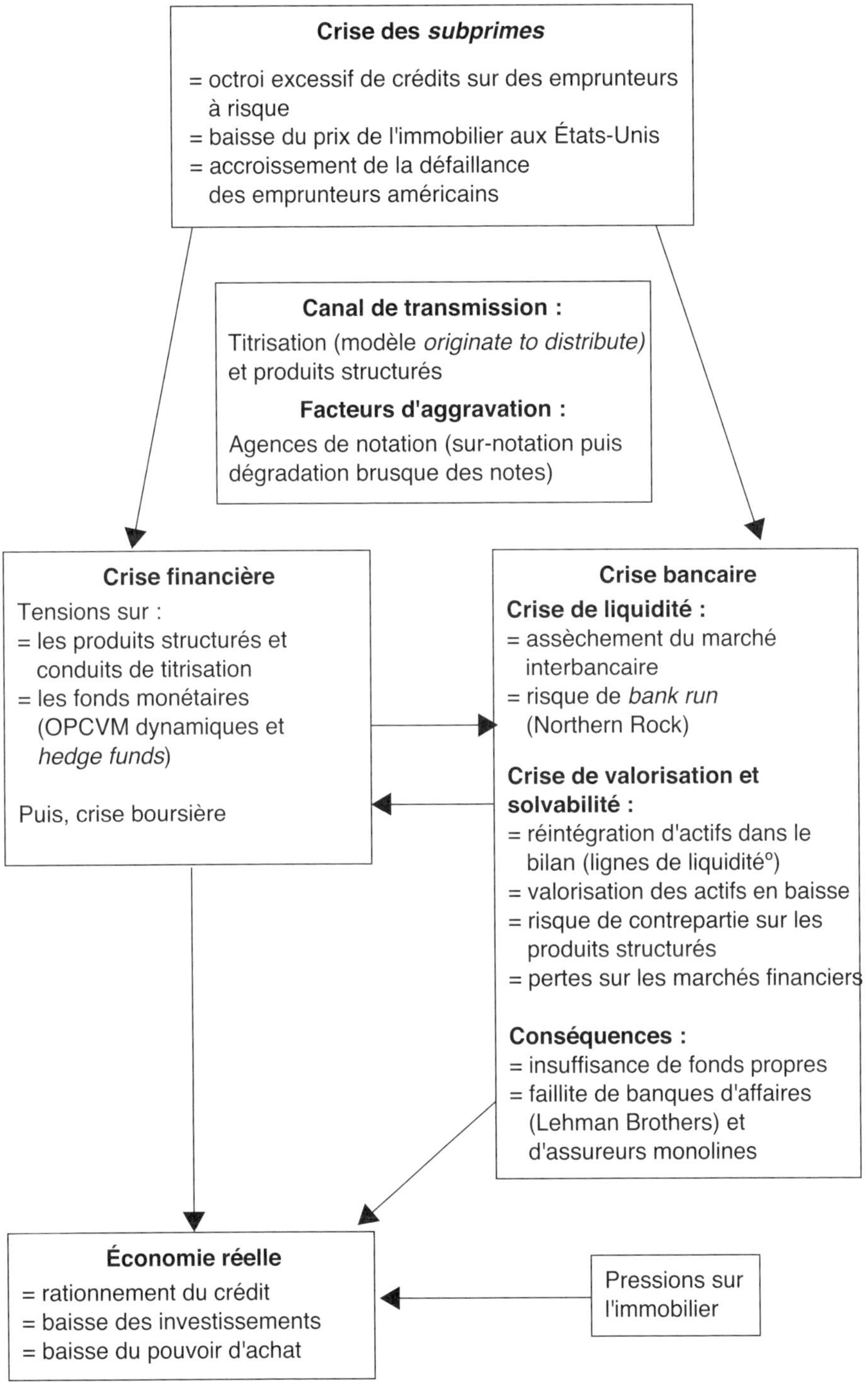

Figure 2.1 – Schéma simplifié de la crise bancaire et financière de 2007-2008

© Dunod – Toute reproduction non autorisée est un délit.

Les banques les plus touchées ont été celles dont la structure financière les rendait plus sensibles aux crises de liquidité ou qui étaient particulièrement impliquées dans les opérations de titrisation et produits structurés. C'est ce qui explique les difficultés rencontrées par les banques d'affaires nord-américaines comme Bear Stearns, reprise en mars 2008 par JP Morgan Chase, et Lehman Brothers. La mise sous sauvegarde judiciaire de ce dernier établissement, particulièrement impliqué dans le marché des Credit Default Swaps, en septembre 2008, a d'ailleurs marqué une étape dans le déroulement de la crise en générant une perte de confiance mondiale. En revanche, s'agissant des banques de détail, notamment en raison des garanties données par les États, des phénomènes de ruée vers les guichets ne se sont pas produits à quelques exceptions près comme pour la banque britannique Northern Rock.

- La crise boursière et la crise de l'économie réelle : les tensions sur les marchés des produits structurés, des conduits de titrisation et les difficultés rencontrées par les banques se sont également répercutées sur les autres marchés, conduisant à une chute des bourses des valeurs. À cette chute s'est ajoutée celle du marché de l'immobilier, produisant un effet de richesse négatif. Par ailleurs, l'insuffisance de liquidité, les pertes subies par les établissements de crédit, l'augmentation des risques et la valorisation à la baisse de leurs actifs ont conduit les banques à réduire leurs crédits. Cette restriction des financements impacte l'économie réelle par la baisse des investissements et de la consommation et a nécessité l'intervention des pouvoirs publics afin de renforcer les fonds propres des banques.

La banque, canal de transmission de la crise systémique

En tant qu'intervenants majeurs sur les marchés de capitaux et dans les systèmes de règlements, les banques sont les agents de propagation obligatoires d'une crise systémique. Il y a, en effet, au sein des trois sous-systèmes une totale imbrication des positions débitrices et créditrices. Le défaut d'un intervenant de grande taille met en difficulté tous les autres, y compris les banques, d'où des effets de contagion dont les canaux de transmission les plus rapides sont les marchés interbancaires et les systèmes de paiements à règlement net où les découverts ne sont couverts qu'en fin de journée.

De même, une chute brutale du cours des actifs boursiers ou immobiliers détériore la qualité des garanties sur lesquelles sont gagés les crédits. En réaction, on retrouve le comportement de rationnement de crédit.

La banque, victime de la crise systémique

À l'évidence, toute crise systémique affecte les établissements de crédit : crise de liquidité, perturbations dans les systèmes de règlements, augmentation du nombre d'entreprises en difficulté. Et la banque à structure financière fragile est alors amenée à la cessation de paiements. La faillite d'un établissement de crédit, surtout s'il est de grande taille, est un événement désastreux à même de mettre en cause la stabilité d'une économie par les effets de chaîne qu'elle suscite : défaillance en cascade d'autres banques et d'entreprises, retraits massifs des dépôts bancaires, fuite des capitaux vers l'étranger, désorganisation des paiements...

Le coût économique et social d'une faillite bancaire est donc exorbitant comparé à celui de n'importe quelle autre entreprise et justifie la surveillance du secteur bancaire par les pouvoirs publics.

EXEMPLE – **Crise de la dette souveraine et crises bancaires**

La crise de la dette souveraine et, plus spécialement, de la zone euro, à partir de 2009, a montré les interactions entre crise de l'endettement souverain et crises bancaires :

- La crise bancaire et financière de 2007-2008 a contribué à la hausse de l'endettement public puisque, d'une part, la crise économique qui s'en est suivie a réduit les recettes fiscales ; et parce que, d'autre part, les États sont intervenus afin de soutenir leurs systèmes bancaires ce qui a pu avoir un coût en termes de finances publiques. Par ailleurs, les banques sont incitées à réduire la part des titres souverains dans leur actif, ce qui impacte le marché de ces titres et peut conduire à renchérir le coût pour les États de leur financement sur les marchés.
- À l'inverse, la crise de la dette souveraine s'est répercutée sur le système bancaire. La dégradation des portefeuilles de titres souverains détenus par les banques s'est, en effet, traduite par une détérioration de leurs bilans. De plus, la dévalorisation des titres souverains, qui sont utilisés comme garantie (*collateral*), réduit la possibilité pour les banques de bénéficier des liquidités de la banque centrale ou de faire appel au marché interbancaire. Enfin, les établissements risquent de voir leur notation abaissée dès lors que celle de l'État de leur implantation l'est également, notamment parce que la garantie d'un éventuel soutien étatique est dégradée.

1.3 La surveillance du secteur bancaire

Surveiller le secteur bancaire signifie tout à la fois fixer les prescriptions adéquates, vérifier leur application et superviser le comportement des établissements de crédit. La surveillance du secteur bancaire a emprunté plusieurs voies, d'un système financier comme d'une époque à l'autre ; mais à l'heure actuelle un consensus s'est réalisé autour de la réglementation bancaire en tant que filet de sécurité.

Free banking et prêteur en dernier ressort

Lorsque les secteurs bancaires se sont progressivement constitués tout au long du XIXe siècle, le fonctionnement des banques était exempt de toute contrainte réglementaire et *la régulation, en cas de crise, s'opérait par le jeu des faillites bancaires.* Seuls les établissements sains traversaient la crise sans dommage, la faillite apparaissant comme la juste sanction de risques non maîtrisés. Le *free banking* continue de nos jours à avoir quelques partisans qui mettent en avant le fait que la réglementation encourage les comportements empreints d'aléa moral.

© Dunod – Toute reproduction non autorisée est un délit.

C'est également à la même époque que la doctrine du prêteur en dernier ressort a vu le jour, formulée par W. Bagehot dans son livre bien connu *Lombard Street*, paru en 1873. Elle repose sur une distinction entre liquidité et solvabilité. Avec l'émergence des marchés financiers, des crises de liquidité se sont produites sur ces marchés, mettant en péril la stabilité du secteur bancaire. *Le prêteur en dernier ressort, c'est-à-dire la Banque centrale, doit alors venir en aide uniquement aux banques confrontées à une crise de liquidité et non à celles dont la qualité des actifs est détériorée.* L'intervention du prêteur en dernier ressort rétablit l'équilibre au sein du système financier et évite la propagation de la crise.

Un secteur bancaire administré

Cette deuxième approche correspond à l'intervention croissante de l'État dans la vie économique et s'applique à des secteurs bancaires plus structurés avec notamment une extension de la bancarisation, d'où l'accent mis sur la sécurité des dépôts et des moyens de règlement. Dans ces conditions, *les pouvoirs publics sont investis de la mission d'assurer la stabilité du système bancaire* soit en le contrôlant directement, par des nationalisations ou des prises de participations majoritaires, soit en favorisant l'existence d'établissements de crédit de grande taille moins fragiles que ceux de dimension plus modeste. La dimension favorise la division des risques et la dispersion des dépôts minore le risque de liquidité. La taille rassure de surcroît le déposant persuadé que la puissance publique ne permettra pas la faillite d'une banque de grande taille (*too big to fail*).

Relèvent également de cette approche les plans de sauvetage de secteurs bancaires en difficulté qui prévoient un recours substantiel aux fonds publics ou à la garantie publique.

La réglementation bancaire en tant que filet de sécurité

À l'heure actuelle, considérant qu'il est préférable de prévenir les crises bancaires, *la réglementation apparaît comme le mode principal de surveillance des banques* même si des évolutions dans sa mise en œuvre sont intervenues ces dernières années.

La réglementation bancaire a un domaine d'application de plus en plus large et peu d'aspects de l'activité bancaire sont exempts de dispositions normatives. Elle présente à la fois un caractère préventif et curatif avec le traitement réservé aux banques en difficulté. Elle a également évolué vers un mode plus incitatif et plus qualitatif.

Le respect de ratios ne suffit pas, il est nécessaire de veiller concurremment à la maîtrise exercée par la firme bancaire sur ses opérations avec comme corollaire la supervision déléguée, appelée également auto contrôle, lorsqu'une banque évalue elle-même les risques auxquels elle est exposée ainsi que les fonds propres à constituer. De même, la réglementation bancaire incorpore fréquemment des principes et pratiques du gouvernement d'entreprise.

C'est pourquoi, tous les pays à système financier développé, et la France en particulier, ont rénové ou renforcé leur réglementation bancaire. Un mouvement semblable s'est dessiné au sein de l'Union européenne, et plus encore de la zone euro.

2 Une réglementation bancaire étendue et à dimension internationale

La réglementation bancaire française a longtemps été cantonnée dans un domaine étroit : les instruments de la politique du crédit, l'accès à la profession et les règles de fonctionnement des établissements de crédit, le contrôle prudentiel n'occupant qu'une place modeste dans cet ensemble. Elle a trouvé, depuis le milieu des années quatre-vingt, les sources de sa rénovation, notamment grâce à sa dimension internationale et européenne.

2.1 L'harmonisation internationale de la réglementation bancaire

Il s'agit là d'un phénomène majeur dans l'évolution de la réglementation bancaire de ces dernières années : la fixation de normes à l'échelon international.

Les normes européennes

De longue date, l'Union européenne s'est préoccupé des questions bancaires avec notamment l'adoption de la première directive du 12 décembre 1977 relative aux conditions à remplir pour exercer l'activité de banquier. Mais c'est avec l'*Acte unique de 1986* qui prévoyait la réalisation au *1er janvier 1993* d'un marché bancaire européen que la nécessité d'un renforcement de l'harmonisation est apparue clairement et le Plan d'action pour les services financiers (PASF) traduit également cette préoccupation. La mise en œuvre des mesures du PASF a donné lieu en 2001 à l'introduction d'une procédure visant à simplifier l'adoption de la réglementation européenne, dénommée approche Lamfalussy du nom de son promoteur.

L'approche Lamfalussy, processus prévu pour élaborer la réglementation bancaire et financière européenne, établit une distinction entre principes législatifs et règles techniques. Elle comporte quatre niveaux. Le niveau 1 traite des principes fondamentaux qui, selon les procédures en vigueur dans l'Union européenne, feront l'objet de règlements et directives. Le niveau 2 concerne la mise en œuvre des mesures d'exécution techniques nécessaires à l'application de la législation-cadre. La Commission européenne est alors compétente pour préparer avec le soutien de comités spécialisés, d'où l'ancienne appellation de « comitologie ». Le niveau 3

© Dunod – Toute reproduction non autorisée est un délit.

prévoit une coordination de la transposition des textes adoptés par les autorités européennes de surveillance, et notamment par l'Autorité Bancaire Européenne pour assurer une transposition cohérente et équivalente dans les droits nationaux des mesures relevant des niveaux 1 et 2. Enfin, le niveau 4 prévoit un renforcement du contrôle de l'application de la législation communautaire notamment par la Commission.

Les travaux menés à Bruxelles ont comme objectif l'instauration de conditions identiques de concurrence entre les établissements de crédit des États membres et aujourd'hui un maintien de la stabilité financière.

Les normes internationales

Le Comité sur les règles et pratiques de contrôle des opérations bancaires – dit *Comité de Bâle* – a été créé en 1974 par les gouverneurs des Banques centrales des pays du Groupe des Dix à la suite d'une crise bancaire due à la faillite d'un important établissement de crédit allemand, la banque Herstatt. Depuis la crise de 2007-2008, les mesures adoptées par le Comité de Bâle s'inscrivent dans le cadre d'orientations prises par le G20.

De ce fait, les travaux du Comité de Bâle sont principalement orientés vers la prévention des crises bancaires avec :

La surveillance de l'activité bancaire internationale

Le développement des marchés et la globalisation des activités financières confèrent au risque systémique une dimension internationale. Le Comité de Bâle a donc mis l'accent sur la nécessaire coopération entre autorités monétaires des pays d'origine et d'accueil afin d'exercer un contrôle efficace sur les groupes bancaires internationaux.

La fixation de normes prudentielles

Dans un premier temps, les travaux du Comité de Bâle ont abouti à la mise au point en juillet 1988 du *ratio international de solvabilité*, dit ratio Cooke. Par la suite, d'autres questions ont été examinées par le Comité comme les risques de marché, la compensation des instruments de hors bilan, le contrôle interne ou la qualité de l'information financière. C'est ainsi que, dès la fin des années quatre-vingt-dix le Comité de Bâle a entrepris la rédaction d'une version plus complexe et modernisée de ses règles prudentielles connue sous le nom de Bâle II. Cependant, et même si aux États-Unis ce dernier accord n'était pas entré en vigueur, la crise de 2007-2008 en a montré ses limites. C'est pourquoi, le Comité de Bâle, sous l'impulsion du G20, à introduit en 2010 une nouvelle réglementation dite Bâle III.

Les normes retenues par le Comité de Bâle s'appliquent à toutes les banques ayant une activité internationale, quel que soit leur pays d'origine, Union européenne, États-Unis ou Japon, par exemple.

Les travaux du Comité de Bâle sont complétés par ceux du *Financial Stability Board.* Ce dernier conseil, institué en 2009, a succédé au Forum de stabilité financière ; il regroupe de façon informelle les autorités bancaires et financières des principaux États. Il est, lui aussi, hébergé à Bâle par la Banque des Règlements internationaux.

En définitive, le rôle des autorités nationales en matière de réglementation, outre la transposition des normes européennes et internationales, a trait d'une part aux domaines en attente d'harmonisation et d'autre part aux dispositions d'intérêt général comme les textes relatifs à l'usure ou à la protection des emprunteurs.

2.2 Un domaine étendu

Malgré la diversité des règlements adoptés depuis 1984, on peut mettre en évidence plusieurs constantes dans les objectifs de la réglementation bancaire.

Le maintien de la stabilité du système bancaire

On l'a déjà souligné, tout ce qui ressortit au contrôle prudentiel constitue l'axe principal de la réglementation bancaire et les difficultés auxquelles de nombreuses banques en France ou à l'étranger se sont trouvées confrontées, a renforcé considérablement cet aspect de la réglementation. Le contrôle prudentiel fait d'ailleurs l'objet de fréquentes adaptations pour demeurer en adéquation avec un environnement et des opérations très évolutifs.

L'harmonisation des conditions de concurrence

La loi bancaire de 1984 instituant un statut juridique unique pour les établissements de crédit, la réglementation a uniformisé leurs conditions de fonctionnement. De même, la réalisation du marché unique a conduit les autorités monétaires françaises à ne pas imposer aux banques des contraintes plus pesantes qu'à l'étranger et à transposer le plus rapidement possible les dispositions européennes ou internationales favorables. L'adoption de l'Euro à partir de janvier 1999 a renforcé la concurrence au sein de l'Eurosystème et provoqué des évolutions réglementaires comme dans le cas de l'interdiction de rémunération des dépôts à vue.

La modernisation du fonctionnement des établissements de crédit

Les innovations technologiques et financières de ces dernières années ont influencé le fonctionnement des banques : nouveaux marchés, nouvelles opérations, nouveaux canaux de distribution ; la réglementation doit donc à la fois s'adapter à ces évolutions, notamment en ce qui concerne l'évaluation et la comptabilisation des opérations, et supprimer les dispositions antérieures devenues obsolètes.

© Dunod – Toute reproduction non autorisée est un délit.

L'amélioration des relations avec la clientèle

Dans le souci d'une meilleure information de la clientèle et de sa protection, la réglementation s'est efforcée de clarifier et d'équilibrer les relations banques-clientèle, conflictuelles à certains égards comme le droit au compte bancaire ou le surendettement. En l'espèce, la réglementation française est souvent plus favorable aux intérêts des clients (délai de rétractation pour toute offre de crédit à un particulier, existence de taux usuraires, par exemple) et lorsque le marché européen sera véritablement unifié, un handicap concurrentiel pourrait se manifester au détriment des banques françaises.

2.3 Une réglementation en évolution

La crise financière de 2007-2008 a montré la nécessité d'adapter la réglementation bancaire française, européenne et internationale afin de mieux prendre en compte le risque systémique. Plusieurs évolutions ayant trait au système bancaire mais aussi à son environnement ont d'ailleurs été actées lors des sommets du G20 :

- le renforcement de la réglementation prudentielle bancaire édictée par le Comité de Bâle ;
- l'adoption d'une régulation du système bancaire parallèle c'est-à-dire des entités à dimension systémique qui, sans avoir un statut d'établissement réglementé, réalisent des opérations de transformation, reçoivent des fonds ou fournissent des crédits, à l'instar des véhicules de titrisation ou des fonds d'investissement ;
- un accroissement de la transparence et de la sécurité des marchés de produits dérivés en prévoyant leur compensation sur des plateformes électroniques et en imposant des exigences en capital plus rigoureuses pour les produits non standardisés (règlement européen EMIR de 2012) ;
- la lutte contre les paradis fiscaux et judiciaires ;
- l'enregistrement des agences de notation et le contrôle de leurs pratiques ;
- le contrôle des bonus des traders.

Section 2 LA RÉGLEMENTATION DE L'ACTIVITÉ COURANTE

La réglementation de l'activité courante d'un établissement de crédit traite des multiples aspects du fonctionnement d'une banque. Elle est présentée de façon détaillée tant dans le Code monétaire et financier que dans le Rapport annuel du CCLRF qui constitueront la référence dans ce domaine[1]. On s'attachera dans cette section à ses principaux traits.

1. La réglementation bancaire est constituée de dispositions nombreuses, techniques et souvent modifiées. Leur référence ne sera pas indiquée et le lecteur soucieux de se reporter aux textes eux-mêmes consultera le Code monétaire et financier, les rapports annuels du CCLRF et le site internet de la Banque de France.

1 Les conditions d'exercice de l'activité bancaire

1.1 L'accès à la profession bancaire : l'agrément obligatoire et unique

L'agrément est l'autorisation d'exercer une activité bancaire délivrée par les autorités de tutelle. Il est obligatoire et unique dans le cadre de l'Union européenne.

L'agrément obligatoire

La profession de banque est réservée aux entreprises qui ont obtenu un agrément subordonné au respect de deux conditions :
- *un capital minimum libéré de 5 millions d'euros*, pour la majorité des établissements de crédit. D'autres seuils sont prévus, 2,2 millions d'euros et 1,1 million d'euros, pour certaines sociétés financières et caisses de crédit municipal ;
- *la présentation d'un projet d'activité* indiquant la nature des opérations envisagées, les moyens techniques et financiers mis en œuvre et la qualité des apporteurs de capitaux et dirigeants. C'est au vu de ce projet que l'Autorité de contrôle prudentiel est amenée à prononcer l'agrément et elle est particulièrement attentive à la qualité des apporteurs de capitaux et à l'honorabilité et la compétence des dirigeants.

Différents types d'agréments peuvent alors être délivrés :
- un agrément permettant de recevoir du public des fonds sans restriction de terme et effectuer toutes opérations de banque qui concerne les banques, les banques mutualistes ou coopératives et les caisses de crédit municipal ;
- un agrément qui interdit de recevoir du public des dépôts à vue ou à moins de deux ans qui concerne les sociétés financières et les institutions financières spécialisées ;
- un agrément limité à l'exercice de certaines opérations définies dans le projet d'activité du demandeur.

L'agrément unique

C'est la clef de voûte du marché bancaire européen, en application de la deuxième directive de coordination bancaire du 15 décembre 1989, avec :
- *la liberté d'établissement* : tout établissement de crédit ayant obtenu un agrément dans un pays de l'Union européenne peut exercer son activité dans les autres pays sans requérir l'autorisation du pays d'accueil. Le principe de la reconnaissance mutuelle des agréments implique une simple information des autorités de tutelle du pays d'accueil par celles du pays d'origine ;
- *la libre prestation de* services : une fois l'agrément obtenu, l'établissement de crédit peut exercer dans l'espace européen toute activité bancaire appartenant à une liste d'activités bénéficiant de la reconnaissance mutuelle et cette liste englobe l'ensemble des opérations qu'une banque est susceptible d'accomplir ;

© Dunod – Toute reproduction non autorisée est un délit.

– *le contrôle par le pays d'origine* : la reconnaissance mutuelle s'étend également à la surveillance des établissements de crédit. La règle est que tout établissement de crédit est assujetti au contrôle des autorités de tutelle du pays d'origine dont la compétence est étendue à toutes les succursales d'une banque dans les autres États membres : en clair, l'ACP exerce la surveillance d'une banque agréée en France ainsi que des succursales de cette banque dans les pays de l'Union européenne. Toutefois, demeurent sous le contrôle du pays d'accueil les domaines n'ayant pas encore fait l'objet d'une harmonisation (la liquidité) et les règles d'intérêt général.

1.2 Les modifications de la situation des établissements de crédit

Les modifications de participation dans le capital d'un établissement de crédit

Des règles spécifiques sont prévues en cas de prise, d'extension, de diminution ou de cession d'une participation directe ou indirecte dans un établissement de crédit par une personne ou un groupe de personnes, lorsque l'établissement visé devient ou cesse d'être filiale ou bien lorsque le seuil du dixième, du cinquième, du tiers ou de la moitié des droits de vote est franchi à la hausse ou à la baisse :

– s'il s'agit d'une acquisition ou d'une augmentation de participation, une autorisation préalable de l'ACP est requise. L'ACP vérifie alors que le candidat acquéreur et son influence probable ainsi que la solidité financière de l'opération permettent le maintien d'une gestion saine et prudente de l'établissement cible ;

– s'il s'agit d'une réduction ou cession de participation, une notification de l'opération suffit afin de permettre à l'ACP de vérifier que les conditions de l'agrément n'ont pas été remises en cause.

Par ailleurs, les établissements de crédit autres que ceux affiliés à un organe central doivent remettre annuellement à l'ACP des informations financières sur les personnes qui ne sont pas des établissements agréés et qui détiennent 10 % de leur capital, ont le statut de société en nom collectif ou sont associés commandités. L'ACP a également le pouvoir de solliciter des établissements de crédit des informations financières concernant leurs principaux actionnaires.

Cette réglementation est d'une grande actualité en période de restructurations du secteur bancaire, notamment lorsque celles-ci prennent la forme d'OPA ou d'OPE. Les autorités bancaires risquent, s'il s'agit d'une offre hostile, de ne pas être en mesure de tenter une conciliation des points de vue et d'éviter des batailles boursières qui peuvent être préjudiciables à la stabilité du secteur bancaire. L'opération Société Générale – Paribas – BNP du printemps 1999 en fournit un bon exemple. Aussi, la réglementation prévoit-elle que l'auteur de toute offre publique sur les titres d'un établissement de crédit peut informer le gouverneur de la Banque de France, qui est également le président de l'ACP.

Quant au contrôle des concentrations concernant un établissement de crédit, il relève du droit commun. L'Autorité de la concurrence est donc compétente pour les opérations ayant une dimension nationale. C'est ainsi que cette autorité a autorisé, par une décision du 22 juin 2009, la fusion des groupes Caisse d'Épargne et Banque Populaire. Les opérations à dimension communautaire doivent, quant à elles, être notifiées à la Commission européenne.

Les modifications de situation juridique d'un établissement de crédit

Certaines sont soumises à autorisation comme la forme juridique, la dénomination ou le type d'opération pour lequel l'établissement a été agréé... D'autres sont soumises à déclaration comme le montant du capital, les règles de calcul des droits de vote ou l'adresse du siège social.

La désignation et cessation de fonction des dirigeants

Toute désignation d'un nouveau dirigeant doit être déclarée à l'ACP et la déclaration doit être accompagnée de tous les éléments permettant de juger l'honorabilité et l'expérience de la personne concernée. L'ACP dispose d'un délai d'un mois pour faire savoir s'il estime que le nouveau dirigeant ne présente pas les compétences requises pour exercer ses fonctions. De même, les cessations de fonction doivent être déclarées.

Avec ces dispositions, l'obligation de transparence en ce qui concerne les principaux actionnaires et les dirigeants d'un établissement de crédit est établie.

1.3 Autres conditions d'exercice

La réglementation s'attache également à d'autres aspects de l'exercice du métier de banquier avec :

- des dispositions diverses relatives à l'organisation et à la représentation de la profession (adhésion obligatoire à une association professionnelle ou à un organe central), à la garantie des dépôts[1], au contrôle interne ainsi qu'à l'ouverture des guichets bancaires. La réglementation sur le contrôle interne étant particulièrement importante, elle fera l'objet d'un développement spécifique ;
- les règles relatives aux implantations des guichets de banque pour lesquels une totale liberté en matière d'ouverture, transformation ou cession est prévue ;
- des dispositions relatives aux services communs de la profession (compensation des chèques, centralisation des incidents de paiements et des risques).

© Dunod – Toute reproduction non autorisée est un délit.

1. La réglementation relative à la garantie des dépôts sera présentée infra dans la section relative au traitement des banques en difficulté.

1.4 Le retrait d'agrément et la radiation

Deux situations sont prévues par le Code monétaire et financier pour la sortie de la profession bancaire : le retrait d'agrément qui a un caractère administratif et la radiation à caractère disciplinaire.

Le retrait d'agrément

Il est prononcé par l'ACP soit à la demande de l'établissement de crédit désireux de cesser son activité soit d'office si l'établissement de crédit :

– ne remplit plus les conditions d'agrément, y compris les engagements auxquels son agrément avait été subordonné ;
– n'utilise pas son agrément dans un délai de douze mois ;
– n'exerce plus d'activité depuis six mois.

Le retrait d'agrément prend effet à l'expiration d'une période de deux ans maximum au cours de laquelle la cessation progressive de l'activité est organisée. Il donne lieu à une publicité et à des opérations (cession des créances, remboursement des fonds, etc.) strictement encadrées par la réglementation.

La radiation

À titre de sanction disciplinaire, l'ACP peut prononcer une radiation d'office qui entraîne automatiquement la liquidation de la personne morale. Les établissements de crédit concernés ne peuvent alors effectuer que les opérations strictement nécessaires à l'apurement de leur situation.

2 Les opérations de banque et les relations avec la clientèle

Pour la plupart de leurs opérations, les banques sont libres d'en déterminer les caractéristiques. Toutefois, pour des motifs relevant de la politique économique, de la clarification des relations de la banque avec sa clientèle ou d'une approche prudentielle, plusieurs d'entre elles sont réglementées. Quelques exemples seront développés, exemples choisis au sein d'une liste qui comprend également les opérations de prêts aux particuliers, les opérations en devises, les opérations de blanchiment des capitaux et l'activité des changeurs manuels.

2.1 La rémunération du banquier

Qu'il s'agisse des intérêts, qui rémunèrent le loyer de l'argent, ou des commissions, qui rémunèrent un service distinct, le Code monétaire et financier pose le principe de la liberté de fixation par la banque de ses prix. Ce principe connaît toutefois quelques limites.

Les taux usuraires

Depuis la loi de sécurité financière de 2003, modifiée en 2005, la prohibition des taux usuraires ne s'applique plus aux crédits consentis aux personnes physiques agissant pour leurs besoins professionnels ou aux personnes morales se livrant à une activité industrielle, commerciale, artisanale, agricole ou professionnelle non commerciale, à l'exception des découverts en compte.

Selon l'article L. 313-5 du Code monétaire et financier, le prêt est usuraire dès lors que son taux effectif global *excède, au moment où il est consenti, de plus du tiers, le taux effectif moyen pratiqué au cours du trimestre précédent par les établissements de crédit pour des opérations de même nature comportant des risques analogues*. Tous les trimestres, les barèmes des taux usuraires sont publiés par la Banque de France.

Les autres limitations

La rémunération du banquier qui consent des crédits à la clientèle est également encadrée par des dispositions issues de diverses sources :

- le Code civil, tout d'abord, restreint l'anatocisme, à savoir la capitalisation des intérêts, en prévoyant que celle-ci doit être expressément prévue dans le contrat et ne porter que sur des intérêts échus dus pour une année entière ;
- le Code de la consommation prévoit, ensuite, des dispositions spécifiques aux crédits mobiliers et immobiliers à la consommation ;
- les autorités bancaires interdisent enfin aux banques de réaliser des crédits à perte. Il ne s'agit plus alors de protéger l'emprunteur mais de veiller seulement à la stabilité du système bancaire.

2.2 La rémunération des comptes

La réglementation bancaire a conduit à distinguer les comptes à vue (comptes de dépôt ou comptes courants) des autres produits d'épargne.

Les comptes à vue

Le principe de l'interdiction de rémunération des comptes à vue libellés en francs a été établi par une décision du Conseil national du crédit de 1969 avec toutefois la possibilité de rémunérer les comptes à vue en francs des non-résidents et les comptes à vue en devises des résidents.

© Dunod – Toute reproduction non autorisée est un délit.

La mise en place de l'euro a remis en cause cette réglementation et, pour la maintenir, au vu de la réglementation européenne, la France a tenté de faire valoir une exception fondée sur « l'intérêt général ». La Cour de Justice des communautés européennes a tranché cette question en 2004 en déclarant contraire aux règles de la concurrence l'interdiction de rémunération des dépôts à vue. Depuis 2005, la réglementation bancaire française en a tiré les conséquences et n'interdit plus la rémunération des dépôts à vue.

La rémunération des dépôts à vue par les banques françaises est une question particulièrement sensible car liée à la facturation des chèques, sur laquelle on reviendra dans le chapitre 8.

Les comptes d'épargne

À côté des comptes à vue, qui faisaient l'objet avant 2005 d'une interdiction de rémunération, les banques peuvent proposer à leurs clients différents produits d'épargne rémunérée dont les plus notables sont :

- les comptes sur livrets, qui ne peuvent être ouverts qu'à des personnes physiques ou à des personnes morales à but non lucratif, et dont la rémunération est libre ;
- les comptes à terme, d'une durée minimum d'un mois ;
- les produits d'épargne assortis d'un régime juridique et fiscal spécifique, à l'instar des comptes et plans d'épargne logement ;
- s'agissant du livret A et du livret de développement durable, l'essentiel de l'épargne collectée est centralisé à la Caisse des dépôts et consignations afin de financer le logement social. Depuis la loi de modernisation de l'économie, entrée en vigueur en 2009, les banques qui distribuent ces produits ne conservent qu'une quote-part de l'épargne récoltée qui doit être utilisée pour le financement des PME ainsi qu'au financement des travaux d'économie d'énergie dans les bâtiments anciens.

2.3 La clarification des relations avec la clientèle

À plusieurs reprises, des dispositions ont été adoptées pour équilibrer la relation banque – client, principalement lorsqu'il s'agit d'un particulier.

Le droit au compte

Parce que disposer d'un compte en banque est aujourd'hui devenu essentiel, le législateur a institué un véritable droit au compte (article L. 312-1 du Code monétaire et financier). Ce droit bénéficie à toutes les personnes, y compris aux interdits bancaires et aux personnes morales, qui se voient refuser l'ouverture d'un compte. Elles se voient proposer ou peuvent demander à l'établissement qui a leur a opposé un refus d'effectuer des démarches auprès de la Banque de France afin que cette dernière désigne un établissement qui sera alors dans l'obligation d'ouvrir un compte. La personne refusée peut également saisir directement la Banque de France. La banque tenue d'ouvrir un compte de dépôt doit également délivrer un certain nombre de services dits de base. En 2011, 36 684 désignations ont ainsi été réalisées.

Focus

Les services bancaires de base

Les services bancaires de base sont composés de :

- l'ouverture, la tenue et la clôture du compte ;
- un changement d'adresse par an ;
- la délivrance à la demande de relevés d'identité bancaire ;
- la domiciliation de virements bancaires ;
- l'envoi mensuel d'un relevé des opérations effectuées sur le compte ;
- la réalisation des opérations de caisse ;
- l'encaissement des chèques et de virements bancaires ;
- les dépôts et retraits d'espèces au guichet de l'organisme teneur de compte ;
- les paiements par prélèvements, titres interbancaires de paiement ou virement bancaire ;
- des moyens de consultation à distance du solde du compte ;
- une carte de paiement dont chaque utilisation autorisée par l'établissement de crédit qui l'a émise ;
- deux formules de chèques de banque par mois ou moyens de paiement équivalents.

Toute personne physique ou morale domiciliée en France et bénéficiant du droit au compte peut obtenir les services bancaires de base « sans contrepartie contributive de sa part ».

L'application au secteur bancaire de dispositions relevant du droit de la consommation

En matière de tarification des services bancaires, une obligation ancienne s'impose aux banques avec un décret – loi de 1935 qui prévoit la délivrance gratuite des formules de chèques. Plus récemment, la loi Murcef de 2001 ou une loi du 3 janvier 2008, inscrites dans un mouvement de « consumérisation » du droit bancaire relativement propre à la France, ont conféré aux clients des banques de détail un certain nombre de droits :

- *une convention écrite* relative aux comptes de dépôt doit être signée entre le client, personne physique agissant à titre non professionnel, et la banque. La convention doit préciser les conditions de fonctionnement et de clôture du compte ainsi que les tarifs pratiqués. Toute évolution de ces conditions doit être notifiée au client afin qu'il puisse, le cas échéant, fermer son compte ;

© Dunod – Toute reproduction non autorisée est un délit.

– *les conditions tarifaires* des opérations doivent faire l'objet d'un affichage visible et lisible. Par ailleurs, la loi du 3 janvier 2008 impose aux banques de faire parvenir à leurs clients personnes physiques et associations un relevé annuel détaillé des frais bancaires perçus ;
– *le législateur* a introduit en 2001 deux prohibitions qui existaient jusqu'alors dans le seul droit de la consommation. En premier lieu, les ventes de produits ou prestations bancaires ne peuvent pas, en principe, être accompagnées d'une prime financière ou en nature. En second lieu, la commercialisation de services groupés (*packages* ou « assemblages ») n'est autorisée qu'à la condition que les services soient indissociables ou qu'ils puissent être acquis séparément ;
– *en cas de démarchage bancaire et financier*, le client est protégé par le Code monétaire et financier qui prévoit notamment l'interdiction de commercialisation de produits risqués et un droit de rétractation au profit de la personne démarchée sans pénalités ni avoir de justifications à donner dans un délai de 14 jours ;
– *un médiateur*, choisi pour sa compétence et son impartialité, doit être nommé au sein de chaque établissement ou en commun pour les plus petits établissements. La compétence du médiateur a été élargie en 2008 ; il peut être saisi par une personne physique n'agissant pas pour des besoins professionnels pour des litiges concernant l'exécution d'un contrat bancaire, y compris la gestion des crédits mais non leur octroi, et les produits d'épargne. La procédure de médiation est gratuite et débouche sur une proposition de solution dans un délai de deux mois. Les médiateurs établissent un rapport annuel et un comité de la médiation bancaire rédige un rapport général sur la médiation bancaire.

L'amélioration des relations entre les banques et leur clientèle de particuliers

Périodiquement, les pouvoirs publics demandent à la profession bancaire d'adopter des mesures visant à rééquilibrer la relation des banques avec leur clientèle particulière. Les modifications les plus significatives concernent :
– le plafonnement des pénalités facturées aux clients en cas d'incidents de paiements ;
– la mobilité plus aisée d'un client d'une enseigne à l'autre. Les banques se sont ainsi engagées à créer un service d'aide à la mobilité à la fin 2009, comportant notamment la gratuité de la clôture des comptes à vue et sur livrets ;
– Depuis 2011, les banques ont standardisé la présentation de leurs plaquettes tarifaires afin de faciliter les comparaisons de prix.
– Le projet de loi de séparation et de régulation des activités bancaires prévoit, en outre, que soient plafonnées par décret les commissions pratiquées en cas de fonctionnement irrégulier d'un compte au profit des personnes en situation de fragilité ayant des revenus modestes et de nombreux incidents de paiement.

2.4 Le régime des prises de participations

Les participations des établissements de crédit

Une participation est définie comme la détention d'au moins 10 % du capital ou des droits de vote d'une entreprise ou l'exercice d'une influence notable sur cette même entreprise. Pour empêcher les établissements de crédit de sortir de leurs métiers et éviter une prise de risque excessive, la réglementation bancaire distingue deux régimes :

• Les participations soumises à limites, que ces participations soient directes ou indirectes par l'intermédiaire d'une société de portefeuille. Ces limites sont :

– 15 % du montant des fonds propres pour chaque participation ;

– 60 % du montant des fonds propres pour l'ensemble des participations.

La Commission bancaire peut donner une dérogation au dépassement de ces limites ; le montant du dépassement est alors déduit du montant des fonds propres.

• Les participations non soumises à limites. Elles concernent :

– les titres détenus dans des entreprises qui sont le prolongement de l'activité des établissements de crédit : autres établissements de crédit, entreprises d'assurances, etc. ;

– les titres détenus dans certaines conditions comme les titres de transaction ou les prises fermes lors d'émissions.

Les compagnies financières

Une compagnie financière est la société mère d'un groupe qui a pour filiale, exclusivement ou à titre principal, un ou plusieurs établissements de crédit ou établissements financiers. Sans être soumises à agrément, les compagnies financières sont assujetties, sur une base consolidée, aux règles de solvabilité. L'ACP établit également la liste des compagnies financières.

2.5 Les activités non bancaires

Les établissements de crédit peuvent exercer des activités non bancaires dans certaines conditions. Les activités non bancaires recouvrent toute une série d'activités comme la gestion d'un patrimoine immobilier propriété d'un établissement et non affecté à l'exploitation, les services qui prolongent les opérations de banque (les produits d'assurance, par exemple) ou qui constituent l'utilisation accessoire de moyens d'exploitation (le *time sharing*).

Les conditions d'exercice de ces activités sont d'une part leur compatibilité avec les exigences de la profession bancaire, ainsi la réputation de la banque ou la protection des déposants, et d'autre part, le plafonnement à 10 % du produit net ban-

© Dunod – Toute reproduction non autorisée est un délit.

caire, calculé éventuellement sur une base consolidée, des produits issus de l'activité non bancaire.

3 La réglementation prudentielle

Les premières règles, et notamment les premiers ratios prudentiels, sont longtemps restées définies par les seules autorités nationales. L'article L. 511-41 du Code monétaire et financier dispose d'ailleurs que les établissements de crédit sont tenus « de respecter des normes de gestion destinées à garantir leur liquidité et leur solvabilité à l'égard des déposants et, plus généralement des tiers ainsi que l'équilibre de leur structure financière ».

Aujourd'hui, ces règles sont cependant essentiellement élaborées au sein du Comité de Bâle. Ainsi, en 1988, le Comité de Bâle a-t-il institué un premier ratio de solvabilité, le ratio Cooke, destiné aux banques à activité internationale. En 2004, ces dispositions prudentielles ont été renégociées et ont donné lieu aux accords « Bâle II ». Le ratio de solvabilité, devenu le ratio Mac Donough, a alors été perfectionné afin de prendre en compte non seulement le risque de crédit mais encore le risque de marché et les risques opérationnels. De même, ce dispositif bâlois ne s'est pas contenté de réaliser une meilleure adéquation entre les fonds propres et les risques ; il s'appuie sur la complémentarité du contrôle interne et du contrôle externe des établissements de crédit et repose sur trois piliers :

- premier pilier, des exigences minimales en fonds propres ;
- deuxième pilier, un renforcement de la surveillance bancaire. Les autorités de tutelle peuvent exercer une surveillance « personnalisée » des établissements de crédit en leur imposant des exigences en fonds propres supérieures à celles prévues par la réglementation et qui tiennent compte du profil de risque propre à chaque établissement. De même, la tutelle peut imposer ces exigences sur une base individuelle ou sous-consolidée et non plus sur une base consolidée.
- troisième pilier, un recours accru à la discipline de marché. Les banques doivent ainsi améliorer la qualité et la fiabilité de leur information financière afin de permettre aux marchés d'évaluer de façon suffisamment précise les risques supportés et les fonds propres qui leur sont alloués. Les rapports annuels des banques consacrent ainsi un chapitre relatif à la gestion de leurs risques.

La crise financière des *subprimes* a ensuite conduit le comité de Bâle à réformer dès 2009 ce texte afin de mieux prendre en compte les risques de marché par des accords dits « Bâle 2,5 ». Ont également été élaborées de nouvelles règles en décembre 2010 visant à améliorer la résilience du secteur bancaire et devant entrer progressivement en vigueur : le dispositif Bâle III. Ces règles seront introduites, en droit européen, par une directive et un règlement dits CRD IV.

3.1 La liquidité

Le risque de liquidité est issu du rôle de transformateur d'échéances des intermédiaires financiers dont l'échéance des emplois est supérieure à celle des ressources. Ce risque avait été encadré par des ratios propres à la réglementation bancaire française. Cependant, à la suite de la crise financière de 2007-2008 qui a illustré l'importance de ce risque, le Comité de Bâle a introduit deux nouveaux ratios dans les nouvelles règles Bâle III.

L'approche française

La réglementation française antérieure à 2007 prévoyait le respect de deux ratios : un coefficient de liquidité, introduit dès 1946, et un ratio dit de fonds propres et de ressources permanentes. Ce dernier ratio veillait à limiter la transformation en contrôlant l'équilibre entre emplois et ressources à long terme (plus de cinq ans). Il a été supprimé en juin 2007.

Le coefficient de liquidité, en revanche, reste au cœur de l'approche française standard. Ce coefficient de liquidité est régi par un arrêté du 5 mai 2009 entré en vigueur en 2010. Il s'agit d'un rapport entre, au numérateur, les éléments d'actif et de hors bilan liquides (les engagements reçus comme, par exemple, les accords de refinancement) ou à moins d'un mois et, au dénominateur, les éléments de passif et de hors bilan (engagements donnés) exigibles au plus dans un mois. Ces éléments sont retenus dans le calcul du coefficient à hauteur de quotités variables destinées à refléter la réalité du fonctionnement d'un établissement de crédit. Le coefficient de liquidité doit, à tout moment, être égal à 100 %. Les établissements de crédit doivent, en outre, établir un tableau de trésorerie prévisionnelle à sept jours.

Une approche avancée, destinée aux grands établissements ayant un profil de risque complexe, notamment en raison de leurs activités transfrontalières, est également possible. Ces établissements doivent alors mettre en place un ensemble d'outils internes d'identification et de suivi de la liquidité, bâtir des scénarios de crise de liquidité et des plans d'urgence pour faire face à de telles crises, et informer l'ACP des évolutions de leur position de liquidité.

Les ratios de liquidité internationaux

Les accords Bâle III envisagent l'introduction de deux ratios de liquidité conçus comme complémentaires. L'un vise la liquidité à court terme, l'autre la liquidité à moyen terme.

• Le premier ratio, de couverture de liquidité, concerne le court terme. Il a pour objectif de s'assurer que la banque pourra faire face à une crise de liquidité sur une période d'un mois en vérifiant que ses besoins de liquidité pourront être couverts par des actifs très liquides. Eu égard aux critiques formulées quant à la dureté de ces

© Dunod – Toute reproduction non autorisée est un délit.

exigences, le Comité de Bâle a décidé, en janvier 2013, d'assouplir le calcul de ce ratio et son calendrier d'entrée en vigueur. Le numérateur du ratio inclut donc des actifs de premier niveau, à l'instar de la caisse et des réserves à la banque centrale, et des actifs de second niveau, tels les titres de dette publique ou d'entreprises non bancaires, qui se voient affectés d'une décote et d'un plafonnement. À ces actifs ont été rajoutés les actions, obligations d'entreprises et certains emprunts hypothécaires. Le dénominateur correspond, quant à lui, aux flux de trésorerie en cas de stress de liquidité. Il repose donc sur des hypothèses de fuite de la liquidité, comme le retrait des dépôts ou l'utilisation des lignes de crédit auxquels on soustrait les éventuels flux entrants telle la récupération par la banque de ses créances. Divers ajustements liés, par exemple, à la qualité des contreparties (particuliers, banques, entreprises) sont appliqués.

Ce ratio devrait entrer en vigueur progressivement. Il devrait s'élever début 2015 à 60 % pour passer progressivement à 100 % en 2019. À cette date, il pourra ainsi synthétisé :

$$\frac{\text{Actifs liquides}}{\text{Flux sortants à 1 mois}} \geq 100\ \%$$

• le second ratio est dit de financement stable net ; il contraint les établissements assujettis à disposer de ressources stables de façon à leur permettre de faire face à une période de tensions d'un an. Ce ratio comporte donc au numérateur les ressources stables disponibles qui consistent, d'une part dans les fonds propres de la banque et, d'autre part, en des ressources à moins d'un an comme les dépôts à vue. Le dénominateur inclut les financements stables ; ces éléments de bilan et de hors-bilan sont eux aussi pondérés en fonction de leur liquidité.

Ce ratio, qui devrait entrer en vigueur en 2018, peut être présenté ainsi :

$$\frac{\text{Ressources stables disponibles}}{\text{Financements stables requis}} \geq 100\ \%$$

La réglementation Bâle III prévoit, par ailleurs, la mise en place d'outils de pilotage afin de compléter ces ratios. Doit, par exemple, être adoptée une évaluation des actifs grevés disponibles, source de potentielle liquidité pour les banques.

3.2 La solvabilité

Le risque de solvabilité est celui de détenir des actifs dont la valeur est inférieure aux dettes et comme les actifs bancaires sont traditionnellement composés de crédits, la réglementation de la solvabilité s'est dans un premier temps concentrée sur le risque de crédit. Conformément aux normes européennes et internationales, elle repose sur *le principe d'une adéquation entre le risque de crédit et les fonds propres d'un établissement de crédit.*

La définition des fonds propres réglementaires

Les fonds propres réglementaires font l'objet d'une définition spécifique pour la réglementation prudentielle. L'un des objectifs de Bâle III est toutefois d'améliorer la qualité des fonds propres des banques. Sont distingués deux niveaux de fonds propres, la troisième catégorie qui était prévue par Bâle II étant supprimée :

• *les fonds propres de catégorie 1 (« Tier 1 »)* se subdivisent eux-mêmes en deux catégories : les fonds propres de base et les fonds propres additionnels. Les fonds propres de base, dits CET1 pour « *Common Equity Tier One* », constituent la composante dure des fonds propres. Ils sont constitués des capitaux propres au sens comptable du terme (actions ordinaires, bénéfices non distribués…) et des fonds pour risques bancaires généraux qui, on le verra dans le chapitre 3, sont des provisions ne compensant pas un risque défini.

D'autres instruments, notamment certains instruments hybrides comme les titres super-subordonnés à durée indéterminée, peuvent être admis dans le Tier 1. Les conditions d'admission des titres dans cette catégorie ont cependant été durcies par les nouvelles règles Bâle III. Le calcul de ces fonds propres de base est assorti de filtres prudentiels ou de déductions comme les résultats négatifs de l'exercice ou les immobilisations incorporelles.

• *les fonds propres complémentaires* (« *Tier 2* ») composés de quatre catégories de ressources :

- les réserves de réévaluation ;
- les fonds librement utilisables par l'établissement de crédit pour couvrir des risques de l'activité bancaire comme les fonds de garantie intégralement mutualisés ou les subventions non remboursables ;
- les fonds issus de l'émission de titres qui ne peuvent être remboursés qu'à l'initiative de l'émetteur, après accord des autorités bancaires et dont le contrat d'émission comporte des clauses de subordination. Les titres subordonnés à durée indéterminée (TSDI) en fournissent un bon exemple ;
- les fonds provenant de l'émission de titres ou d'emprunts subordonnés qui, sans satisfaire aux conditions précédentes ont une durée initiale d'au moins cinq ans ou ne peuvent être remboursés qu'au terme d'un préavis de cinq ans et dont le contrat d'émission ou de prêt en subordonne le remboursement à celui des autres dettes et ne comporte pas de clause de remboursement anticipé. On désignera par A les fonds de cette nature.

Les fonds propres d'un établissement de crédit retenus pour le calcul des ratios prudentiels à l'exception de ceux relevant de la surveillance des risques de marché sont la somme :

- des fonds propres de base (I) ;
- des fonds propres complémentaires (II) ;

© Dunod – Toute reproduction non autorisée est un délit.

– dont on déduit les participations et créances subordonnées sur établissements de crédit ou financier ainsi que les garanties accordées dans le cadre d'opérations de titrisation ;
– en respectant deux contraintes.

$$II \leq I$$

$$A \leq 50\ \% \text{ de } I$$

• *Les fonds propres sur-complémentaires* (« *Tier 3* ») composés notamment d'emprunts subordonnés d'une durée initiale d'au moins deux ans. Ces fonds propres sur-complémentaires n'étaient destinés qu'à couvrir les risques de marché. Cette dernière catégorie a toutefois été supprimée par Bâle III car ces fonds ne sont pas considérés comme suffisamment stables pour faire face à des pertes en période de crise.

Le ratio de solvabilité

Le ratio Cooke

Bâle 1 a institué un ratio qui mettait en relation les fonds propres et les risques de crédit. Ce ratio devait avoir un minimum de 8 %.

Le ratio de solvabilité a fait l'objet de critiques tant du côté des établissements de crédit que des superviseurs. Les principales sont :
– la classification des risques assortie de pondérations était sommaire, notamment la pondération à 100 % qui conduisait à de mêmes exigences en fonds propres pour un crédit à une entreprise multinationale et à une PME ou un particulier ;
– la norme uniforme de 8 % ne permettait pas de réaliser une bonne allocation des fonds propres aux risques réellement encourus et elle introduisait un écart entre les fonds propres réglementaires et les fonds propres économiques ;
– le risque opérationnel, cause de bien des défaillances bancaires ces dernières années, n'était pas pris en compte ;
– des comportements empreints d'aléa moral pouvaient se produire lorsque le respect du ratio de 8 % était assimilé à la faculté de prendre davantage de risques.

D'où la réforme Bâle II qui a concerné le risque de crédit et le risque opérationnel, les dispositions relatives aux risques de marché n'ayant pas alors été modifiées.

Le ratio Mac Donough

La logique du ratio Cooke reposant sur une adéquation du risque de crédit et des fonds propres réglementaires a été maintenue par Bâle II et les principales modifications du nouveau ratio concernent davantage le dénominateur que le numérateur. La mesure des risques fait l'objet de trois aménagements significatifs.

En premier lieu, la mesure du risque de crédit est rendue beaucoup plus discriminante et les banques peuvent utiliser l'une des trois méthodes suivantes :

– *une méthode standard* qui s'appuie pour évaluer le risque sur les notations externes, fournies par les agences de notation par exemple. Ainsi, il faut moins de fonds propres pour couvrir le risque représenté par une entreprise notée AA que pour une entreprise notée B ;
– *une méthode reposant sur des notations internes* (IRB de base) lorsque les banques mettent au point des systèmes de notation du risque de leurs clients à partir des données constatées dans le passé exploitées selon des approches comme le *credit scoring*, par exemple ;
– *une méthode avancée de notations internes* (IRB avancée) qui est un approfondissement de la précédente avec le recours à des modèles internes d'évaluation du risque de crédit à l'instar des modèles d'évaluation des risques de marché. Les systèmes de mesure des risques mis au point par les établissements de crédit utilisant l'une ou l'autre des deux dernières méthodes doivent être validés par la tutelle[1].

Le nouveau mode de calcul des exigences en fonds propres a des conséquences de grande portée sur la gestion des établissements de crédit. D'une part, une forte incitation à utiliser les méthodes de notations internes est prévue puisque les exigences en fonds propres sont plus faibles qu'avec la méthode standard. D'autre part, les coefficients de pondération étant modifiés, certains concours bénéficient d'un allègement des exigences en fonds propres et d'autres d'un renforcement. Les crédits de la banque de détail ont par exemple été favorisés avec, en méthode standard, une baisse du coefficient de pondération des crédits hypothécaires de 50 % à 35 %.

En second lieu, les garanties dont les crédits sont assortis (collatéraux, dérivés de crédit, titrisation) ont été mieux prises en compte, d'où une diminution des exigences en fonds propres.

Enfin, la notion de risque a été élargie avec l'introduction du risque opérationnel dans l'assiette des risques. Le risque opérationnel est celui que des dysfonctionnements internes (par exemple dans le système informatique ou la sécurité juridique des opérations) causent à la banque de lourdes pertes qui désormais sont couvertes par des fonds propres calculés selon l'une parmi les trois méthodes : standard et les exigences en fonds propres sont égales à 15 % du revenu brut annuel moyen des trois derniers exercices ; de base avec un découpage de la banque en huit lignes de métiers et des exigences en fonds propres calculées par ligne de métier en appliquant un coefficient fixé par la tutelle au revenu brut moyen de chaque ligne de métier ; avancée qui à partir de l'historique d'occurrence de ce risque modélise les pertes à anticiper.

Les banques doivent donc constituer des fonds propres au titre du risque de crédit, au titre du risque de marché et au titre du risque opérationnel, dont le total doit être au minimum égal à 8 % des actifs pondérés. Les actifs pondérés totaux se calculent en additionnant aux actifs pondérés assujettis au risque de crédit les fonds propres à

1. Commission bancaire, Premier bilan du processus d'autorisation des approches internes dans le cadre du nouveau ratio de solvabilité, Rapport 2007, p. 139 et s.

© Dunod – Toute reproduction non autorisée est un délit.

constituer au titre du risque de marché (FPrm) et au titre du risque opérationnel (FPro) multipliés par 12,5 (soit l'inverse de la norme de 8 %, car ces risques ne s'évaluent pas par rapport à des actifs). De ce fait, le ratio de solvabilité Bâle II présente la forme suivante :

Fonds propres/Actifs pondérés à risque de crédit + (FPrm + FPro) × 12,5 ≥ 8 %

Avec Bâle II, la nouvelle méthodologie d'évaluation des risques repose sur l'hypothèse que les banques sont les mieux placées pour les mesurer, ce qui conduit à un mode de régulation plus qualitatif que l'on appelle autocontrôle ou supervision déléguée. L'efficacité de cet autocontrôle dépend du comportement de trois protagonistes, le superviseur, les dirigeants de la banque et ses actionnaires, qui doivent coopérer alors que leurs intérêts ne sont pas obligatoirement convergents et on peut penser que ce ratio de solvabilité est adapté à la situation de banques pratiquant les principes du gouvernement d'entreprise et ayant développé un contrôle interne performant. D'autre part, si le nouveau dispositif a été conçu pour ne pas modifier en moyenne les exigences minimales en fonds propres, il est évident que les établissements de crédit sont fortement incités à développer les méthodes de notations internes et qu'une redistribution de fonds propres s'opère entre banques selon leur profil de risque et leurs activités opérationnelles.

Les réformes Bâle III

Bâle III a maintenu le ratio de solvabilité à son niveau de 8 % par rapport aux actifs pondérés par les risques. Toutefois, la composante la plus dure des fonds propres est renforcée. Ainsi, les accords Bâle III font-ils passer la composante dure des fonds propres de 2 à 4,5 % d'ici 2019 comme l'illustre la figure 2.2 :

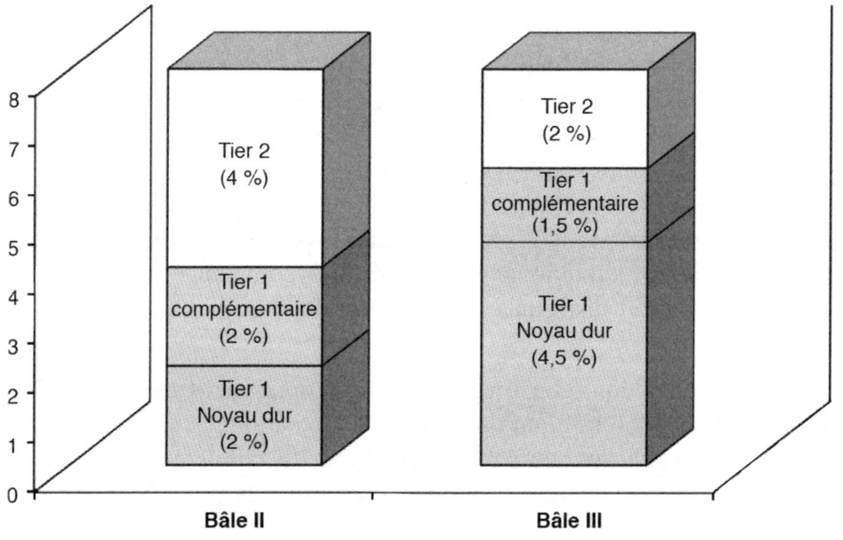

Figure 2.2 – Composition des fonds propres

L'instauration de volants de fonds propres supplémentaires

Le dispositif Bâle III tend non seulement à améliorer la qualité des fonds propres mais encore à renforcer le niveau de ces fonds propres en instituant des exigences supplémentaires.

Le volant de conservation

Un matelas de sécurité supplémentaire, dit volant de conservation, composé de fonds propres de première qualité va s'ajouter progressivement à ce noyau dur pour porter l'ensemble à 7 % en 2019. L'idée générale est de pouvoir recourir à ce volant en période de crise sans que le ratio de solvabilité classique ne soit atteint.

L'instauration d'un coussin de sécurité contracyclique

La crise de 2007-2008 a illustré l'effet procyclique des règles prudentielles Bâle II. En effet, lors d'un ralentissement économique, le risque de crédit s'accroît et les banques constatent la baisse de leur ratio de solvabilité. Si elles ne sont pas en mesure d'ajuster leurs fonds propres, elles contractent alors leur offre de crédit et amplifient la récession. Tout ratio de solvabilité comporte un aspect procyclique, mais comme le ratio de Bâle II implique une mesure plus fine des risques, la procyclicité était accentuée.

Les nouvelles règles Bâle III prévoient donc un mécanisme considéré comme contracyclique : les banques seront tenues de renforcer leurs fonds propres dans les périodes de croissance économique caractérisées par une distribution excessive des crédits. À l'inverse, il leur sera permis de réduire ces fonds en période défavorable. Ce volant contracyclique, constitué d'actions ordinaires (CET 1) et compris entre 0 et 2,5 %, sera fixé pour chaque banque en fonction de la composition géographique de son portefeuille d'expositions au risque, et son activation appartiendra aux autorités de supervision nationales.

Les établissements systémiques

La crise financière et l'exemple de Lehman Brothers ont également montré que la défaillance d'établissements ayant une dimension mondiale pouvait avoir des conséquences systémiques. C'est pourquoi, pour compléter les exigences posées par Bâle III, le Financial Stability Board a instauré pour les institutions d'importance systémique mondiale la constitution d'un volant supplémentaire de fonds propres, fixé entre 1 et 2,5 %. Par ailleurs, une exigence de 1 % peut être rajoutée aux établissements tenus de la surpondération maximale de 2,5 % pour dissuader ces derniers d'accroitre leur importance systémique.

Quatre groupes bancaires français sont concernés par cette mesure : BPCE, BNP Paribas, le groupe Crédit Agricole et la Société Générale.

© Dunod – Toute reproduction non autorisée est un délit.

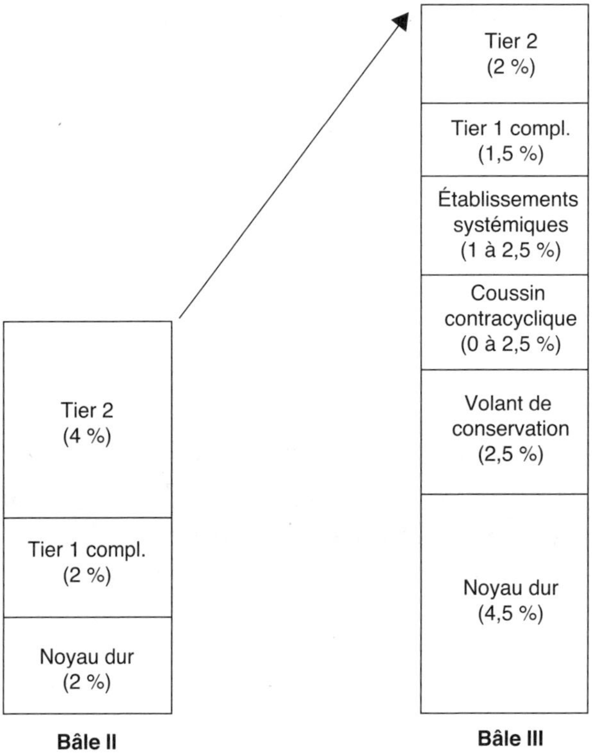

Figure 2.3 – Impact des nouvelles exigences sur le total des fonds propres

L'on observera que les chefs d'État de l'Union européenne ont par ailleurs demandé aux banques de rechercher l'objectif de 9 % de fonds propres durs pour juin 2012.

Il résulte de ces accroissements des exigences prudentielles que les banques ont dû, ou vont devoir, soit augmenter leurs fonds propres, soit réduire la taille de leur bilan ou leur exposition aux risques. La recapitalisation peut se faire par émission d'actions nouvelles, par conversion de titres de dette en actions ou par incorporation de réserves. De grandes institutions, telle Deutsche Bank en 2011 ont ainsi procédé à une augmentation de capital. Les banques françaises ont, quant à elles, pu atteindre l'objectif de 9 % en juin 2012 en privilégiant la mise en réserve des bénéfices ou la conversion de titres hybrides.

Le ratio de levier

Bâle III introduit un nouveau ratio, dit d'effet de levier, inspiré de la pratique des États-Unis d'Amérique, du Canada ou de la Suisse. Il s'agit d'un rapport entre, d'une part, le montant des fonds propres et, d'autre part, le total du bilan et du hors-bilan. Il a été fixé, pour une période test, à 3 % du Tier 1. En d'autres termes, ce ratio interdit aux banques de prendre une exposition supérieure à environ trente-trois fois leur capital Tier 1. La volonté d'introduire un tel ratio est lié à sa simplicité puisqu'est pris en compte la totalité des expositions, à l'instar des crédits consentis, sans que celles-ci ne soient pondérées par la prise de sûretés ou de produits dérivés visant à atténuer le risque. Le ratio d'effet de levier peut ainsi compléter celui de solvabilité.

Ce ratio deviendra contraignant lors de son intégration dans le premier pilier de Bâle III en principe en 2018 après une période d'examen et d'étalonnage. Une telle période s'impose notamment afin d'harmoniser l'application de ce ratio entre banques européennes et américaines.

Le contrôle des grands risques

La réglementation bancaire française impose, afin de prévenir le risque de contrepartie, une division des risques pris. Le dispositif suivant est retenu :

- les risques, éventuellement diminués des provisions qui leur sont affectées et pondérés selon les garanties dont ils semblent assortis et la qualité du bénéficiaire, sur un client ou un groupe de clients liés entre eux par des relations de contrôle ou financières ne doivent pas excéder 25 % des fonds propres de l'établissement prêteur ;
- un grand risque est un risque sur un client ou un groupe de clients liés qui excède 10 % des fonds propres de l'établissement prêteur ;
- la somme des grands risques ne peut excéder huit fois le montant des fonds propres de l'établissement prêteur.

La règlementation Bâle III, quant à elle, oblige les banques à tenir un indicateur de concentration des financements par contrepartie.

3.3 La surveillance des risques de marché

Elle s'attache aux risques de marché et aux risques interbancaires.

L'adéquation des fonds propres

La réglementation sur les risques de marché a été introduite en 1996 sous l'appellation d'adéquation des fonds propres afin de compléter le ratio de solvabilité exclusivement centré sur le risque de crédit, alors que les établissements de crédit développaient considérablement leurs opérations de marché. La crise financière de 2007-2008 ayant montré les risques liés aux portefeuilles de négociation, le Comité de Bâle a, dès 2009, renforcé les exigences de fonds propres en la matière.

© Dunod – Toute reproduction non autorisée est un délit.

Les risques de marché

Ils incluent le risque de taux sur titres de créances, le risque de variation de cours des titres de propriété, le risque de règlement – contrepartie et le risque de change avec quelques spécificités qu'il convient de souligner :

- les risques de taux, de variation de cours et de règlement – contrepartie ne concernent que le portefeuille de négociation évalué au prix de marché qui est composé des positions sur instruments et contrat financiers détenues à des fins de négociation ou dans le but de couvrir des éléments du portefeuille de négociation. De ce fait, le portefeuille de négociation, qui se distingue essentiellement du portefeuille bancaire par l'intention de négocier, est sorti du dénominateur du ratio de risque de crédit ;
- le risque de change, qui a comme assiette les éléments du bilan et du hors bilan, se mesure par la position nette globale pour toutes les devises ;
- les dépassements des limites des grands risques sont liés à l'activité de teneur de marché de la banque.

Les établissements concernés

La réglementation ne s'applique qu'aux établissements de crédit exposés à des risques de marché substantiels, c'est-à-dire ceux dont le portefeuille de négociation est supérieur à 5 % du total de bilan et de hors bilan.

Les exigences en fonds propres

Les fonds propres nécessaires à la couverture des risques de marché sont calculés par les établissements de crédit eux-mêmes soit en utilisant une méthode standard soit en mettant au point des modèles internes de mesure des risques de marché validés par l'ACP.

S'agissant des portefeuilles de négociation, les réformes Bâle 2,5 et Bâle III, ont augmenté les exigences de fonds propres en imposant une charge additionnelle calculée en fonction de la VAR actuelle, en fixant une exigence supplémentaire fondée sur un calcul de la VAR en période de tensions et en imposant une charge additionnelle pour couvrir les pertes éventuelles en cas de dégradation de la de notation ou en cas de défaut des émetteurs sur des produits de crédit[1].

■ *Les risques interbancaires*

La défaillance d'un établissement de crédit pouvant mettre en péril les autres banques par des effets de contagion, un contrôle des risques interbancaires est prévu avec la fixation de limites tant au montant des risques qu'à celui des ressources auprès d'une même contrepartie et la mise au point d'un système de surveillance à même d'assurer le respect des limites.

1. Sur la VAR (*Value at Risk*), v. le chapitre 7.

Focus

Les effets pervers potentiels de la réglementation Bâle III

La réglementation Bâle III induit de potentiels effets pervers :

- la réglementation Bâle III risque de créer une distorsion de concurrence au détriment des banques européennes si elle n'est pas également appliquée aux États-Unis ou en Asie ;
- comme toute réglementation prudentielle, elle pourrait laisser accroire à une totale sécurisation du système bancaire ;
- le renforcement des fonds propres et des exigences prudentielles en matière de liquidité réduit la capacité bancaire à financer l'économie ;
- favoriser le développement du système bancaire parallèle, et notamment le recours à la titrisation ;
- de façon plus technique, certaines mesures sont complexes ou difficiles à mettre en œuvre à l'instar du coussin contracyclique.

Bâle III devrait avoir des conséquences différentes selon les lignes métiers mais a, d'ors et déjà, impacté les stratégies bancaires d'une double façon :

- la réduction de la taille du bilan des banques (*deleveraging*) avec des cessions de participations à l'international et un recentrage sur des pays clef ;
- le développement d'un modèle *originate to distribute* afin de conserver une capacité de financement notamment dans la cadre de la BFI.

3.4 La séparation des activités à risque

Sans aller jusqu'à revenir au modèle de séparation des banques de détail et de la banque d'investissement telle qu'elle était prévue aux États-Unis par la loi Glass-Steagall de 1933, différents modèles de cloisonnement des activités à risque des banques ont été formulés afin que des pertes ne se répercutent sur les dépôts.

- La règle Volcker, prévue par la loi nord-américaine Dodd-Franck mais non encore en vigueur, interdit aux établissements américains bénéficiant du mécanisme de garantie des dépôts ou d'un accès à la liquidité de la banque de réserve fédérale, le « trading » compte propre et les participations directes et indirectes dans les « hedge funds » ou fonds de capital-investissement.
- La commission Vickers, au Royaume-Uni, suggère quant à elle un cloisonnement des activités au sein d'entités distinctes. La banque de détail délivrant des services bancaires aux particuliers et PME resterait ainsi en sécurité dans un périmètre propre, les activités plus risquées comme les services fournis hors union européenne, les expositions aux institutions financières ou les opérations de « trading » lui étant interdite. L'entité juridique cloisonnée pourrait faire partie d'un groupe mais de façon à ce que sa santé financière soit à l'abri de celle du groupe.

© Dunod – Toute reproduction non autorisée est un délit.

– Le rapport Liikanen, pour la Commission européenne, propose, quant à lui, s'agissant des groupes ayant une activité de marché dépassant un certain seuil, d'isoler au sein d'une filiale, les activités de « trading » pour compte propre, les autres activités de marché à haut risque ainsi que les activités de « market making ».

En France, un projet de loi de séparation et de régulation des activités bancaires a été adopté par le Conseil des ministres en décembre 2012 afin d'isoler dans une entité juridique distincte au sein des groupes bancaires les activités de *trading* compte propre. Le projet interdit également la prise de participations dans les *hedge funds*, le *trading* haute fréquence ou les opérations sur les dérivés de matières premières.

3.5 Le contrôle interne

Le contrôle interne renvoie à la question plus large du contrôle des banques en tant qu'entreprises et établissements de crédit ; il a donné lieu à une réglementation instaurée dès la fin des années quatre-vingt et renforcée à plusieurs reprises. En effet, lorsqu'on se penche sur les causes de défaillances bancaires dans différents pays ces dernières années, on met en évidence des facteurs communs avec : des systèmes de mesure et de maîtrise des risques inefficaces, une circulation de l'information défectueuse, une surveillance insuffisante et une gouvernance inadéquate. Le cas de la banque Barings, mise en faillite en 1995 à la suite d'opérations menées par un trader sur des contrats sur le Nikkei ou, plus récemment, les pertes subies en 2008 par la Société générale sur les marchés financiers montre l'importance des dispositifs de contrôle et de maîtrise des risques opérationnels, notamment de lutte contre les fraudes.

De ce fait, la nécessité d'établir des normes dans ces domaines s'est imposée en France comme à l'échelon international.

Le contrôle des établissements de crédit

Il convient de distinguer le contrôle externe du contrôle interne. Le contrôle externe est en premier lieu le fait des autorités de tutelle au travers de la réglementation bancaire. Il est ensuite exercé par les commissaires aux comptes et le Code de commerce ainsi que le Code monétaire et financier dans ses articles L. 511-38 et 39 précisent les conditions de leur intervention et leurs obligations. De même, des missions d'audit peuvent être effectuées au sein des établissements de crédit par des sociétés spécialisées dans cette activité. Enfin, la discipline de marché incite les banques à une saine gestion pour éviter tant la détérioration de la notation que la chute du cours boursier.

Au niveau interne, le Code de commerce établit une distinction entre l'organe exécutif (direction générale, directoire) détenant un pouvoir de décision pour la mise en œuvre de la stratégie et l'organe délibérant (Conseil d'administration, Conseil de surveillance) dont la mission est d'arrêter l'orientation stratégique ainsi que de contrôler la façon dont les dirigeants la mettent en application. Il s'agit alors de rendre effectif et efficace le contrôle de l'organe délibérant sur l'organe exécutif. En effet, à l'occasion des difficultés auxquelles de nombreuses banques se sont trouvées confrontées, la tutelle a fréquemment observé une absence ou des lacunes dans le contrôle interne :

- l'organe dirigeant neutralise l'organe délibérant en ne lui communiquant pas les informations sur l'état des risques et le montant des pertes potentielles ou réalisées ;
- les organes dirigeant et délibérant s'entendent pour ne pas extérioriser les pertes ou pour extérioriser les pertes qui semblent acceptables par les tiers.

D'où l'idée de préciser par l'intermédiaire d'une réglementation les conditions de l'efficacité de ce contrôle. On notera que cette préoccupation se retrouve également à l'échelon international car la réglementation européenne ainsi que les recommandations du Comité de Bâle traitent cette question.

La réglementation relative au contrôle interne des établissements de crédit

Le contrôle interne peut être défini comme un processus mis en œuvre dans une entreprise afin de donner une garantie raisonnable que les opérations accomplies sont conformes aux orientations arrêtées par les organes délibérant et dirigeant et réalisées avec une optimisation des moyens, que le système d'informations de gestion est fiable, que la réglementation en vigueur est respectée et que l'ensemble des risques sont correctement appréhendés. Le règlement 97-02 modifié traite des composantes que le système de contrôle interne des établissements de crédit doit comporter. Il s'attache également à quelques dispositions plus spécifiques.

Les composantes d'un système de contrôle interne

La réglementation distingue six domaines auxquels le contrôle interne doit s'attacher.

- *le contrôle des opérations et procédures*. Il s'agit de vérifier la conformité des opérations et procédures aux dispositions législatives et réglementaires ainsi qu'aux orientations et normes de gestion fixées par les organes dirigeants. Le contrôle de la conformité des opérations est prévu très précisément avec la mise en place d'une fonction conformité organisée autour de procédures formalisées et de personnel qualifié ;
- *l'organisation comptable et le traitement de l'information*. La qualité et la fiabilité de l'information comptable sont obligatoires et obtenues grâce à la « piste d'audit », procédure à même de reconstituer l'ordre chronologique des opérations, le cheminement des pièces comptables aux documents de synthèse et l'évolution des soldes d'un arrêté comptable à l'autre ;

© Dunod – Toute reproduction non autorisée est un délit.

– *le système de mesure des risques et des résultats.* Les établissements de crédit doivent se doter de systèmes de mesure des risques et des résultats pour tous les risques encourus mais plus particulièrement pour les risques de crédit, de marché, de taux et de règlement. Ainsi, pour mesurer le risque de crédit, il est recommandé de procéder à des analyses géographiques et sectorielles et d'utiliser des approches statistiques comme le *credit-scoring* ou la notation interne. La mesure du risque de marché doit être exhaustive et faire l'objet d'un suivi quotidien ; elle comporte également le recours aux scénarios-catastrophe qui permettent d'évaluer en cas d'adversité extrême dans la manifestation du risque le montant maximum de pertes à redouter ;
– *le système de surveillance et de maîtrise des risques.* Il s'agit de doter la banque de systèmes permettant d'éviter les prises de risques excessives et le règlement propose la fixation de limites de type « plafonds » pour maintenir les risques en conformité avec les orientations adoptées pat les organes dirigeants et délibérants. Ces systèmes incluent également les activités externalisées ;
– *le système de documentation et d'information.* Pour parachever le contrôle interne et assurer son efficacité, il est nécessaire que dans les établissements de crédit, l'information circule parfaitement avec notamment une remontée sans faille au travers des différents niveaux hiérarchiques pour aboutir à l'organe délibérant qui est ainsi averti de la situation de l'établissement, de son évolution ainsi que des risques assumés ;
– la surveillance des flux d'espèces et de titres.

Les dispositions spécifiques

Le règlement 97-02 préconise la création, par l'organe délibérant des établissements de crédit, d'un comité d'audit. Ce comité, institué au plus haut niveau de l'entreprise, assiste le conseil d'administration ou le conseil de surveillance, en portant notamment une appréciation sur la qualité du contrôle interne et en préconisant des actions à mener pour améliorer ce contrôle. Afin de s'inscrire dans les nombreux débats relatifs au gouvernement des entreprises et pour répondre à ce souhait réglementaire, les établissements français se sont dotés de tels comités avec des compétences et des dénominations diverses (comité des comptes et des risques, comité de contrôle interne, des risques et de la conformité…).

Une autre spécificité du règlement sur le contrôle interne est l'obligation pour les établissements de fixer leur taux de crédit à partir d'une analyse exhaustive de leurs coûts afin de dégager une marge, ce qui revient, en d'autres termes, à interdire la vente à perte pour les crédits. Cette disposition se situe dans le prolongement de la lettre de juillet 1995 du Gouverneur de la Banque de France qui demandait aux banques de veiller à ce que les taux d'intérêt sur opérations de crédit comportent une marge d'au moins 0,60 % par rapport à une opération sans risque (une OAT par exemple) de même durée. Cette obligation implique que les banques soient en mesure de calculer le coût de revient de leurs crédits, ce qui, on le verra dans le chapitre 5, présente de nombreuses difficultés. De même, la nécessité de définir clairement et de formaliser les délégations de pouvoir en matière d'octroi de crédit est soulignée.

Tirant les conséquences des évènements du 11 septembre 2001, la réglementation demande aux établissements de crédit de prévoir des plans de continuité d'exploitation en cas de survenance d'évènements graves concernant les principaux aspects de leur activité et pas seulement les systèmes informatiques. Dans le même ordre d'idée, anticipant la réforme de Bâle II et la prise en compte du risque opérationnel, une définition plus large de ce risque est fournie comme conséquence d'une inadaptation ou une défaillance imputable à des procédures, aux personnels et systèmes internes ou à des évènements extérieurs.

L'encadrement de l'externalisation

En raison du développement de l'externalisation, il est apparu nécessaire d'encadrer ses modalités et plus particulièrement la sous-traitance lorsqu'elle concerne les prestations essentielles de l'activité bancaire. L'externalisation engendre, en effet, des risques spécifiques et perturbe les mécanismes de surveillance mis en place par les autorités bancaires. Le règlement 97-02, complété en 2005, distingue trois types d'externalisations :

- le premier type d'externalisation concerne les activités qui relèvent du cœur de métier, entendu dans un sens large incluant les opérations de banque, les services d'investissement, certaines activités connexes et les opérations qui participent directement à leur exécution ;
- le deuxième type d'externalisation est relatif aux activités qui, en cas défaillances, peuvent sérieusement nuire à la capacité de la banque de se conformer à ses obligations réglementaires, à ses obligations financières ou à la continuité du service ;
- la troisième forme d'externalisation concerne les autres activités.

La réglementation prévoit que les externalisations de la première catégorie, qui relèvent du cœur de métier, ne peuvent avoir lieu qu'auprès d'autres établissements de crédit ou entreprises d'investissement ou d'établissement bénéficiant d'un statut analogue dans leur pays. Les opérations qui relèvent de la première ou de la seconde catégorie supposent, quant à elles, le respect de grands principes : le maintien de la responsabilité de la banque qui externalise, la mise en place d'un contrôle du sous-traitant, l'absence de modification de la situation vis-à-vis des tiers, la formalisation de l'externalisation par contrat et l'aménagement du contrôle du prestataire extérieur par les autorités bancaires. Enfin, quel que soit le type d'externalisation, les banques sont tenues d'inclure les activités externalisées dans leur dispositif de contrôle interne.

La réglementation rend ainsi obligatoire les systèmes de contrôle au motif qu'il est inutile d'imposer aux établissements de crédit des normes de gestion de type ratios si ceux-ci ne sont pas en mesure d'évaluer les opérations effectuées et leurs consé-

© Dunod – Toute reproduction non autorisée est un délit.

quences en termes de résultats et de risques. Ceci conduit à s'interroger sur l'uniformisation des critères de gestion des établissements de crédit et le risque d'immixtion de la tutelle dans le fonctionnement de ces établissements. C'est dans son organisation, dans l'efficacité de son pilotage qu'une banque peut dégager un avantage compétitif sur ses concurrents. De même, chaque dirigeant d'entreprise dispose d'une liberté de gestion qui peut se traduire par des erreurs dans les décisions. Il y a dans ce domaine un équilibre difficile à réaliser. Dans le chapitre 5, on reviendra sur la question de la mise en place d'un système de contrôle interne au sein d'un établissement de crédit.

Section 3 LE TRAITEMENT DES BANQUES EN DIFFICULTÉ

En France, les établissements de crédit en tant que sociétés commerciales sont soumis à la législation sur les entreprises en difficulté mais certaines dispositions leur sont propres en plus du régime de droit commun.

1 La garantie des dépôts

La garantie des dépôts est un mécanisme qui, en cas de défaillance d'un établissement de crédit, assure aux déposants le remboursement de leurs dépôts à hauteur d'un plafond fixé à l'avance.

1.1 Les fondements théoriques de l'assurance-dépôts

L'assurance-dépôts existe depuis longtemps dans certains systèmes bancaires comme par exemple aux États-Unis et sa pratique, notamment avec la crise des Caisses d'épargne américaines à la fin des années quatre-vingt, a donné lieu à des débats qui ont été renouvelés à l'occasion de la crise financière de 2007-2008.

Les critiques de la garantie des dépôts

En premier lieu, on a pu objecter que les normes de solvabilité et la garantie des dépôts sont des dispositifs redondants. En effet, si l'établissement de crédit constitue suffisamment de fonds propres, il ne peut être insolvable. De plus, l'assurance-dépôts présente les mêmes effets pervers que tout contrat d'assurance en incitant la banque assurée à rechercher les emplois les plus risqués car le coût de son insolvabilité est supporté par le fonds de garantie. Quant aux déposants, le mécanisme de garantie ne les conduit pas à vérifier la solvabilité de l'établissement auquel ils confient leurs fonds, puisqu'ils sont indemnisés en cas de défaillance.

La légitimité de l'assurance-dépôts

À tous ces arguments, on peut répondre que la réglementation prudentielle ne supprime pas toute possibilité de défaillance en raison des asymétries d'information entre banques et superviseurs sur le montant des risques effectivement assumés. L'assurance-dépôts permet alors d'éviter les paniques bancaires puisque les déposants savent qu'ils bénéficient d'une garantie. De même, les comportements empreints d'aléa moral peuvent être combattus par des modalités adéquates : la prime versée par l'assuré est ajustée en fonction du niveau de risque qu'il présente et le remboursement des dépôts est plafonné. Les mécanismes de garantie des dépôts figurent donc à juste titre dans les réglementations bancaires.

La crise des *subprimes* a montré l'intérêt du mécanisme de garantie des dépôts afin de prévenir un phénomène de panique et de renforcer la confiance dans le système bancaire. Nombreux sont les États qui ont, à cette occasion, accru le montant de la protection offerte aux déposants, comme ce fut le cas en Europe ou aux États-Unis. Par ailleurs, l'exemple de la panique survenue à l'encontre de Northern Rock a montré l'intérêt de doter préventivement le fonds de garantie et d'assurer un remboursement rapide des déposants afin de prévenir un phénomène de ruée vers les guichets.

1.2 Le fonds de garantie des dépôts

Le dispositif français d'assurance-dépôts découle d'une directive européenne de 1994. Cette directive est un texte d'harmonisation minimale ce qui signifie que le montant et les modalités de la garantie varient dans les divers pays européens. Le dispositif français, quant à lui, repose sur l'existence d'un fonds de garantie commun à l'ensemble des établissements de crédit, quel que soit leur statut juridique. Le projet de loi de séparation et de régulation des activités bancaires prévoit de renommer ce fonds comme Fonds de garantie des dépôts et de résolution et de lui permettre, sur décision de l'Autorité de contrôle prudentiel et de résolution, de financer des mesures de sauvetage ou de résolution des banques en difficulté.

Les ressources du fonds de garantie

Le fonds de garantie, qui est une personne morale de droit privé, dispose de ressources financières constituées d'une part grâce à la souscription de certificats d'association par les établissements de crédit lors de leur adhésion et d'autre part par les cotisations annuelles des adhérents qui ont comme assiette le montant des dépôts collectés, majorée ou minorée en fonction d'indicateurs reflétant le risque de chaque

© Dunod – Toute reproduction non autorisée est un délit.

adhérent. Ces indicateurs mesurent le risque de façon quantitative et qualitative puisque, par exemple, la valeur du coefficient d'exploitation entre en ligne de compte.

L'objectif est que le fonds soit doté de ressources représentant environ 0,2 % de la masse des dépôts, ce qui correspond à des ressources de l'ordre de 2 milliards d'euros. Un objectif européen prévoyant 1 % des dépôts en 2020 est envisagé.

Le mécanisme d'indemnisation

Les dépôts s'entendent comme tout solde créditeur laissé en compte quel qu'en soit le support, comptes à vue, sur livret, à terme ou bons de caisse. Les déposants s'entendent comme la clientèle des banques, donc à l'exclusion des autres établissements de crédit, des entreprises d'assurance, des OPCVM et organismes de retraite.

À la suite de la crise financière de 2007-2008, la directive européenne sur la garantie des dépôts a été modifiée et le plafond minimum par déposant et par établissement a été porté à 100 000 €.

Afin d'améliorer l'efficacité du dispositif, la directive européenne de 2009 a, par ailleurs, fixé à 20 jours, hors circonstances exceptionnelles, le délai d'indemnisation des déposants.

Conformément aux prescriptions européennes, la garantie est fournie par le pays d'origine : le fonds de garantie des dépôts est ainsi compétent pour les établissements de crédit agréés en France et pour toutes leurs succursales de l'Union européenne. De même, les succursales de banques n'appartenant pas à cet espace économique, peuvent adhérer au fonds de garantie à titre complémentaire si leur mécanisme local est moins favorable.

Le fonds de garantie des dépôts peut également intervenir à titre préventif afin de parer aux situations laissant redouter l'insolvabilité à terme d'un établissement de crédit, comme on le verra ci-après.

Le fonds de garantie des dépôts français gère aussi un mécanisme de garantie des titres destiné à indemniser les clients investisseurs et un mécanisme de garantie des cautions pour honorer les engagements de cautionnement pris par les banques. Cette garantie des cautions bancaires est spécifique à la France ; elle est limitée à 90 % de l'engagement qui a été pris.

2 La stabilité du secteur bancaire

La stabilité du secteur bancaire dépend de la solidité des entreprises qui le composent. Les autorités de tutelle ont mené ces dernières années des études à partir de scénarios de chocs macroéconomiques afin de tester la capacité de résistance du secteur bancaire français. Ces tests sont menés soit de façon globale, soit en agrégeant les résultats d'études menées au sein de chaque établissement de crédit.

Il en ressort une bonne robustesse du secteur bancaire qui serait en mesure de supporter une récession prolongée même si celle-ci aurait des conséquences sur le ratio de solvabilité et la rentabilité des banques. Mais au-delà de la solidité d'ensemble du secteur, il convient de traiter les difficultés individuelles d'établissements de crédit afin de prévenir les effets de contagion grâce à l'intervention en premier lieu des actionnaires puis des autorités de tutelle.

2.1 Le traitement des difficultés individuelles

En cas de difficulté rencontrée par un établissement de crédit, ses actionnaires sont concernés au premier chef par son redressement et la réglementation bancaire prévoit deux modalités afin d'inciter les actionnaires à renflouer l'établissement défaillant, avec le cas particulier des banques mutualistes ou coopératives.

L'appel aux actionnaires ne permet pas toujours d'éviter la défaillance de la banque principalement quand le passif à combler excède leur capacité financière. Les autorités de tutelle s'efforcent alors d'organiser le sauvetage de la banque en difficulté, ce qui peut les conduire à participer financièrement au plan de redressement.

L'appel aux actionnaires

L'article L. 511-42 du Code monétaire et financier stipule que « lorsqu'il apparaît que la situation d'un établissement de crédit le justifie, le gouverneur de la Banque de France, président de l'ACP, invite (...) les actionnaires ou les sociétaires de cet établissement à fournir à celui-ci le soutien qui lui est nécessaire ».

• *Il n'y a pas à proprement parler d'obligation puisqu'il s'agit d'une invitation.* Les actionnaires doivent donc mettre en balance leur souci de conserver de bonnes relations avec les autorités monétaires françaises et leurs engagements antérieurs auprès de l'ACP avec leurs intérêts patrimoniaux. Ils peuvent ainsi refuser la requête de la tutelle comme cela a été le cas en 1995 pour la banque Pallas-Stern. C'est au titre de son devoir d'actionnaire mais aussi en raison de la taille de cet établissement de crédit que les pouvoirs publics ont organisé le sauvetage du Crédit Lyonnais en 1993 pour un coût total de plusieurs milliards d'euros, à la charge du budget de l'État.

• Au cas où les actionnaires refusent de renflouer la banque dont ils détiennent les actions, les autorités de tutelle disposent d'un moyen radical, l'expropriation. Ainsi, selon l'article L. 613-25 du Code monétaire et financier, lorsqu'un administrateur provisoire ou un liquidateur a été nommé, l'ACP peut saisir le tribunal de grande instance afin que les actions détenues tant par les actionnaires dirigeants que non

© Dunod – Toute reproduction non autorisée est un délit.

dirigeants soient cédées et le fonds de garantie des dépôts peut être sollicité de se porter acquéreur de ces actions.

• Les banques mutualistes ou coopératives, qui ne sont pas des sociétés par actions, appartiennent à des sociétaires qui pourraient difficilement participer à la recapitalisation de l'établissement dont ils détiennent une part. *La réglementation bancaire a donc prévu une solidarité financière entre les différents établissements qui composent un réseau*, ce qui signifie que si l'un des leurs est en difficulté, les autres établissements du réseau doivent assurer son sauvetage. Cette obligation de solidarité est assurée par l'existence de fonds de garantie, propres à chaque réseau et alimentés par des versements des banques affiliées, qui interviendront le cas échéant pour renflouer la banque en difficulté. Ces fonds de garantie ne doivent pas être confondus avec celui assurant la garantie des dépôts.

L'organisation du sauvetage

Dès que les difficultés d'un établissement de crédit apparaissent au grand jour, l'Autorité de contrôle prudentiel nomme un administrateur provisoire avec comme mission d'organiser son sauvetage et éviter la liquidation toujours préjudiciable au renom d'une place financière. Les autres établissements de crédit sont en général sollicités pour une reprise totale ou partielle des actifs. En l'occurrence, la pression des autorités de tutelle est d'autant plus forte que la taille de l'établissement concerné est importante, ce qui explique que seules de petites banques ont été mises en liquidation ces dernières années dans le secteur bancaire français à l'exception de la banque Pallas-Stern déjà nommée. Les mesures adoptées par la Banque de Réserve Fédérale à l'occasion des difficultés de Bear Stearns, repris par JP Morgan, en mars 2008, relèvent également de ce type de traitement.

L'intervention du prêteur en dernier ressort et des pouvoirs publics

En cas d'échec dans les tentatives de sauvetage d'une banque par d'autres établissements de crédit, les autorités de tutelle et le cas échéant les pouvoirs publics se réservent la possibilité d'intervenir.

• Une intervention ponctuelle : à la lumière de crises monétaires et financières récentes, on a pu constater une évolution dans les modalités d'intervention. Le prêteur en dernier ressort, c'est-à-dire la banque centrale, est le premier concerné par les mesures à adopter car toute banque défaillante est en général illiquide et la banque centrale lui apporte la trésorerie nécessaire le plus souvent avec les autres banques de la place, indépendamment de toute recapitalisation. La Banque de France a fréquemment accordé des concours de trésorerie à des banques en difficulté, comme par exemple en 1998 à l'occasion du sauvetage de la banque Finindus. En vertu du principe de subsidiarité, la Banque centrale européenne n'a pas été dotée d'une compétence en matière de contrôle bancaire et le rôle de prêteur en dernier ressort reste dévolu aux banques centrales nationales ; toutefois, la progression de l'intégration bancaire et financière en Europe posera immanquablement à terme la question d'un prêteur en dernier ressort européen.

Si la faillite concerne une banque de très grande taille (le Crédit Lyonnais) ou si elle risque de prendre une dimension systémique, ce sont alors les fonds publics qui sont mis à contribution et dans des proportions souvent considérables.

• Une intervention délicate : l'intervention tant du prêteur en dernier ressort que des pouvoirs publics peut avoir des effets pervers. Cette intervention peut être intempestive. Les injections massives de liquidités, au lieu de rétablir l'équilibre sur les marchés, les perturbent davantage et donnent lieu à des mouvements erratiques de taux d'intérêt ou de cours de change. De plus, le soutien apporté à des établissements à solvabilité compromise assure la survie artificielle d'entreprises non compétitives et l'efficacité d'ensemble du secteur peut en être altérée.

Mais surtout, le principal inconvénient de l'intervention du prêteur en dernier ressort est qu'il encourage l'aléa moral des banques incitées à prendre des risques excessifs puisqu'elles seront secourues en cas de difficulté.

C'est pourquoi, la banque centrale doit laisser planer une incertitude totale sur le principe comme sur les modalités de son intervention et permettre la disparition d'établissements défaillants, pourvu qu'elle ne déclenche pas une crise systémique. La Banque de Réserve Fédérale et le Trésor américain ont ainsi été critiqués pour ne pas être intervenus afin de sauver Lehman Brothers dont le dépôt de bilan en septembre 2008 a fortement accru les tensions sur les marchés monétaires et financiers.

Enfin, dans l'Union européenne, l'aide apportée par les États doit être compatible avec les règles du droit européen de la concurrence et donne lieu à des négociations avec la Commission, comme cela a été illustré par la garantie apportée, en septembre 2012, au Crédit immobilier de France.

2.2 Les plans de sauvetage du secteur bancaire

Lorsque les difficultés auxquelles une ou plusieurs banques sont confrontées prennent une dimension systémique, les banques centrales et les pouvoirs publics interviennent selon différentes modalités, comme l'illustre la figure 2.2.

Outre l'action menée par la banque centrale en tant que prêteur en dernier ressort, l'État peut envisager d'apporter aux établissements en difficulté de l'argent frais, sous la forme de prêts ou par apport en capital, d'apporter sa garantie des dettes des banques envers leurs consœurs ou d'accroître la garantie des dépôts. Au-delà de cette action portant sur le passif du bilan des établissements de crédit, les États peuvent également intervenir sur l'actif des bilans des banques qui vont céder, par la technique de la défaisance, leurs actifs toxiques. La crise financière de 2007-2008 fournit une illustration de l'utilisation de ces diverses techniques.

© Dunod – Toute reproduction non autorisée est un délit.

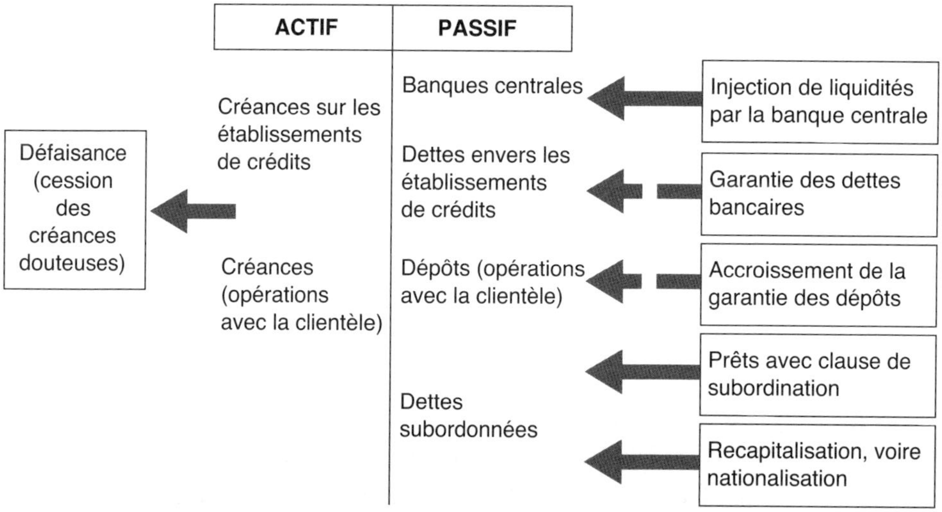

Figure 2.4 – Les modes d'intervention publique

L'action de la banque centrale

Lors d'une crise systémique, en raison des asymétries d'information entre les intervenants sur le marché interbancaire, celui-ci connaît de fortes tensions qui conduisent la banque centrale à fournir des liquidités au marché pour éviter les effets de contagion. Afin de faciliter les opérations de refinancement, la banque centrale en assouplit les conditions en allongeant la durée de ses facilités et en augmentant tant la liste des contreparties éligibles que celle des garanties admissibles. Ces actions ne sont pas menées isolément en cas d'internationalisation de la crise et les banques centrales des pays concernés coordonnent leurs interventions ce qui conduit à des injections massives de liquidités.

Dès l'été 2007, les premières tensions sur les marchés interbancaires ont marqué le début des interventions des banques centrales en Europe, aux États-Unis et au Japon ; elles se sont amplifiées en tant que besoin tout au long des années 2008 et 2009. Avec la crise de la dette souveraine, la banque centrale européenne a poursuivi cette politique en admettant par exemple en garantie des titres d'États dont la notation avait été dégradée. On peut également citer les lignes de crédit illimitées au profit des banques et des programmes de rachat de dette souveraine par la BCE.

Cette conjoncture exceptionnelle a également amené certaines banques centrales, la Banque de Réserve Fédérale notamment, à multiplier les facilités permettant d'obtenir des liquidités avec par exemple des achats directs sur les marchés de titres courts (billets de trésorerie) et longs. Ces mesures sont désignées sous le nom de mesures non conventionnelles.

La garantie des dettes bancaires

En dépit des injections de liquidités, la confiance peut ne pas se rétablir sur le marché interbancaire tant que le risque de faillite demeure et que les tensions se maintiennent. Cela conduit les États à accorder leur garantie aux prêts interbancaires, ce qui signifie qu'en cas de défaut d'une banque, ses contreparties seront indemnisées. En France, au dernier trimestre 2008, les pouvoirs publics ont garanti les prêts interbancaires à hauteur de 320 milliards d'euros.

Par ailleurs, afin de permettre aux banques de continuer à se refinancer à moyen et long terme lorsque les marchés financiers ne le permettent plus, les États peuvent décider soit de consentir des crédits à moyen ou long terme aux banques, soit d'apporter leur garantie afin de faciliter l'accès des banques à un financement à moyen ou long terme.

Une telle technique a été adoptée en France avec la création, en vertu d'une loi du 16 octobre 2008, d'une structure juridique *ad hoc*, la Société française de financement de l'économie (SFEF). Cette société, dont le capital est détenu par l'État et par les grands établissements de crédit français, a été autorisée à émettre des titres sur les marchés avec la garantie de l'État français. Ces emprunts obligataires, obtenus à des conditions favorables compte tenu de la garantie de l'État, ont permis à la SFEF de prêter des fonds aux établissements de crédit, comme l'illustre la figure 2.3.

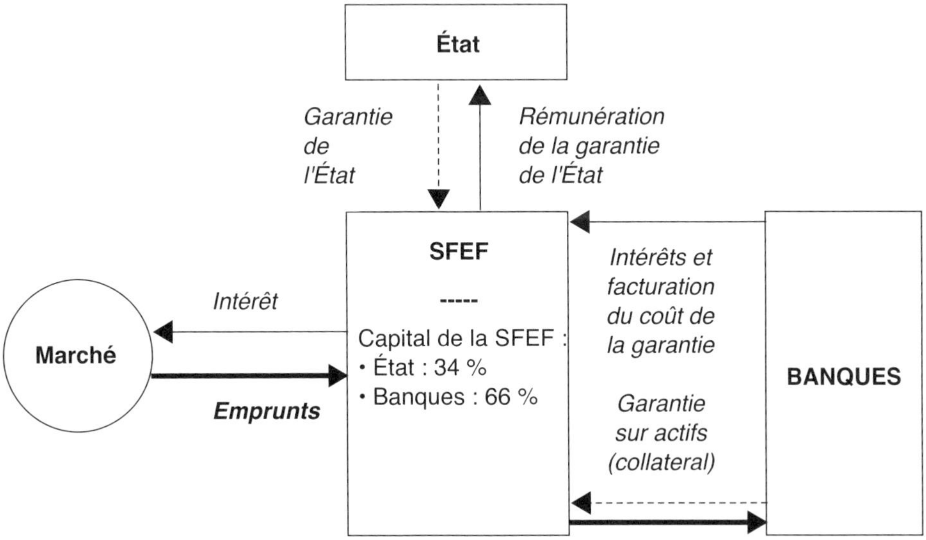

Figure 2.5 – Le mécanisme français de financement de l'économie

Les banques françaises ont commencé à rembourser les fonds de la SFEF à la fin de l'année 2009.

© Dunod – Toute reproduction non autorisée est un délit.

Le cantonnement et le rachat d'actifs dépréciés

Une banque en difficulté porte à l'actif de son bilan des montants considérables d'actifs dits toxiques constitués de créances sur des débiteurs insolvables ou de titres dont la valeur ne peut être déterminée car les négociations de ces instruments se sont interrompues. L'objectif est alors de transférer les actifs dépréciés vers une structure *ad hoc* afin de nettoyer le bilan de la banque. Cette technique est connue sous le nom défaisance.

Les pouvoirs publics peuvent apporter leur concours à des opérations de défaisance, soit en finançant la structure *ad hoc*, soit en prenant à sa charge tout ou partie des pertes sur ces actifs. Il en est allé ainsi dans les plans de redressements du Crédit lyonnais ou du Comptoir des entrepreneurs : des sociétés de cantonnement ont été constituées afin d'acquérir et de gérer la liquidation des actifs toxiques de ces établissements, l'État accordant son soutien financier à l'opération par le biais de structures juridiques distinctes. Dans le contexte de la crise financière de 2007-2008, de telles structures de défaisance ont été instituée dans plusieurs pays européens comme en Allemagne, notamment pour les *Landesbanken*, ou en Suisse au profit d'UBS. Aux États-Unis, le plan Paulson (*Troubled Assets Relief Plan*) d'octobre-novembre 2008 avait prévu de consacrer 700 milliards de dollars à de telles opérations mais l'aggravation de la crise et les difficultés dans la détermination du prix des actifs toxiques ont suspendu la mise en œuvre de ce plan. La nouvelle administration américaine de 2009 avait, quant à elle, envisagé la création d'un fonds financé par des capitaux publics et privés qui reprendrait les actifs dépréciés.

Les injections de capital dans les banques et la nationalisation

Pour éviter la faillite de banques et les effets de contagion, l'État mobilise des fonds publics souvent pour des montants considérables. Il prend alors une participation minoritaire, majoritaire ou intégrale dans le capital des banques en difficulté, participation conservée jusqu'au rétablissement de la situation de ces établissements, l'État n'ayant pas vocation à exercer une activité de banque commerciale. L'objectif de cette prise de contrôle est à l'évidence d'éviter une faillite et de rassurer les parties prenantes du secteur bancaire. Elle vise aussi à éviter une trop forte contraction de l'offre de crédit dont les conséquences sur la sphère de l'économie réelle sont particulièrement néfastes. La plupart des États des pays concernés par la crise financière de 2007-2008 ont effectué des opérations de ce genre. Les cas de Northern Rock, au Royaume-Uni, et de Hypo Real Estate, en Allemagne, sont deux exemples caractéristiques de nationalisations imposées par la crise financière. 400 milliards de dollars y ont été consacrés ces années-là sans exclure des interventions supplémentaires.

L'État peut également souscrire des titres de créances de type dette subordonnée qui confortent la structure financière des banques sans prise de contrôle et qui portent une rémunération plus élevée que la dette senior. Dès septembre 2008, la France a consacré plus de 20 milliards d'euros à la souscription de titres émis par les principaux groupes bancaires français.

La création d'une structure juridique *ad hoc*, la Société de prise de participation de l'État (SPPE), a ainsi été décidée par la loi de finances rectificative pour le financement de l'économie en date du 16 octobre 2008. Cette société a pour unique actionnaire l'État français. Grâce à des emprunts faits sur les marchés financiers avec la garantie de l'État elle souscrit à des titres super-subordonnés à durée indéterminée ou des actions de préférence émis par les établissements de crédit, comme le montre la figure 2.4. De par leurs caractéristiques juridiques, ces titres relèvent de la catégorie des fonds propres réglementaires.

En octobre 2009, les établissements de crédit français ont commencé à rembourser la SPPE ou à racheter les actions souscrites par cette société.

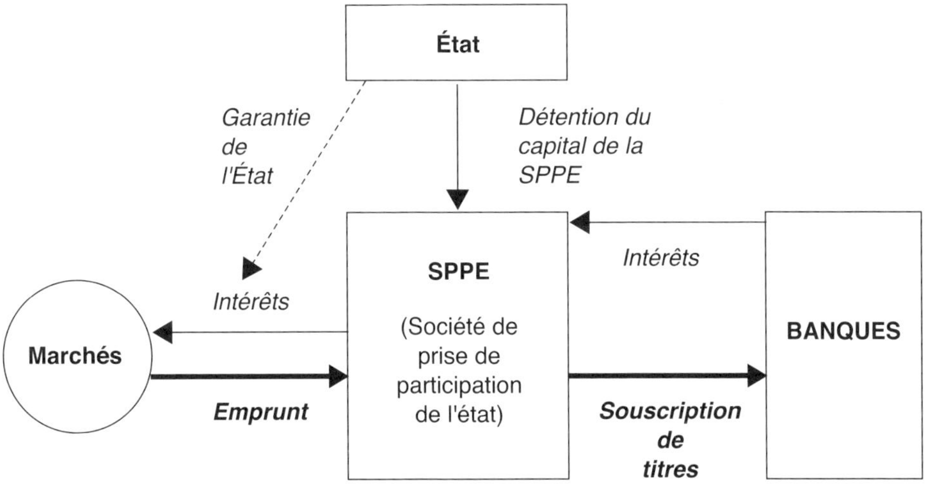

Figure 2.6 – Le mécanisme de renforcement des fonds propres

3 L'adaptation du droit des procédures collectives à la situation des établissements de crédit

Le droit des procédures collectives n'est pas toujours cohérent avec la réglementation bancaire ni adapté au cas particulier de la faillite d'un établissement de crédit. Outre l'expropriation des actionnaires indiquée ci-dessus, d'autres dispositions spécifiques ont été retenues dont on se bornera à indiquer les plus significatives.

© Dunod – Toute reproduction non autorisée est un délit.

3.1 Le rôle des établissements et des autorités

Afin de faciliter la gestion des difficultés des établissements, le *Financial Stability Board* a prévu en 2011 la rédaction préventive par les banques systémiques internationales de plans de redressement et de résolution, dits testaments bancaires. Dans le droit national, le projet de loi de séparation et de régulation des activités bancaires prévoit que les banques devront se doter d'un plan préventif de rétablissement et d'un plan de résolution pour le cas de défaut.

Par ailleurs, ce projet prévoit de doter l'ACP, désormais dénommée Autorité de contrôle prudentiel et de résolution (ACPR), d'un collège de résolution. Cette autorité se voit également conférer de pouvoirs de résolution des difficultés comme la filialisation ou la recapitalisation de l'établissement.

3.2 L'ouverture et le déroulement de la procédure

Une définition de la cessation de paiements adaptée au cas des établissements de crédit est donnée. Alors que le Code de commerce indique que la cessation de paiements correspond à l'impossibilité pour une entreprise à faire face à son passif immédiatement exigible, l'article L. 613-26 du Code monétaire et financier la définit comme l'impossibilité, pour un établissement de crédit, à faire face à son passif exigible ou à terme rapproché.

Il s'agit donc d'une conception plus large de la cessation de paiements qui se réfère à des passifs à exigibilité non immédiate mais peu éloignée comme par exemple les comptes et plans d'épargne-logement ou les dépôts à terme. Elle se rapproche ainsi de la notion d'insolvabilité.

De même, les règles spécifiques aux faillites bancaires prévoient l'intervention conjointe d'un administrateur provisoire désigné par l'ACP et des mandataires désignés par le tribunal de commerce. L'administrateur judiciaire se voit, par exemple, confier un rôle de surveillance de la gestion menée. Enfin, le fonds de garantie des dépôts ainsi que les déposants pour leurs créances entrant dans le champ d'intervention du fonds sont dispensés de la déclaration de créances prévue dans le régime de droit commun.

L'ESSENTIEL

• Les établissements de crédit sont assujettis à une réglementation dont la mission essentielle est d'assurer leur solidité et la stabilité du secteur qu'ils composent. En effet, le déclenchement d'une crise bancaire peut, par contagion, s'étendre à l'ensemble du système financier – on est alors en présence d'une crise systémique – et à l'économie tout entière.

• Les organes de tutelle du secteur bancaire veillent au respect de la réglementation et le principe du contrôle par le pays d'origine est retenu pour les établissements de crédit de l'Union européenne.

• La réglementation bancaire, pour la plupart harmonisée à l'échelon européen et international, s'applique à l'ensemble du fonctionnement et des opérations d'un établissement de crédit. Sa composante prudentielle est particulièrement développée ; elle vise à proportionner les fonds propres à la prise de risques dans le cadre du ratio de solvabilité et elle traite également des procédures de contrôle interne propres à chaque établissement.

• Les banques en difficulté font l'objet d'un traitement spécifique au cours duquel les organes de tutelle jouent un rôle déterminant. Par exemple, il existe un mécanisme de garantie des dépôts qui assure à tout déposant le remboursement de ses avoirs à concurrence de 100 000 euros.

• En cas de crise systémique, comme lors de la crise financière de 2007-2008, les États peuvent adopter des plans de sauvetage de leurs systèmes bancaires.

Chapitre 3 La comptabilité des établissements de crédit

SOMMAIRE

Comme la comptabilité générale, la comptabilité bancaire est un système d'information à l'usage de plusieurs destinataires, dont les autorités de tutelle qui sont des utilisateurs permanents de l'information comptable, puisque le contrôle qu'elles exercent sur le système bancaire s'effectue principalement sur pièces dont la plupart sont présentées selon la méthode comptable. Mais les marchés, c'est-à-dire les analystes financiers et les agences de notation, sont également des utilisateurs habituels de l'information comptable pour les diagnostics financiers ou les notations. Enfin, l'établissement de crédit lui-même ne peut se passer de comptabilité, source d'innombrables informations indispensables à sa gestion.

La comptabilité des établissements de crédit fait l'objet d'une réglementation élaborée par l'Autorité des normes comptables (ANC) qui a remplacé, en vertu d'une ordonnance du 22 janvier 2009, le Comité de la réglementation comptable (CRC) ; elle présente de nombreuses particularités par rapport à la comptabilité générale qui seront exposées en premier lieu. Puis, les comptes publiables auxquels les tiers ont accès seront présentés en distinguant les comptes individuels et les comptes consolidés qui, à compter du 1er janvier 2005 sont établis conformément aux nouvelles normes comptables européennes, les normes IFRS[1].

Section 1 LES PRINCIPAUX ASPECTS DE LA COMPTABILITÉ DES ÉTABLISSEMENTS DE CRÉDIT

La comptabilité des établissements de crédit a connu ces dernières années de nombreuses évolutions dont il convient de retracer les principales étapes avant de souligner ses spécificités.

1 L'évolution de la comptabilité des établissements de crédit

De longue date, les banques se sont dotées d'une comptabilité mais les préoccupations de normalisation au travers de plans comptables se sont manifestées plus tardivement que dans d'autres secteurs.

1.1 Les plans comptables avant 1993

Le premier plan comptable bancaire a été instauré en 1970 pour les dispositions relatives aux bilans et en 1972 pour celles relatives aux comptes de résultat. Il s'appliquait aux banques dites « inscrites », c'est-à-dire aux banques FBF d'aujourd'hui.

Auparavant, les obligations comptables des banques étaient peu développées. La loi de 1941, qui la première a réglementé la profession, avait imposé un modèle type de bilan et de compte de profits et pertes ; elle avait également prévu la communication d'informations comptables à la tutelle et la publicité des documents de synthèse.

Avec les transformations qui ont affecté le secteur bancaire à la suite des réformes de 1966-1967, les autorités de tutelle ont ressenti le besoin de se doter de moyens d'information et de contrôle plus efficaces, d'où l'élaboration du premier plan comptable de 1970-1972. Ce plan apportait des améliorations considérables en ce qui concerne la normalisation des intitulés de comptes et l'enregistrement des opérations. Sa finalité principale était le contrôle de l'activité bancaire et le respect de la règle de la liquidité.

1. IFRS, *International Financial Reporting Standards*, normes financières internationales, désigne le nouveau référentiel comptable.

Toutefois, au cours des années soixante-dix, les conditions de l'activité bancaire se sont rapidement transformées et on peut noter la célérité de la réaction des autorités de tutelle et de la profession bancaire puisque dès 1978 un nouveau plan comptable entrait en vigueur. Ce nouveau plan comptable visait à satisfaire trois objectifs intéressant principalement les autorités de tutelle :

– l'amélioration de l'information des autorités de tutelle sur les opérations de banque, notamment au cours d'une période où l'encadrement du crédit était l'instrument privilégié de la politique monétaire ;
– une meilleure connaissance des mouvements de capitaux avec l'étranger pour affiner les informations indispensables à l'élaboration de la balance des paiements ;
– une saisie plus fine du phénomène de transformation.

1.2 La réforme comptable de 1993

Les causes de la réforme comptable

Plusieurs événements ont conduit les autorités de tutelle à modifier le plan comptable.

• Le premier est *l'extension de la comptabilité bancaire à l'ensemble des établissements de crédit, en vertu de la loi bancaire de 1984.* Conçu pour les banques, le plan comptable doit désormais s'appliquer à tous les établissements de crédit dont certains avaient leur propre plan comptable.

• Le second est *l'adoption de la quatrième directive du Conseil des Communautés Européennes le 25 avril 1978,* directive qui jette les bases d'une harmonisation des comptabilités européennes. Cette directive a été prolongée, pour ce qui concerne les banques, par une autre directive en date du 8 décembre 1986, dite quatrième directive bis.

• De même, en raison des innovations financières de la décennie quatre-vingt, *il a fallu adapter la comptabilité bancaire à de nouvelles conditions d'activité et opérations* : titres de créances négociables, opérations sur marchés dérivés, titrisation… D'où, à partir de 1985 de très nombreux règlements à contenu comptable afin de doter les établissements de crédit de règles adéquates.

• Enfin, *la montée des risques bancaires* a mis au premier plan des préoccupations de la tutelle, la solvabilité des établissements de crédit et la comptabilité bancaire. Elle a progressivement tenu compte, dans ses définitions et modes de comptabilisation, des contraintes prudentielles.

Les principaux aspects de la réforme comptable

La réforme comptable de 1993 a été d'une grande ampleur, en ce sens qu'elle a donné lieu à un Plan comptable des établissements de crédit (PCEC) et elle comprend plusieurs volets :

© Dunod – Toute reproduction non autorisée est un délit.

– de nouveaux documents périodiques destinés aux autorités de tutelle ;
– de nouveaux modèles de comptes annuels publiables, individuels ou consolidés ;
– un nouveau plan de comptes ;
– de nouvelles exigences en matière d'organisation du système comptable.

La réforme comptable est allée de pair avec la mise en place de la BAFI (Base de données des agents financiers) qui est un système d'information de gestion. Cette *base de données organisait de façon logique l'ensemble des informations nécessaires aux établissements de crédit tant pour satisfaire aux exigences comptables et prudentielles que pour répondre à leurs propres exigences de gestion.* La BAFI était ainsi utilisée pour l'élaboration des documents comptables, pour le calcul des ratios prudentiels, pour les statistiques de la Banque de France (balance des paiements par exemple) et pour la mise au point d'indicateurs de gestion propres à chaque banque. Elle a transformé le système d'information des banques autrefois orienté vers les informations comptables en un système général décrivant toutes les composantes de l'activité d'une banque.

L'harmonisation européenne, la volonté de rationaliser certaines déclarations à effectuer et d'introduire de nouveaux standards techniques informatiques pour transmettre les données ont conduit les autorités bancaires à remplacer, en 2010, la BAFI par un nouvel outil : le système unifié de *reporting* financier (e-SURFI). Le SURFI prends en compte les nouvelles normes comptables IFRS.

1.3 L'introduction des normes IFRS

Depuis le 1er janvier 2005, la comptabilité des établissements de crédit est concernée par l'adoption du nouveau référentiel comptable européen qui repose sur les normes IFRS. Il convient de connaître les principales caractéristiques de cette réforme comptable de grande ampleur en précisant que pour le moment elle ne concerne que les comptes consolidés.

La situation de départ

On distingue 3 référentiels comptables et par référentiel on entend l'ensemble des principes, normes et règles qui s'imposent à un système comptable.

• Les référentiels européens-nationaux (français, britannique ou allemand, par exemple). Ces référentiels sont une transposition dans les droits nationaux de directives comptables européennes avec notamment les 4e directive de 1978 et 4e directive bis, déjà citées. Le PCEC est une application de ce référentiel.

• Le référentiel international, qui de longue date s'efforce de réaliser une harmonisation des comptabilités nationales en proposant des normes comptables, dites normes IFRS. Ces normes résultent des meilleures pratiques en matière de comptabilité mais sont très influencées par les normes américaines. Elles sont désignées par leur numéro précédé d'IAS, pour celles qui ont été rédigées par le Comité des normes comptables internationales (IASC), ou précédées d'IFRS, pour celles émises par le Conseil des normes comptables internationales (IASB) qui a succédé à l'IASC.

• Le référentiel américain, dit US GAAP, qui est un référentiel dominant dans la mesure où toute société qui veut accéder aux marchés financiers américains doit publier ses comptes selon les normes américaines.

Aussi, avec la mondialisation des économies et marchés, l'harmonisation des référentiels comptables s'impose afin de faciliter la lisibilité des informations comptables d'une société à l'autre quelle que soit sa nationalité. Un exemple pour illustrer ces différences : en 2002, le groupe financier ING a annoncé un bénéfice de 4,25 milliards d'euros en normes euro-néerlandaises. En normes américaines, ce bénéfice devient une perte de 9,6 milliards d'euros en raison de règles différentes d'amortissement des survaleurs.

L'adoption des normes IFRS

En juin 2000, la Commission européenne a décidé que le futur référentiel comptable européen serait conforme aux normes IFRS et le règlement européen du 19 juillet 2002 stipule que « toutes les sociétés cotées régies par le droit national d'un état européen devront appliquer le référentiel IFRS dans leurs comptes consolidés des exercices ouverts à compter du 1er janvier 2005 ». Cette réforme ne s'applique qu'aux comptes de sociétés cotées en bourse ou faisant appel public à l'épargne, et les banques sont à l'évidence concernées. Par la suite, les différences entre comptes consolidés et comptes individuels sont telles qu'une convergence semble inévitable et que les comptes consolidés des sociétés non cotées et les comptes individuels seront également assujettis à ces nouvelles normes.

Les objectifs du référentiel IFRS

La finalité du référentiel IFRS est de répondre aux attentes des investisseurs sur les marchés de capitaux. L'adoption d'un référentiel identique pour tous les établissements de crédit de l'Union Européenne facilite les comparaisons en homogénéisant l'information comptable. Quant à la fiabilité de l'information, elle est obtenue par la référence systématique à la substance des opérations plutôt qu'à leur apparence : la comptabilité doit refléter les caractéristiques économiques et non juridiques d'une opération ; les évaluations en juste valeur sont étendues à l'ensemble des composantes d'un bilan bancaire ; l'actualisation, qui prend en compte l'impact de la dépréciation du futur sur les valeurs présentes, est utilisée pour la plupart des évaluations. Enfin, le nouveau référentiel comptable implique un accroissement des informations à fournir, notamment en matière d'exposition et de gestion des risques.

© Dunod – Toute reproduction non autorisée est un délit.

Les documents de synthèse traditionnels, bilan, compte de résultat et annexe, demeurent inchangés. En revanche, il convient de souligner que les normes IFRS privilégient le bilan par rapport au compte de résultat comme source d'information. Le compte de résultat est alors un état davantage tourné vers la mise en évidence des performances financières qui, dans le cas d'un groupe, ont vocation à être décomposées par métier, par secteur ou par zone géographique.

L'introduction des normes IFRS a un impact considérable sur les pratiques comptables des banques ainsi que sur le contenu de leur communication financière.

2 Les spécificités de la comptabilité des établissements de crédit

2.1 En matière de principes et de règles comptables

Les principes comptables

Tirant profit des réflexions et études ayant débouché sur la constitution d'une doctrine comptable, la comptabilité bancaire, comme la comptabilité générale d'ailleurs, s'appuie sur un ensemble de principes : permanence des méthodes, prudence, indépendance des exercices, non compensation, importance relative, prééminence de la réalité sur l'apparence (image fidèle), intangibilité du bilan d'ouverture par rapport au bilan de clôture de l'exercice précédent, continuité de l'exploitation et nominalisme.

Toutefois, il convient de souligner deux spécificités propres à la comptabilité bancaire :

• *la comptabilité d'intention*, en contradiction avec le principe de prééminence de la réalité sur l'apparence et d'utilisation très fréquente en comptabilité bancaire, consiste à tenir compte de l'objectif d'une opération pour déterminer sa règle de comptabilisation ;

• *la comptabilisation en valeur de marché*, selon lequel un actif négocié sur un marché est évalué à la valeur constatée lors de l'arrêté comptable, à la différence du principe d'évaluation comptable au coût historique qui conserve la valeur constatée lors de l'entrée dans le patrimoine de l'actif, sauf en cas de diminution de valeur prise en compte par une provision. Ce principe d'évaluation qui découle de la 4e directive bis a été introduit en comptabilité bancaire dès le début des années quatre-vingt-dix, en le limitant toutefois aux principaux actifs composant le portefeuille de négociation (*trading portofolio)*, c'est-à-dire aux opérations de change à terme sec, aux instruments financiers à terme ou conditionnels et aux titres de transaction. En application des normes IFRS, ce principe d'évaluation a été étendu à l'ensemble des composantes d'un bilan bancaire sous le nom de juste valeur, dont la comptabilité en valeur de marché constitue un cas particulier, comme on le verra plus loin.

La comptabilisation des opérations sur titres des comptes individuels fournit une bonne illustration de ces deux spécificités (voir l'encadré).

Demeure toutefois la question de l'évaluation d'actifs financiers comme les produits structurés qui, n'étant pas négociés sur des marchés secondaires, n'ont pas de prix de marché. Pour déterminer la valeur de ces actifs, on utilise des modèles d'évaluation comparables aux modèles d'évaluation du risque de crédit ce qui en définitive n'est pas satisfaisant car l'interaction valorisation-liquidité rend souvent impossible la détermination d'une juste valeur.

Les règles d'évaluation

L'activité bancaire présentant des spécificités évidentes, le PCEC a prévu des règles d'évaluation adaptées tant aux opérations traditionnelles (crédits acheteurs, engagements par signature, par exemple) qu'aux opérations de marché[1].

Focus

La comptabilisation des opérations sur titres

Les titres sont définis comme l'ensemble composé des valeurs mobilières, des titres de créances négociables et des instruments du marché interbancaire et, selon l'intention qui prévalait lors de leur achat, quatre catégories de titres sont distinguées :

- *les titres de transaction* qui sont soit acquis soit vendus dans l'intention de les revendre ou de les racheter à court terme, soit liés à une activité de teneur de marché. Ces titres doivent être négociés sur des marchés actifs et profonds. Lors des arrêtés comptables, ces titres sont comptabilisés à leur valeur de marché ;
- *les titres de l'activité de portefeuille* qui sont les investissements réalisés de manière significative et permanente dans l'objectif d'en retirer un gain en capital à moyen terme, sans intention d'investir ni de participer activement à la gestion opérationnelle. Lors des arrêtés comptables, ces titres sont comptabilisés au coût historique et provisionnés en cas de dépréciation par rapport au coût d'acquisition ;
- *les titres d'investissement* qui sont des titres à revenus fixes destinés à être conservés jusqu'à leur échéance et pour lesquels l'établissement de crédit a prévu un moyen de financement ou de couverture approprié. Lors des arrêtés comptables, il n'y a pas de provisionnement des moins-values puisque les titres seront remboursés au pair sauf en cas de risque de signature ;
- *les titres de placement* qui correspondent aux titres n'appartenant à aucune des catégories précédentes. Lors des arrêtés comptables, ces titres sont comptabilisés au coût historique et provisionnés en cas de dépréciation par rapport au coût d'acquisition.

© Dunod – Toute reproduction non autorisée est un délit.

1. Les règlements de l'ANC sont techniques et fréquemment modifiés. Le lecteur désireux de consulter le texte d'un règlement se reportera aux sites Internet de l'ANC et de de la Banque de France.

2.2 En matière d'organisation comptable et le plan de comptes

L'organisation comptable

Il convient de distinguer le système interne et le système externe :

– le système interne correspond au plan de comptes de l'établissement, à ses fichiers informatiques, à ses procédures de saisie, etc., et les banques disposent d'une totale liberté pour organiser leur système interne ;

– le système externe, normalisé, correspond aux modes d'extériorisation de l'information comptable et comprend deux composantes distinctes (figure 3.1).

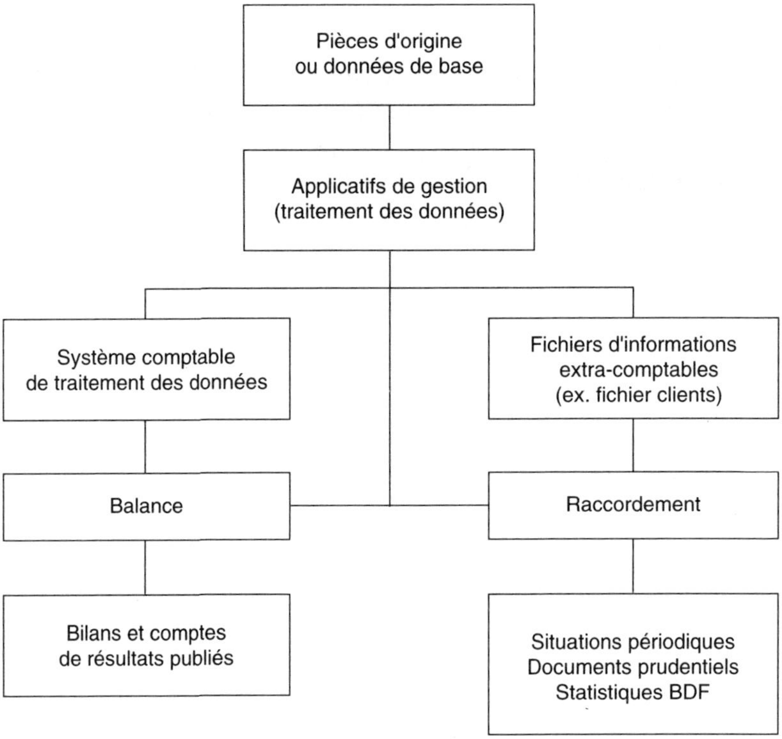

Source : Bulletin de la Commission bancaire n° 7, novembre 1992.

Figure 3.1 – L'organisation comptable

• *Les documents de synthèse.* On les appelle également les comptes publiables et ils sont destinés aux utilisateurs de l'information comptable autre que la tutelle. Ces documents sont présentés sous deux formes, les comptes individuels et les comptes consolidés qui sont ceux du groupe et conformes aux normes IFRS. Ce sont ces documents qui seront présentés en détail dans les sections suivantes.

• *Les états périodiques.* Destinés à la tutelle, ils comprennent les situations périodiques, les états prudentiels et les statistiques pour la Banque de France. On notera que les situations périodiques incluent des documents de synthèse dont la présentation diffère de celle des documents publiables.

Afin d'assurer la cohérence du système interne et des systèmes externes, les établissements de crédit sont soumis à la mise en place d'un ensemble de procédures appelé piste d'audit qui permet (règlement n° 97-02 relatif au contrôle interne des établissements de crédit) :
- de reconstituer dans un ordre chronologique les opérations ;
- le passage de la pièce comptable au document de synthèse et réciproquement ;
- d'expliquer l'évolution des soldes d'un arrêté à l'autre par la conservation des mouvements ayant affecté les postes comptables.

Le plan de comptes

Le PCEC propose un plan de comptes en huit classes qui regroupent les comptes par nature :
- Classe 1 : opérations de trésorerie et interbancaires ;
- Classe 2 : opérations avec la clientèle ;
- Classe 3 : opérations sur titres ;
- Classe 4 : valeurs immobilisées ;
- Classe 5 : provisions, fonds propres et assimilés ;
- Classe 6 : charges ;
- Classe 7 : produits ;
- Classe 9 : engagements de hors-bilan.

2.3 En matière de provisionnement du risque de contrepartie

Le risque de contrepartie est celui de non-remboursement d'une créance (un crédit ou un engagement par signature, par exemple). Lorsqu'il se manifeste, les créances concernées sont classées en encours douteux et font l'objet dépréciations dont l'évaluation a été modifiée pour rapprocher la réglementation comptable bancaire française de la norme IAS 39.

Les encours douteux

Ce sont les encours :
- sur lesquels il existe des impayés depuis trois mois au moins (pour tous les types de crédit et le crédit-bail mobilier), plus de six mois en matière de crédit immobilier aux acquéreurs de logement ou de crédit bail-immobilier, et plus de neuf mois pour les crédits aux collectivités locales ;
- présentant un risque de crédit avéré, c'est-à-dire avec une probabilité de non-recouvrement total ou partiel, même en l'absence d'impayés ;

© Dunod – Toute reproduction non autorisée est un délit.

– ou présentant un caractère contentieux (procédure de surendettement, de redressement judiciaire...).

Toute créance présentant l'une de ces caractéristiques doit être classée dans les encours douteux et en application du principe de contagion, le classement en créances douteuses d'un concours vis-à-vis d'un client entraîne celui de tous les autres engagements sur ce client.

Le provisionnement des encours douteux

Il existe plusieurs modes de provisionnement du risque de contrepartie, comme indiqué dans l'encadré ci-après.

Focus

Les modes de provisionnement

- *Provisionnement ex post ou ex ante : le* provisionnement *ex post* n'autorise la comptabilisation des provisions pour dépréciation qu'une fois celle-ci constatée. Le provisionnement *ex ante* consiste à constituer la provision pour dépréciation dès l'octroi du crédit. Le provisionnement *ex ante* présente un caractère anticyclique évident car, en cas de crise économique et d'augmentation du risque des crédits, des provisions massives doivent être comptabilisées, ce qui grève le résultat des banques. Seul le provisionnement *ex post* est autorisé par la réglementation française et la norme IAS 39.
- *Provisionnement individuel ou collectif :* le provisionnement individuel conduit à une évaluation spécifique du risque de chaque débiteur compte tenu des garanties qu'il présente et des perspectives de remboursement. Le provisionnement collectif consiste à couvrir des risques de crédit regroupés dans des portefeuilles homogènes selon des critères sectoriels ou géographiques et ce mode de provisionnement est prévu par la norme IAS 39.
- *Provisionnement forfaitaire :* le provisionnement forfaitaire, qui s'oppose également au provisionnement individuel, consiste à calculer la provision à partir de données statistiques sur la sinistralité moyenne des encours. Le provisionnement forfaitaire est adapté au cas de crédits de petit montant et en grand nombre, comme les crédits à la consommation. Des encours sains sont alors provisionnés comme dans le cas du provisionnement *ex ante*. Il est autorisé par la réglementation française et la norme IAS 39 pour les encours de faible montant.

Le provisionnement des concours aux entreprises et, spécialement aujourd'hui, aux débiteurs souverains est une question clé pour les groupes bancaires. Ces derniers se dotent de des procédures d'examen des provisionnements, par exemple pour fixer d'éventuelles dépréciations collectives selon une procédure trimestrielle.

Du règlement CRC n° 02-03 modifié, on retiendra deux points importants relatifs au traitement comptable du risque de crédit :

- *le calcul de la provision*. La provision couvre la perte prévisionnelle qui est égale à la différence entre la valeur comptable des crédits et la valeur des flux de trésorerie futurs attendus, actualisée au taux de rendement effectif d'origine des crédits correspondants. Ce mode de calcul est conforme à celui préconisé par la norme IAS 39 pour les provisions individuelles ;
- *l'introduction du provisionnement forfaitaire*. Il est autorisé pour les encours composés de petites créances présentant des caractéristiques similaires.

En ce qui concerne les provisions collectives, la norme IAS 39 prévoit qu'un portefeuille homogène de créances à risque de crédit avéré peut faire l'objet d'une provision sans attendre la manifestation individuelle du risque et cette disposition, que les comptes consolidés doivent intégrer, concerne les provisions sectorielles et pour risque pays.

Focus

Les enjeux de l'information comptable

Sur des marchés globalisés et avec de fréquentes opérations de restructurations, la qualité de l'information comptable est une nécessité pour toutes les sociétés mais peut être davantage pour les banques dont les informations comptables sont utilisées par les superviseurs pour exercer leur mission de contrôle. La comptabilité bancaire doit donc produire pour ses utilisateurs – marchés et superviseurs – une information :

- *fiable,* c'est-à-dire présentant la garantie que les données comptables sont les plus proches de la réalité ;
- *comparable* d'une période, comme d'une banque, à l'autre ;
- *de qualité,* c'est-à-dire disponible rapidement, vérifiable et objective.

La transparence financière étant devenue une exigence, les banques françaises s'efforcent d'améliorer leur communication financière sur le modèle des établissements anglo-saxons en l'enrichissant d'analyses sectorielles ou d'informations plus qualitatives comme la création de valeur, les systèmes de mesure et de contrôle des risques ou la stratégie, et en publiant des résultats trimestriels. Le 3e pilier bâlois constitué par la discipline de marché, c'est-à-dire la pression que les marchés exercent sur un établissement de crédit pour maîtriser ses risques, conforte l'obligation de transparence.

© Dunod – Toute reproduction non autorisée est un délit.

Section 2 LES COMPTES INDIVIDUELS

Les comptes individuels sont ceux de chaque établissement de crédit considéré isolément et ils ne doivent pas être confondus avec les comptes consolidés ni avec les états périodiques destinés à la Commission bancaire. Modifiés par le règlement CRC n° 00-03, ils comprennent un bilan, un compte de résultat et une annexe ; un fac-similé de ces comptes est reproduit en fin de chapitre.

ÉTUDES UNIVERSITAIRES DE BOURG ET DE L'AIN
UNIVERSITÉ JEAN MOULIN LYON 3
2, Rue du 23ème R.I.
01000 BOURG EN BRESSE
Tél. 04 74 23 82 35

1 Le bilan et le hors bilan

Le bilan d'une banque, comme celui de toute entreprise, est un état patrimonial des créances et dettes à une date donnée. Toutefois, par rapport à la comptabilité générale, il comporte deux différences notables :

- eu égard à l'importance de la liquidité, la présentation est inversée puisque les opérations de trésorerie figurent en haut de bilan et les immobilisations en bas ;
- les valeurs portées dans l'actif sont des valeurs nettes d'amortissements et de provisions.

Il comprend un actif qui enregistre les avoirs et créances, un passif qui enregistre les dettes et les fonds propres et un hors bilan qui, pour les établissements de crédit, enregistre de nombreuses opérations de banque. L'actif et le passif sont composés de postes regroupés selon les classes du plan de comptes et qui serviront de trame à ce développement.

1.1 Les opérations de trésorerie et interbancaires (classe 1 du PCEC et postes 1 à 3 de l'actif et 1 et 2 du passif)

Réalisées exclusivement entre institutions financières, elles découlent de deux activités.

La gestion de trésorerie

Dans la banque, la gestion de trésorerie veille à :

- *l'obligation de convertibilité*, c'est-à-dire avoir suffisamment d'encaisses en monnaie centrale – billets et avoirs auprès de la Banque Centrale Européenne – pour faire face aux demandes de conversion émanant de leur clientèle ou d'autres établissements de crédit ;
- *l'obligation de réserves*, c'est-à-dire de constituer suffisamment de réserves obligatoires à la Banque Centrale Européenne.

Donc, quotidiennement, les banques calculent leur position de trésorerie. Si elle est excédentaire, elles prêtent sur le marché interbancaire d'où l'apparition d'une créance à l'actif ; si elle est déficitaire, elles empruntent et la dette figure au passif. Ces opérations de prêts et d'emprunts sont réalisées soit en blanc, soit avec des pensions de titres ou d'effets comme support.

Les relations interbancaires

Afin de faciliter les paiements, une banque ouvre des comptes auprès d'autres établissements de crédit, d'où une créance, et réciproquement ouvre des comptes dans ses livres à d'autres établissements de crédit, d'où une dette. Ces comptes, appelés *comptes de correspondants*, sont ouverts soit par une petite banque auprès d'une grande banque à qui elle confiera la gestion de sa trésorerie, n'ayant ni notoriété ni équipements suffisants pour intervenir directement sur le marché interbancaire, soit par ou auprès d'une banque étrangère afin de faciliter les règlements internationaux.

Quant aux effets publics et valeurs assimilées, ce sont les bons du Trésor détenus par les banques qui, en tant que titres de créances négociables, devraient être enregistrés dans les opérations sur titres mais la qualité de l'émetteur, institution financière, prime sur la nature juridique du titre émis.

1.2 Les opérations avec la clientèle (classe 2 du PCEC et poste 4 de l'actif et poste 3 du passif)

À l'actif, il s'agit des crédits consentis, sous toutes leurs formes y compris l'affacturage, à la clientèle. Par crédit, il faut entendre les fonds effectivement à disposition de la clientèle, les engagements par signature figurant au hors bilan. La clientèle est composée d'entreprises, de particuliers, d'administrations privées ou publiques mais aussi d'agents financiers comme les OPCVM ou les entreprises d'investissement. De ce fait, les crédits de type crédits internationaux à d'autres banques sont enregistrés dans les opérations de trésorerie et interbancaires, là encore la qualité de la contrepartie l'emporte sur le type d'opération.

Au passif, les opérations avec la clientèle sont constituées par les dépôts effectués par les clients d'une banque sous tous les supports habituels : comptes à vue et à terme, comptes d'épargne à régime spécial.

1.3 Les opérations sur titres (classe 3 du PCEC et postes 5 et 6 de l'actif et poste 4 du passif)

Ces opérations reflètent les interventions d'une banque sur les différents marchés de capitaux ; à l'actif du bilan, figurent les titres achetés pour compte propre, venti-

© Dunod – Toute reproduction non autorisée est un délit.

lés selon le critère titres à revenu fixe et titres à revenu variable. Les titres gérés par la banque pour le compte de sa clientèle, ainsi que les OPCVM qu'elle a créés, ne figurent à l'évidence pas à l'actif du bilan car la banque n'est pas propriétaire de ces titres.

Au passif, figurent les titres émis par les banques sur les différents marchés de capitaux afin de se procurer des ressources, à l'exception des actions et des titres subordonnés, comme par exemple les titres du marché interbancaire (dont on aurait pu penser qu'ils relèvent des opérations de trésorerie et interbancaires), les titres de créances négociables ou les emprunts obligataires. Et on remarquera qu'aussi bien pour l'actif que pour le passif du bilan, il est difficile de tracer une frontière précise entre les opérations de trésorerie et interbancaires et les opérations sur titres. La gestion de trésorerie d'une banque se fait de façon globale sur les différents marchés, alors que le bilan retient une présentation qui ne reflète guère cette approche.

1.4 Les valeurs immobilisées (classe 4 et postes 7 à 15 de l'actif)

Bien qu'elles aient en commun la caractéristique d'être un emploi stable, les valeurs immobilisées constituent un ensemble plutôt hétérogène. Elles incluent :

- les immobilisations financières (postes 7 et 8) qui comprennent les titres de participations et autres titres détenus à long terme, c'est-à-dire des titres qui permettent de contribuer de façon durable à l'activité de l'établissement qui les détient. Les parts dans les entreprises liées correspondent au même type de titres mais l'émetteur est susceptible de faire l'objet d'une intégration globale dans le groupe bancaire ;
- les immobilisations dont la détention est liée à l'exploitation de l'établissement de crédit dans le cadre de contrats de crédit–bail ou de location simple (postes 9 et 10) ;
- les immobilisations corporelles et incorporelles (postes 11 et 12).

L'actif du bilan se termine avec deux postes qui peuvent inclure des opérations bancaires spécifiques : le poste 15 comptabilise les primes d'options achetées et le poste 16 la contrepartie des produits constatés au compte de résultat sur engagements de hors bilan et sur instruments financiers dérivés évalués en valeur de marché.

1.5 Les provisions et fonds propres (classe 5 et postes 7 à 17 du passif)

Ces postes correspondent à deux catégories d'opérations. En premier lieu, certains postes reflètent des opérations de provisionnement ainsi les provisions pour risques et charges et les fonds pour risques bancaires généraux.

• *Les provisions pour risques et charges*, comme en comptabilité générale, sont destinées à compenser des évènements futurs qui ne concernent pas une dépréciation d'un élément d'actif. Les provisions pour risques et charges se rapportent à des opérations non bancaires – on citera les provisions pour restructurations ou pour charges de retraite du personnel – ou à des opérations bancaires en raison d'engagements de hors bilan ou internationaux (le risque pays), ou pour couvrir des risques plus diffus comme des risques de marché ou des risques sectoriels.

• *Les fonds pour risques bancaires généraux (FRBG)*, propres à l'activité bancaire, sont des provisions pour risques sans affectation déterminée, en dérogation de la règle comptable selon laquelle toute provision compense un événement à survenance probable et un risque identifié. Les FRBG sont d'une nature ambiguë : à la fois provision, donc charge déductible et constitués par décision des dirigeants de la banque sans approbation par l'assemblée générale des actionnaires, mais aussi réserves car sans affectation précisée ; et rappelons que les FRBG font partie des fonds propres réglementaires. On soulignera également que les FRBG ne sont pas des passifs identifiables au sens de la réglementation comptable relative aux comptes consolidés et, qu'en conséquence, ils sont ajoutés aux fonds propres du bilan consolidé.

Les autres postes enregistrent les ressources stables de l'établissement de crédit au sein desquelles on distingue :

• Les capitaux propres hors FRBG, sous-total des postes 11 à 17, composés des capitaux propres au sens habituel du terme, y compris les provisions réglementées, et pour donner une vue complète des provisions constituées par une banque, indiquons qu'elles sont notamment constituées des provisions sur opérations de crédit à moyen et long terme ;

• *Les dettes subordonnées* (poste 8) comprennent non seulement les émissions de titres avec clause de subordination qui font partie des fonds propres réglementaires, mais également les dépôts de garantie à caractère mutuel.

Quant aux postes 5 et 6, ils sont symétriques des postes d'actifs de même nature et enregistrent le cas échéant les primes d'options vendues (poste 5) et la contrepartie des pertes constatées au compte de résultat sur engagements de hors bilan et instruments financiers dérivés.

1.6 Le hors bilan

Le hors bilan est un ensemble de comptes annexés au bilan qui retrace les engagements futurs ou virtuels d'une banque ne donnant pas lieu à un flux de trésorerie. Il s'agit d'un document très significatif car de nombreuses opérations de banque donnent naissance à des engagements qui ne figurent pas au bilan mais qui mettent en risque l'établissement de crédit. Les banques doivent donc tenir une comptabilité d'engagements sur les comptes de la classe 9 mais qui ne sont repris que partiellement dans le hors bilan publiable.

Le hors bilan publiable distingue *les engagements donnés et les engagements reçus* en les décomposant en :

© Dunod – Toute reproduction non autorisée est un délit.

– engagements de financement comme les confirmations de crédit ou les lignes de substitution des billets de trésorerie ;
– engagements de garantie ainsi les cautions et avals ;
– engagements sur titres comme les titres achetés ou vendus avec faculté de reprise.

Le hors bilan publiable, en application des directives européennes, ne reprend pas les opérations à terme et conditionnelles sur instruments financiers et devises qui à l'évidence donnent naissance à des engagements dont les montants sont indiqués en annexe.

2 Le compte de résultat

Le compte de résultat des établissements de crédit enregistre les flux annuels de produits et de charges en liste et fait apparaître des soldes intermédiaires de gestion.

2.1 Le Produit net bancaire

Le Produit net bancaire (PNB et poste 14) se calcule par différence entre les produits d'exploitation bancaire et les charges d'exploitation bancaire qui sont des produits et charges issus des opérations de banque habituelles : opérations de trésorerie et interbancaires, opérations avec la clientèle et opérations sur titres. On peut distinguer trois composantes au sein de ce PNB.

• La composante « *Intérêts* » : à l'occasion de son activité d'intermédiaire financier avec la clientèle comme sur les marchés, un établissement de crédit perçoit des revenus de type « intérêts » (postes 1, 3,5 et 7), même s'il s'agit de loyers pour les sociétés de crédit bail ou de dividendes du fait de la détention de titres à revenu variable, et supporte des charges de même nature (postes 2,4 et 6). Comme sont enregistrés dans ces rubriques, en produits, les intérêts sur créances douteuses ayant fait l'objet de provisions ou s'avérant irrécupérables, les dotations et reprises de provisions, ainsi que les pertes définitives, sont imputées sur les produits correspondant, et ce afin de neutraliser l'incidence de ces opérations sur le PNB.

• La composante « *Commissions* » : les commissions sont la contrepartie de la prestation de services fournis (poste 8) ou utilisés (poste 9) auprès de tiers et en raison de la grande variété des services proposés par les banques à leur clientèle, ces commissions sont très diverses.

• La composante « *Plus ou moins values* » (postes 10 et 11) : à l'occasion d'opérations concernant tant le portefeuille de négociation que le portefeuille de titres de placement, l'établissement de crédit peut constater :
– des plus ou moins values de cession qui sont comptabilisées dans ces postes au même titre que la reprise de provision, le cas échéant, sur titres de placement ;

– des plus ou moins values latentes qui sont directement comptabilisées en valeur de marché pour les titres du portefeuille de négociation, soit provisionnées s'il s'agit de titres de placement.

Les autres produits et charges d'exploitation bancaire (postes 12 et 13) comptabilisent différents éléments issus d'activités accessoires mais relevant de l'exploitation comme par exemple la promotion immobilière.

2.2 Le Résultat brut d'exploitation et le Résultat d'exploitation

• *Le Résultat brut d'exploitation* (poste 17) se calcule à partir du Produit net bancaire dont on retranche :
– les charges générales d'exploitation (poste 15), composées de charges de personnel et d'autres charges externes. Ces charges sont fréquemment appelées frais généraux ;
– les dotations aux amortissements et aux provisions sur immobilisations incorporelles et corporelles (poste 16) et on note une différence de traitement de ces charges par rapport à la comptabilité générale et au calcul de l'Excédent brut d'exploitation, qui inclut toutes les dotations de l'exercice aux comptes d'amortissements et de provisions.

• *Le Résultat d'exploitation* (poste 19). Ce solde intermédiaire de gestion, habituel en comptabilité générale, figure dans le compte de résultat par analogie avec les pratiques étrangères (l'*operating profit* des banques britanniques) et afin de faire ressortir l'impact de la prise de risque sur le résultat. Le Résultat d'exploitation se calcule à partir du Résultat brut d'exploitation dont on retranche le coût du risque (poste 18). Par coût du risque, il faut entendre le risque de contrepartie, car le coût du risque de marché est déjà comptabilisé dans les postes 10 et 11, comme indiqué précédemment.

Aussi, le coût du risque est composé principalement :
– des dotations et reprises pour dépréciation de créances sur la clientèle et établissements de crédit, et de pertes sur créances irrécouvrables, à l'exception toutefois de celles enregistrées dans la composante « intérêts » du Produit net bancaire ;
– des dotations et reprises sur engagements de hors bilan.

2.3 Les autres soldes intermédiaires de gestion

Une fois le résultat de l'activité d'exploitation déterminé avec le Résultat d'exploitation et pour obtenir le Résultat net, c'est-à-dire le résultat de l'exercice, il convient :
– de soustraire les gains et pertes sur actifs immobilisés (poste 20), qui sont les plus ou moins values sur cession d'actifs corporels ou incorporels ou d'immobilisations financières, pour calculer le *Résultat courant avant impôt* (poste 21) ;

© Dunod – Toute reproduction non autorisée est un délit.

– puis de retrancher du Résultat courant avant impôt le *Résultat exceptionnel* (poste 22), l'impôt sur les bénéfices (poste 23) et les dotations et reprises de Fonds pour risques bancaires généraux et provisions réglementées (poste 24) pour connaître le *Résultat net.*

On reviendra, au cours du chapitre 4 sur la signification de ces soldes.

3 L'annexe

L'annexe, troisième document de synthèse, qui ne doit pas être confondu avec le rapport de gestion, n'est pas un document établi selon la méthode comptable comme le bilan ou le compte de résultat. C'est une liste d'informations, indispensable à la compréhension des deux autres documents de synthèse, et qui comprend en gros deux catégories d'informations :

– *les principes comptables et les méthodes d'évaluation retenues*. L'établissement de crédit doit indiquer les méthodes utilisées, justifier les dérogations aux méthodes habituelles et indiquer les changements de méthode d'un exercice à l'autre ;
– *des informations complémentaires sur les postes du bilan et du compte de résultat.* Ces compléments d'information sont plus ou moins détaillés mais les exigences croissantes en matière de qualité de l'information comptable et financière conduisent à une annexe de plus en plus complète en matière de risques de contrepartie et de marché, et de couverture de ces risques sur les marchés dérivés ainsi que de résultats sectoriels.

Aussi, l'annexe est une source d'informations essentielle pour l'analyste financier, avec les positions prises sur les marchés dérivés qui ne figurent pas dans le hors bilan.

Section 3 LES COMPTES CONSOLIDÉS

Les comptes consolidés des établissements de crédit appliquent les normes IFRS depuis le 1er janvier 2005. De ce fait, les dispositions des règlements CRC n° 99-07 relatif aux règles de consolidation ont été rendues compatibles avec ces nouvelles normes. Une recommandation du Conseil national de la comptabilité relative à la présentation des documents de synthèse a été adoptée le 2 juillet 2009, en remplacement d'une recommandation d'octobre 2004, pour que les établissements de crédit puissent l'utiliser pour leurs états financiers établis en normes IFRS.

Ces documents comprennent un bilan consolidé, un compte de résultat consolidé, un tableau de variation des capitaux propres semblable à celui des sociétés ne relevant pas du CCLRF et un tableau des flux de trésorerie nette. Le modèle de bilan et de compte de résultat consolidés figure en fin de chapitre et le tableau des flux de trésorerie nette sera présenté dans le chapitre 4. Les normes IFRS modifient très sensiblement les pratiques comptables françaises sous de nombreux aspects. Ne seront présentés dans cette section que les spécificités de la consolidation des établissements de crédit ainsi que les principaux changements issus des nouvelles normes.

1 Le périmètre et les méthodes de consolidation

Le périmètre de consolidation englobe les sociétés dont les comptes sont consolidés ; il peut être étendu à l'occasion de regroupements d'entreprises.

1.1 Le périmètre de consolidation

Déterminer le périmètre de consolidation constitue la première étape de l'établissement des comptes consolidés. La réglementation comptable française qui a été modifiée afin de tenir compte de la norme IAS 27 devra, à nouveau, être révisée afin de prendre en compte la nouvelle norme IFRS 10 homologuée en décembre 2012 par l'Union européenne. Ces normes définissent le contrôle de façon large : un lien en capital entre entreprise consolidée et entreprise consolidante n'est ni nécessaire ni suffisant pour établir le contrôle. En conséquence, le périmètre de consolidation peut être sensiblement élargi.

1.2 Le cas des entités ad hoc

Une entité *ad hoc*, ou structure dédiée, est une structure juridique créée spécifiquement pour gérer des opérations pour le compte d'une entreprise. Ces structures dénommées montages déconsolidants ont été critiquées à l'occasion de l'affaire Enron en tant que moyen de dissimuler des risques aux yeux des tiers. Elles sont très fréquentes dans le secteur bancaire et elles ont souvent la forme de fonds commun de créances pour les opérations de titrisation ou de *trusts* pour les opérations de défaisance. S'agissant du traitement comptable de ces entités, la nouvelle norme IFRS 10 ne soumet plus ces structures ad hoc à un régime spécifique et applique le même critère du contrôle que pour les filiales.

L'obligation d'avoir un lien en capital pour consolider l'entité *ad hoc* a été supprimée et dès qu'elle est sous contrôle d'un établissement de crédit, une entité *ad hoc* doit être consolidée par intégration globale, le contrôle s'appréciant au cas par cas à

© Dunod – Toute reproduction non autorisée est un délit.

l'issue d'une analyse qui repose sur l'économie d'ensemble de l'opération. Plus précisément, ce contrôle existe si trois conditions cumulatives sont remplies :

– détenir le pouvoir, c'est-à-dire la capacité de diriger les activités pertinentes, sur l'entité ;
– être exposé, de par la participation ou la détention des droits, aux rendements variables de l'entité ;
– pouvoir utiliser ses pouvoirs sur l'entité pour influer sur les rendements.

Ces dispositions conduisent à consolider des entités comme les structures de défaisance et certains OPCVM, notamment dans le cas de fonds dédiés de l'assurance-vie.

1.3 Les regroupements d'entreprises

La norme IFRS 3 sur les regroupements d'entreprises, combinée aux normes IAS 36 sur la dépréciation des actifs et IAS 38 sur les actifs incorporels, induit des changements notables, pour tous types d'entreprises d'ailleurs et pas uniquement pour les banques, dans la comptabilisation des opérations de restructuration, avec l'obligation de recourir à la méthode d'acquisition et d'amortir les survaleurs. La réglementation comptable française autorisait une méthode dérogatoire, dite de mise en commun d'intérêts (*pooling of interests*), qui permettait à l'acquéreur de maintenir les actifs et passifs identifiables acquis à leur valeur comptable. Cette méthode n'est désormais plus autorisée et il convient d'utiliser la méthode d'acquisition, qui évalue les éléments acquis à leur juste valeur, ce qui non seulement fait apparaître les plus values latentes des actifs mais augmente également les capitaux propres. Quant aux survaleurs issues des écarts d'acquisition (*goodwill*), elles ne feront plus l'objet d'un amortissement systématique mais d'un test annuel de dépréciation.

2 Les principes d'évaluation

L'extension du principe d'évaluation en juste valeur à l'ensemble des instruments financiers d'un bilan bancaire, en application des normes IAS 39 et IFRS 7, est sans doute la question qui a soulevé le plus de débats et controverses. La norme IAS 39 a finalement été adoptée par la Commission européenne de façon partielle. Les controverses ont repris à l'occasion de la rédaction de la norme IFRS 9 destinée à remplacer la norme IAS 39. Les projets adoptés en 2009-2010 ont été fortement discutés par les banques et ont été considérés comme insuffisamment compatibles avec les normes américaines ; aussi l'introduction des futures normes IFRS 9 a-t-elle été repoussée à 2015. Ces normes traitent de l'évaluation des actifs et passifs bancaires ainsi que la comptabilisation des opérations de couverture.

2.1 L'évaluation des actifs et passifs bancaires

Le contenu des normes IAS 39 et IFRS 7

La norme IAS 39 définit la juste valeur comme « le montant pour lequel un actif pourrait être échangé, ou un passif éteint, entre parties bien informées, consentantes et agissant dans des conditions de concurrence normale ».

C'est cette juste valeur qui est retenue pour comptabiliser les actifs et passifs lors de leur entrée dans le bilan. Si l'actif ou le passif est négocié sur un marché, la juste valeur est la valeur de marché constatée le jour de l'arrêté.

• La norme IAS 39 concerne :

– la comptabilisation et l'évaluation des instruments financiers. Ses principales innovations par rapport aux pratiques comptables françaises antérieures sont la classification de ces instruments financiers en quatre catégories (voir tableau 3.1), classification qui apparaît dans le modèle de bilan consolidé figurant en fin de chapitre, ainsi que les modalités de dépréciation des actifs financiers déjà présentées ;

– la comptabilisation et l'évaluation des instruments dérivés, y compris les instruments dérivés incorporés dans des contrats classiques ;

– la comptabilisation des opérations de couverture (voir *infra* 3.2.) ;

– les règles à appliquer en cas de sortie du bilan d'actifs ou de passifs financiers (voir *supra* 1.2).

Tableau 3.1 – Les catégories d'instruments financiers selon la norme IAS 39

Catégorie	Définition	Comptabilisation initiale	Arrêté comptable ultérieur
Titres de dette détenus jusqu'à l'échéance (Actifs uniquement)	Titres de dettes à revenu et maturité fixes ne pouvant en aucun cas être revendu avant l'échéance	Juste valeur	Coût amorti
Prêts et créances et passifs (Actifs et passifs)	Actifs et passifs financiers non cotés	Juste valeur	Coût amorti
Actifs et passifs évalués en juste valeur par résultat	Instruments financiers détenus pour être vendus ou rachetés y compris les instruments dérivés	Juste valeur	Juste valeur en résultat
Actifs disponibles à la vente (Actifs uniquement)	Actifs n'entrant pas dans l'une des trois catégories précédentes	Juste valeur	Juste valeur en capitaux propres ou en résultat si dépréciation durable

Lorsque la juste valeur est comptabilisée en résultat, cela signifie que les variations de valeur positives ou négatives des instruments financiers sont enregistrées dans le compte de résultat de l'exercice qui les constate. Lorsqu'elle est comptabi-

© Dunod – Toute reproduction non autorisée est un délit.

lisée en capitaux propres, les variations de valeur des actifs sont imputées directement sur les capitaux propres. Le coût amorti (à ne pas confondre avec le coût historique) consiste à pratiquer sur un instrument financier un amortissement actuariel basé sur les *cash flows* futurs engendrés par cet instrument.

Le cas échéant, les dépréciations sont prises en compte.

La principale différence entre la norme IAS 39 et les normes françaises est l'extériorisation des plus ou moins values latentes pour tous les instruments évalués en juste valeur par résultat et les actifs disponibles à la vente. L'encadré ci-après indique l'impact du changement de méthode d'évaluation d'un portefeuille de titres de placement sur les capitaux propres.

Focus

Impacts prudentiels des effets de la réévaluation des portefeuilles de titres de placement et assimilés selon les normes IAS

Hypothèses : Les titres de placement sont acquis en t_0 pour 1 000. Leur valeur de marché est de 1 700 à la date t_1, 1 200 à la date t_2 et 900 à la date t_3.

Dans le référentiel IFRS (norme IAS 39), les plus et moins-values latentes sont enregistrées au choix en compte de résultat ou directement en capitaux propres. En comptabilité française, seules les moins-values latentes font l'objet d'une provision en résultat.

	Valeur du portefeuille de titres de placement				Variations annuelles des capitaux propres ou du résultat			
	to	t1	t2	t3	to	t1	t2	t3
Normes françaises	1 000	1 000	1 000	900	0	0	0	−100
Normes IAS	1 000	1 700	1 200	900	0	700	−500	−300
Écarts normes françaises et IAS	0	700	200	0	0	700	−500	−200
	Sur la valorisation des actifs				**Sur les capitaux propres**			
Impact du changement des normes comptables →	0	+700	+200	0	0	+700	+200	0

Le changement de mode d'évaluation impacte symétriquement la valeur des actifs et celle des capitaux propres.

Source : Rapport 2002 de la Commission bancaire.

L'IASB envisagerait, dans le cadre de la future norme IFRS 9, de simplifier cette classification des instruments financiers en deux catégories suivant que les titres sont détenus en vue d'en collecter les revenus ou en vue d'une cession prochaine. Ils seraient alors soumis dans le premier cas au cout amorti et, dans le second cas, à la juste valeur par résultat.

La norme IFRS 7, quant à elle, est entrée en vigueur au 1er janvier 2007 et remplace ou complète les normes IAS 30 et IAS 32. Elle traite des informations à fournir sur les instruments financiers. L'objectif de cette norme est de permettre une meilleure évaluation de l'importance des instruments financiers sur le bilan et le compte de résultat des banques et des risques qui en découlent.

La norme IFRS 7 impose ainsi :

- qu'il soit apporté des précisions dans l'annexe sur le mode de détermination de la juste valeur et que des indications en juste valeur soient fournies s'agissant des instruments évalués au coût historique ou amorti ;
- que soient précisées les procédures d'évaluation des risques mises en place, que soient évaluées les concentrations des risques et que soient apportées des données sur les risques de crédit, de marché ou de liquidité pris. Il est, par exemple, demandé, pour le risque de liquidité, que soit présenté un échéancier des flux de trésorerie ou, pour le risque de crédit, que soit établie une analyse de sensibilité par rapport à des sous-jacents.

Les critiques adressées à la norme IAS 39 et son adaptation à la crise financière de 2007-2008

La publication en 1998 par l'IASB de la norme IAS 39 et sa perspective d'introduction dans le référentiel comptable européen a provoqué d'innombrables débats, car la profession bancaire comme les organes de tutelle ont formulé plusieurs critiques à l'encontre de l'évaluation des instruments financiers en juste valeur. La première souligne que l'intermédiation traditionnelle de bilan repose sur une relation de long terme entre la banque et son client, déposant ou emprunteur, et que les informations collectées à cette occasion n'étant pas divulguées, elles ne peuvent être évaluées par les marchés sur lesquels les dépôts et les crédits ne se négocient pas. En second lieu, la juste valeur modifierait l'offre de crédit des banques européennes. En Europe, les crédits sont accordés principalement à taux fixe à long terme alors qu'aux États-Unis, les banques prêtent à court terme (crédits à la consommation) et à taux variables. La juste valeur, en répercutant à la fois la performance économique du portefeuille d'intermédiation et la performance financière de la banque grâce à sa gestion actif-passif, peut engendrer une couverture du risque de taux plus élevée dont les banques tireront la conséquence en privilégiant les crédits à plus court terme et à taux variable. Mais surtout la juste valeur, en extériorisant à chaque arrêté comptable les plus ou moins values, rend le résultat et les capitaux propres des banques très dépendants des fluctuations des marchés et contribue à accroître leur volatilité, compliquant ainsi la tâche des superviseurs comme l'exercice de la discipline de marché, ce qui est en contradiction avec l'objectif de stabilité des systèmes bancaires. Aussi, les superviseurs ont mis en place des retraitements appelés filtres

© Dunod – Toute reproduction non autorisée est un délit.

prudentiels qui corrigent les valorisations issues de la norme IAS 39 pour la détermination des fonds propres.

Ces critiques ont trouvé leur bien fondé à l'occasion de la crise financière de 2007-2008 lorsque les banques de tous les pays ont affiché des pertes monumentales en raison de dépréciations d'actifs évalués en application de la norme IAS 39. Aussi, lors de la réunion à Paris en octobre 2008 des principaux dirigeants de l'Union européenne, il a été décidé d'amender la norme IAS 39 de deux façons. D'une part, la classification des instruments financiers est assouplie et permet le transfert d'un actif évalué en juste valeur vers des catégories évaluées en coût amorti. En 2008, les groupes bancaires français ont ainsi pu procéder à un reclassement de certains actifs financiers. D'autre part, il n'est plus obligatoire de comptabiliser pour une valeur nulle les instruments financiers pour lesquels les négociations sont interrompues. La question est toujours en débat.

2.2 La comptabilisation des opérations de couverture

La norme IAS 39 introduit des changements notables par rapport à la réglementation comptable française en vigueur dans la comptabilisation des opérations de couverture. Trois types de couverture, qui seraient d'ailleurs reconduits par la future norme IFRS 10, sont distingués : la couverture de juste valeur (*fair value hedge)* qui protège contre le risque de variation du prix d'un actif ou un passif ; la couverture des flux de trésorerie futurs (*cash flow hedge)* qui protège contre une évolution adverse d'opérations ou de revenus futurs ; la couverture d'un investissement net qui protège d'un risque de change sur une filiale étrangère. La comptabilisation des opérations de couverture, qui diffère d'un type de couverture à l'autre, est admise uniquement si certains critères (démontrer le lien entre élément couvert et couverture, ainsi que l'efficacité de la couverture, par exemple) sont respectés. Enfin, seuls les instruments dérivés peuvent être utilisés comme instruments de couverture, sauf les actifs et passifs financiers libellés en devises qui peuvent couvrir un risque de change. Il résulte de ces dispositions une conséquence importante : comme tous les instruments dérivés sont enregistrés au bilan pour leur juste valeur, les évolutions adverses de l'élément couvert comme de l'instrument de couverture se répercuteront immédiatement sur le résultat et les capitaux propres de l'établissement de crédit, amplifiant ainsi leur volatilité.

Annexe 1 – Modèles d'états de synthèse : comptes individuels

BILAN

	ACTIF	N	N–1		PASSIF	N	N–1
1	Caisse, banques centrales, CCP			1	Banques centrales, CCP		
2	Effets publics et valeurs assimilées			2	Dettes envers les établissements de crédit		
3	Créances sur les établissements de crédit			3	Opérations avec la clientèle		
4	Opérations avec la clientèle			4	Dettes représentées par un titre		
5	Obligations et autres titres à revenu fixe			5	Autres passifs		
6	Actions et autres titres à revenu variable			6	Comptes de régularisation		
7	Participations et autres titres détenus à long terme			7	Provisions pour risques et charges		
8	Parts dans les entreprises liées			8	Dettes subordonnées		
9	Crédit-bail et location avec option d'achat [1]			9	Fonds pour risques bancaires généraux (FRBG)		
10	Location simple [2]			10	Capitaux propres hors FRBG		
11	Immobilisations incorporelles			11	Capital souscrit		
12	Immobilisations corporelles			12	Primes d'émission		
13	Capital souscrit non versé			13	Réserves		
14	Actions propres			14	Écart de réévaluation		
15	Autres actifs			15	Provisions réglementées et subventions d'investissement		
16	Comptes de régularisation			16	Report à nouveau (+/–)		
				17	Résultat de l'exercice (+/–)		
	Total de l'actif				Total du passif		

1. à servir uniquement par les établissements exerçant une activité de crédit-bail à titre principal ou de façon significative.

2. à servir uniquement par les établissements exerçant une activité de location simple à titre principal ou de façon significative.

HORS BILAN

		N	N–1
	Engagement donnés		
1	Engagements de financement		
2	Engagements de garantie		
3	Engagements sur titres		
	Engagements reçus		
4	Engagements de financement		
5	Engagements de garantie		
6	Engagements sur titre		

© Dunod – Toute reproduction non autorisée est un délit.

COMPTE DE RÉSULTAT

		N	N–1
1	+ Intérêts et produits assimilés		
2	– Intérêts et produits assimilés		
3	+ Produits sur opérations de crédit-bail et assimilées		
4	– Charges sur opérations de crédit-bail et assimilées		
5	+ Produits sur opérations de location simple		
6	– Charges sur opérations de location simple		
7	+ Revenus des titres à revenu variable		
8	+ Commissions (produits)		
9	– Commissions (charges)		
10	+/– Gains ou pertes sur opérations des portefeuilles de négociation		
11	+/– Gains ou pertes sur opérations des portefeuilles de placement assimilés		
12	+ Autres produits d'exploitation bancaire		
13	– Autres charges d'exploitation bancaire		
14	PRODUIT NET BANCAIRE		
15	– Charges générales d'exploitation		
16	– Dotations aux amortissements et aux provisions sur immobilisations incorporelles et corporelles		
17	RÉSULTAT BRUT D'EXPLOITATION		
18	– Coût du risque		
19	RÉSULTAT D'EXPLOITATION		
20	+/– Gains ou pertes sur actifs immobilisés		
21	RÉSULTAT COURANT AVANT IMPÔT		
22	+/– Résultat exceptionnel		
23	– Impôt sur les bénéfices		
24	+/– Dotations/Reprises de FRBG et provisions réglementées		
25	RÉSULTAT NET		

Annexe 2 – Modèles d'états de synthèse : comptes consolide

BILAN

	ACTIF	N	N–1		PASSIF	N	N–1
1	Caisse, banques centrales			1	Banques centrales		
2	Actifs financiers à la juste valeur par résultat			2	Passifs financiers à la juste valeur par résultat		
3	Instruments dérivés de couverture			3	Instruments dérivés de couverture		
4	Actifs financiers disponibles à la vente			4	Dettes envers les établissements de crédit		
5	Prêts et créances sur les établissements de crédit			5	Dettes envers la clientèle		
6	Prêts et créances sur la clientèle			6	Dettes représentées par un titre		
7	Écart de réévaluation des portefeuilles couverts en taux			7	Écart de réévaluation des portefeuilles couverts en taux		
8	Actifs financiers détenus jusqu'à l'échéance			8	Passifs d'impôts courants		
				9	Passifs d'impôts différés		
9	Actifs d'impôts courants			10	Comptes de régularisation et passifs divers		
10	Actifs d'impôts différés						
11	Comptes de régularisation et actifs divers			11	Dettes liées aux actifs non courants destinés à être cédés		
12	Actifs non courants destinés à être cédés			12	Provisions techniques des contrats d'assurance		
13	Participation aux bénéfices différée			13	Provisions comptabilisées directement en capitaux propres		
14	Participation dans les entreprises mises en équivalence			14	Dettes subordonnées		
15	Immeubles de placement			15	Capitaux propres		
16	Immobilisations corporelles			16	Capitaux propres part du groupe		
17	Immobilisations incorporelles			17	Capital et réserves liées		
18	Écarts d'acquisition			18	Réserves consolidées		
				19	Gains ou pertes		
				20	Résultat de l'exercice		
				21	Intérêts minoritaires		
	Total de l'actif				Total du passif		

© Dunod – Toute reproduction non autorisée est un délit.

COMPTE DE RÉSULTAT

		N	N–1
1	+ Intérêts et produits assimilés		
2	– Intérêts et produits assimilés		
3	+ Commissions (produits)		
4	– Commissions (charges)		
5	+/– Gains ou pertes nets sur instruments financiers à la juste valeur par résultat		
6	+/– Gains ou pertes nets sur actifs financiers disponibles à la vente		
7	+ Produits des autres activités		
8	– Charges des autres activités		
9	PRODUIT NET BANCAIRE		
10	– Charges générales d'exploitation		
11	– Dotations aux amortissements et aux provisions pour dépréciation des immobilisations incorporelles et corporelles		
12	RÉSULTAT BRUT D'EXPLOITATION		
13	– Coût du risque		
14	RÉSULTAT D'EXPLOITATION		
15	+/– Quote-part du résultat net des entreprises mises en équivalence		
16	+/– Gains ou pertes nets sur autres actifs		
17	– Variations de valeur des écarts d'acquisition		
18	RÉSULTAT AVANT IMPÔT		
19	– Impôts sur les bénéfices		
20	+/– Résultat net d'impôt des activités arrêtées ou en cours de cession		
21	RÉSULTAT NET		
22	Intérêts minoritaires		
23	RÉSULTAT NET – PART DU GROUPE		
24	Résultat par action		
25	Résultat dilué par action		

L'ESSENTIEL

• Les établissements de crédit sont assujettis à un plan comptable qui leur est propre, le PCEC. En raison de l'adoption par le référentiel comptable européen des normes IFRS, le 1er janvier 2005, la réglementation comptable bancaire connaît des modifications sensibles, notamment en matière d'établissement des comptes consolidés.

• Les destinataires de l'information comptable sont les tiers – actionnaires, marchés, fisc – et l'ACP, mais seuls les documents de synthèse destinés aux tiers sont diffusés dans le public.

• Les documents de synthèse annuels comprennent un bilan, un compte de résultat et une annexe, selon des modèles individuels ou consolidés propres aux établissements de crédit.

• La principale modification introduite par les normes IFRS, et notamment la norme IAS 39, est une extension de l'utilisation de la juste valeur pour les instruments financiers, ce qui peut induire une plus grande volatilité des capitaux propres et rendre moins lisible l'information comptable, comme on a pu le constater à l'occasion de la crise financière de 2007-2008.

Chapitre 4

Le diagnostic financier d'une banque

SOMMAIRE

Ce n'est véritablement qu'avec le développement des marchés de capitaux et la privatisation des banques que le diagnostic financier de banque est apparu indispensable en France aux yeux des banquiers et de la tutelle. Toutes les grandes banques françaises sont cotées en Bourse et celles qui ne le sont pas en raison de leur statut coopératif cherchent à s'y introduire, et toutes, quel que soit leur statut, empruntent sur les marchés et se font noter. Une méthodologie de l'analyse financière de banque s'est donc développée, s'enrichissant au fil des années en phase avec l'amélioration de l'information comptable et financière, mais aussi en se compliquant en raison des concentrations et restructurations qui affectent l'ensemble du secteur bancaire. L'adoption des normes IFRS homogénéise l'information des analystes financiers et facilite les comparaisons, mais elle modifie également les instruments d'analyse financière qui doivent s'adapter à ces nouvelles règles dont la finalité, on le rappelle, est une meilleure qualité de l'information financière à destination de ses utilisateurs.

Ce chapitre, dans lequel l'optique de l'analyse externe s'appuyant principalement sur les informations comptables pluriannuelles est adoptée, s'attachera successivement au diagnostic financier de l'activité et à l'équilibre financier, des risques et de la rentabilité.

Section 1 LE DIAGNOSTIC DE L'ACTIVITÉ ET DE L'ÉQUILIBRE FINANCIER

Ce terme d'activité doit être pris au sens large et conduit l'analyste à s'intéresser aux principales caractéristiques de l'établissement de crédit, aux opérations qu'il accomplit et à l'équilibre financier qui en découle.

1 Les principales caractéristiques de l'établissement de crédit

Dans une première approche, il convient de situer la banque au sein du secteur bancaire en mettant en évidence ses caractéristiques saillantes.

1.1 La taille

Pour l'analyste financier, la taille de la banque importe car les banques de grande taille sont considérées comme moins fragiles que celles de petite taille et plusieurs indicateurs peuvent être utilisés.

Le total de bilan

C'est en général l'indicateur retenu pour désigner la taille d'une banque. C'est un indicateur logique car le bilan d'une banque reflète bien l'intensité des relations avec la clientèle et avec les marchés par le biais des opérations clientèle et sur titres. Comme le total de bilan est fréquemment utilisé pour les classements et comparaisons, les banquiers veillent, souvent par des opérations de croissance externe, à demeurer dans le peloton de tête des banques de grande taille. Le tableau 4.1 indique les six plus grandes banques françaises en termes de total de bilan.

C'est un indicateur qui comporte toutefois des limites si on omet de tenir compte du hors bilan. De nombreuses opérations de banque figurent au hors bilan, engagements de financement ou garanties, et il est courant de constater que le hors bilan s'élève à plusieurs fois le montant du bilan. La prise en compte par les normes IFRS des instruments dérivés atténue la portée de cette critique.

Le montant des capitaux propres comptables

Cet indicateur reflète l'assise financière de la banque et son aptitude à supporter des risques même si la définition comptable des fonds propres ne correspond pas à la définition réglementaire (tableau 4.1).

Tableau 4.1 – Fonds propres et total de bilan de 6 groupes bancaires français (en milliards d'euros et au 31.12.2011)

Groupe	Fonds propres (Tier 1)	Total de bilan
BNP Paribas	70,9	1 965,3
Crédit Agricole	62,0	1 879,5
Société générale	37,5	1 181,4
BPCE	41,3	1 138,4
Crédit mutuel	27,7	605,1
La banque postale	4,5	185,7

Source : Les rapports annuels.

La capitalisation boursière

Avec la capitalisation boursière, l'accent est mis sur la valeur de la banque telle que les marchés l'apprécient à une date donnée et sur sa puissance financière. Ces deux indicateurs, capitaux propres et capitalisation boursière, sont fréquemment utilisés pour les comparaisons internationales.

En valeur de marché, parmi les dix premiers établissements on dénombre, au 13 avril 2012, quatre banques chinoises (ICBS, China construction Bank, Agricultural Bank of China et Bank of China), quatre banques américaines (Wells Fargo, JP Morgan Chase, Citigroup, Bank of America) et HSBC dont le siège est au Royaume-Uni. Le premier établissement français, BNP-Paribas, est en 26e position avec une capitalisation de 49.39 milliards de dollars contre 240 milliards pour la première banque, ICBS.

Le tableau 4.2 illustre les impacts des crises financières sur la capitalisation boursière des établissements de crédit européens.

© Dunod – Toute reproduction non autorisée est un délit.

Tableau 4.2 – Capitalisation boursière des banques européennes (en milliards d'€)

	Valeur de marché au 03.10.2012	Rang	Valeur de marché au 31/12/07	Rang
HSBC	134 145	1	133 176	1
Banco Santander	58 165	2	85 079	2
BNP Paribas	47 980	3	62 373	3
Standard Chartered	43 164	4	32 852	14
Royal Bank of Scotland	36 733	5	45 686	7
UBS	35 422	6	41 159	8
Barclays	33 961	7	40 227	11
BBVA	33 256	8	56 358	10
Nordea Bank	31 300	9	28 693	15
Deutsche Bank	29 112	10	40 993	9
Crédit suisse	26 619	11	40 416	10
Intesa Sanpaolo	20 296	12	61 221	4
Unicredito Italiano	19 337	13	60 989	5
Société générale	16 894	14	38 990	12
Crédit Agricole	14 401	15	35 277	13

Source : Exane.

1.2 La géographie du capital

Elle doit être examinée en amont comme en aval. En amont, l'analyste financier prend en considération le statut juridique de l'établissement de crédit, société commerciale ou société à statut mutualiste ou coopératif. Dans le cas d'une société commerciale, il est nécessaire d'examiner la qualité des propriétaires de la banque. Qui sont les principaux actionnaires et quelle est leur surface financière ? Quel pourcentage de capital est réparti dans le public ? L'actionnariat salarié est-il significatif ?

En aval, c'est la question de l'organisation de la banque sous forme de groupe et de la nécessité de procéder à des analyses sur une base consolidée, ce qui implique d'examiner attentivement :

– le périmètre de consolidation d'un exercice à l'autre ;
– les participations dont l'activité principale ne prolonge pas celle de l'établissement de crédit et qui ne sont pas reprises dans le bilan consolidé ;
– le mode d'amortissement des écarts d'acquisition, qui a un impact considérable sur le résultat.

Ces informations renseignent à la fois sur la vulnérabilité de la banque, ses risques non consolidés, son éventuel renflouement en cas de difficulté, et sur les possibilités de changement de contrôle.

1.3 Les métiers exercés

La diversité des métiers de la banque a déjà été soulignée et on rappelle que quatre grands métiers ont été distingués dans l'activité bancaire : la banque de détail, la banque de financement et d'investissement, la gestion d'actifs et les services financiers spécialisés. Il importe de repérer leur importance respective dans le portefeuille d'activité ainsi que leur répartition géographique pour mettre en évidence l'exposition internationale de la banque. Ces informations sont aisément accessibles dans les rapports annuels et dans l'annexe mais au-delà de leur description, une analyse plus fine peut être menée à partir du bilan de la banque concernée.

Le bilan, indicateur de métier

Lorsque le métier exercé relève de l'intermédiation financière et non de la prestation de services, il est reflété par la structure de bilan, comme le tableau 4.3 le montre clairement. Ce tableau reprend les opérations de banque regroupées selon les deux grands types d'intermédiation financière, intermédiation de bilan et intermédiation de marché, de trois banques à métier différent.

Tableau 4.3 – Le bilan et les métiers de la banque (en %)

Actif				Passif			
	Banque A	Banque B	Banque C		Banque A	Banque B	Banque C
Opérations avec la clientèle	34,0	50,0	8,2	Opérations avec la clientèle	31,5	6,6	5,8
Opérations de marché	59,7	37,8	75,8	Opérations de marché	58,9	81,2	75,7
Immo-bilisations	6,3	12,2	16,0	Provisions et fonds propres	9,6	12,2	18,5

Source : Commission bancaire – Analyses comparatives 2005.

- La banque A est une banque de détail à réseau de guichet et à activité principalement domestique. Si les emplois et ressources de marché prédominent, les emplois et ressources clientèle représentent toutefois plus du tiers du total de bilan, marquant ainsi nettement le rôle joué par l'intermédiation de bilan traditionnelle qui est la caractéristique de ce type de banque.

- La banque B est un établissement spécialisé dans le crédit au logement. Il n'a pas de réseau de guichets et collecte la plupart de ses ressources sur les marchés. Les crédits à la clientèle constituent naturellement la majeure partie de ses emplois.

- La banque C est une banque de marché et c'est donc sur les marchés qu'elle réalise la plupart de ses opérations, qui sont effectuées pour compte propre. C'est une banque sans réseau et les opérations avec la clientèle sont donc peu développées.

© Dunod – Toute reproduction non autorisée est un délit.

Le bilan et l'activité internationale

L'importance de l'activité internationale de la banque peut être appréhendée par deux indicateurs, le pourcentage des opérations en devises et le pourcentage d'opérations réalisées avec les non-résidents.

2 Les opérations de la banque

Ce sont celles qui sont enregistrées au bilan et au hors bilan qui sont analysées en détail, sachant que les prestations de services comme la gestion d'actifs pour compte de tiers n'y apparaissent pas.

2.1 Les opérations avec la clientèle

Elles méritent un examen attentif car les crédits et les dépôts :
- sont un facteur de stabilité dans un bilan bancaire puisqu'ils reflètent des parts de marché dépendant elles-mêmes de la politique commerciale de la banque. Leur évolution est donc lente ;
- dégagent des marges plus élevées que les opérations de marché et alimentent la composante intérêts du produit net bancaire ;
- les dépôts alimentent la banque en liquidités.

L'analyste va donc s'attacher à :

L'évolution des opérations clientèle

D'un exercice à l'autre, il est instructif de comparer les réalisations de la banque analysée à celles des principaux concurrents et la prise en compte d'indicateurs comme le nombre de comptes ouverts complète l'étude. Dans la banque de détail, le nombre moyen de produits vendus par client donne également une bonne mesure du développement des opérations clientèle de la banque de détail.

La structure des crédits et des dépôts

Elle est étudiée sous plusieurs aspects :
- la répartition des crédits par échéance ou par nature sans oublier que le bilan indique des valeurs nettes de provisions ;
- la répartition des dépôts entre dépôts à vue (non ou faiblement rémunérés) et dépôts d'épargne dont la rémunération évolue en fonction des conditions de marché ;
- la part des opérations avec la clientèle réalisée à l'international.

2.2 Les opérations de marché

Selon la présentation du tableau 4.3, elles regroupent les opérations de trésorerie et interbancaires et les opérations sur titres.

Les opérations de trésorerie et interbancaires

Au-delà de la présentation du bilan comptable qui ventile ces opérations par contrepartie, l'analyste doit s'efforcer d'apprécier :

• Le support de ces opérations car il convient de distinguer les prêts et emprunts « en blanc » et les prêts et emprunts contre effets ou titres. Les opérations en blanc sont moins chères à gérer que les opérations contre effets ou titres et de surcroît, elles indiquent que la banque jouit d'une signature reconnue sur le marché interbancaire.

• La finalité de ces opérations. Deux motifs conduisent une banque à effectuer des opérations de trésorerie et interbancaires : l'apurement de la situation de trésorerie d'où des opérations en général à court terme ; les relations financières entre établissements de crédit d'un même groupe. Dans un cas comme dans l'autre, ces prêts et emprunts sont consentis à taux variable et la marge perçue est peu sensible aux variations de taux d'intérêt.

Les opérations sur titres

Dans la plupart des banques, ces opérations représentent la part la plus importante du bilan avec au passif, les émissions de titres de créances négociables et d'obligations et à l'actif, le portefeuille-titres ventilé entre titres à revenu variable et titres à revenu fixe ou entre actifs financiers à la juste valeur par résultat, disponibles à la vente ou détenus jusqu'à l'échéance selon le modèle de bilan étudié. On notera que les titres faisant l'objet de pension livrée ne sont pas signalés, alors que les pensions livrées se sont sensiblement développées depuis l'instauration en France d'un cadre juridique adéquat.

Les opérations de marché, trésorerie ou titres, ont en commun des coûts et des rendements bien corrélés avec les évolutions de taux, d'où une marge d'intérêts étroite. Elles sont moins stables que les opérations avec la clientèle.

Les engagements de hors bilan

Ils doivent également être examinés avec attention en distinguant les engagements figurant au hors bilan comptable, relevant principalement d'engagements de financement et de garantie vis-à-vis de la clientèle, et les engagements sur marchés dérivés indiqués dans l'annexe. Dans un cas comme dans l'autre, ces engagements sont source de risques que l'analyste s'efforcera de distinguer, entre risques de crédit ou risques de marché.

© Dunod – Toute reproduction non autorisée est un délit.

Mais en définitive, *on doit souligner la signification limitée d'un bilan bancaire principalement sous sa forme consolidée.* Les métiers sont mêlés sur de mêmes lignes, les actifs gérés pour compte de tiers n'y figurent pas, les risques de crédit et de taux n'apparaissent pas et le hors bilan est incomplet. On mesure mieux tout l'intérêt de l'annexe et du rapport de gestion.

3 L'équilibre financier

Les analyses précédentes centrées sur les opérations peuvent faire l'objet d'une approche plus synthétique, en appréciant l'ajustement des ressources et des emplois de la banque, soit pour un exercice donné, soit de façon plus dynamique dans le cadre de tableaux de flux de trésorerie.

3.1 Les équilibres partiels du bilan

À partir du bilan regroupé selon le tableau 4.3, trois soldes peuvent être calculés.

Le solde des opérations avec la clientèle

Ce solde se calcule en comparant les opérations clientèle de l'actif et du passif. Une banque est soit :
– prêteuse nette en capitaux clientèle si les emplois excèdent les ressources (banque B) ;
– emprunteuse nette en capitaux clientèle si les ressources excèdent les emplois.

Le solde des opérations de marché

Ce solde se calcule en comparant les opérations de marché de l'actif et du passif. Une banque est soit :
– prêteuse nette sur les marchés si les emplois excèdent les ressources (banque A et banque C) ;
– emprunteuse nette sur les marchés si les ressources excèdent les emplois (banque B).

Le solde des capitaux permanents sur les immobilisations

Ce solde qui est en général positif peut être appelé « fonds de roulement » comme en finance d'entreprise.

Avec le calcul de ces soldes, on peut mettre en évidence les équilibres partiels entre emplois et ressources de même nature. Menée sur plusieurs exercices, cette analyse permet de saisir les modifications de ces équilibres, contraintes ou voulues. De même, les interactions entre les grandes masses du bilan sont soulignées et on peut ainsi constater que le fonds de roulement n'occupe pas pour une banque la place centrale que lui assigne la finance d'entreprise. Il n'a pas pour autant un rôle d'appoint car l'accroissement des provisions (FRBG) et fonds propres a sensiblement conforté les capitaux permanents des banques. Néanmoins, l'équilibre financier d'une banque se réalise davantage par la compensation des opérations de marché et des opérations clientèle et ce sont les opérations de marché qui en raison de leur plus grande flexibilité ajustent les opérations avec la clientèle : une banque prêteuse nette clientèle compense son insuffisance de ressources clientèle par des emprunts sur les marchés (banque B).

3.2 Les tableaux de flux de trésorerie

La finance d'entreprise a développé des tableaux de flux de trésorerie comme instruments d'analyse financière qui ont, d'ailleurs, été rendus obligatoires pour les comptes consolidés dès 1999, mais la réglementation comptable bancaire n'avait pas repris cette obligation. Les normes IFRS prévoyant la présentation d'un tableau de flux de trésorerie (*cash flow statement*) pour toutes sociétés, les établissements de crédit sont désormais astreints à l'élaboration d'un tel document.

Comme on le sait, un tableau de flux de trésorerie récapitule les flux de trésorerie (encaissements et décaissements) d'un exercice et explique les variations constatées entre la trésorerie d'ouverture et la trésorerie de clôture définies au sens large, puisque les équivalents de trésorerie sont constitués par les placements à court terme transformables rapidement et sans risque élevé de perte de valeur en liquidités. L'aptitude d'une banque à sécréter de la trésorerie constitue un indicateur de performance car elle renseigne sur la capacité à distribuer des dividendes, de prévenir les difficultés financières et de mener à bien des opérations de croissance externe. Le modèle de tableau de flux de trésorerie présenté dans le tableau 4.4 est celui préconisé par le Conseil national de la comptabilité dans sa recommandation du 2 juillet 2009 relative aux formats des documents de synthèse conformes aux normes IFRS des établissements de crédit.

Ce tableau classe les flux de trésorerie selon trois activités :

- les activités opérationnelles définies en quelque sorte par défaut car elles sont autres que les activités d'investissement et de financement. La méthode indirecte, appelée également méthode additive, est utilisée, à l'instar du tableau de flux de trésorerie de l'Ordre des experts comptables de la comptabilité générale, avec un flux net de trésorerie généré par l'activité opérationnelle calculé à partir du résultat net corrigé par l'élimination des charges et produits sans incidence sur la trésorerie ou non liés à l'activité opérationnelle. Grâce à ce flux de trésorerie, la banque peut investir, rémunérer ses actionnaires et rembourser ses créanciers ;
- les activités d'investissement correspondent aux acquisitions et cessions d'actifs à long terme et engendrent un besoin de financement ;
- les activités de financement découlent des relations de la banque avec ses actionnaires et ses prêteurs.

© Dunod – Toute reproduction non autorisée est un délit.

Tableau 4.4 – Tableau des flux de trésorerie nette

	N-1	N
Résultat avant impôts +/– Dotations nettes aux amort. des immob. corporelles et incorpor. – Dépréciation des écarts d'acquisition et des autres immobilisations +/– Dotations nettes aux provisions et dépréciations +/– Quote-part de résultat sur sociétés mises en équivalence +/– Perte nette/gain net des activités d'investissement +/– Produits/charges des activités de financement +/– Autres mouvements		
= Total des éléments non monétaires inclus dans le résultat net avant impôts et des autres ajustements		
+/– Flux liés aux opérations avec les établissements de crédit +/– Flux liés aux opérations avec la clientèle +/– Flux liés aux autres opérations affectant des actifs ou passifs financiers +/– Flux liés aux autres opérations affectant des actifs ou passifs non financiers – Impôts versés		
= Diminution/Augmentation nette des actifs et passifs provenant des activités opérationnelles		
Total = Flux net de trésorerie généré par l'activité opérationnelle (A)		
+/– Flux liés aux actifs financiers et aux participations +/– Flux liés aux immeubles de placement +/– Flux liés aux immobilisations corporelles et incorporelles		
Total = Flux net de trésorerie lié aux opérations d'investissement (B)		
+/– Flux de trésorerie provenant ou à destination des actionnaires +/– Autres flux nets de trésorerie provenant des activités de financement		
Total = Flux net de trésorerie lié aux opérations de financement (C)		
Effet de la variation des taux de change sur la trésorerie et équivalent de trésorerie (D)		
Augmentation/diminution nette de la trésorerie et des équivalents de trésorerie (A + B + C + D)		
Trésorerie et équivalents de trésorerie à l'ouverture Caisse, banques centrales, CCP (actif et passif) Comptes (actifs et passifs) et prêts/emprunts à vue auprès des établissements de crédit		
Trésorerie et équivalents de trésorerie à la clôture Caisse, banques centrales, CCP (actif et passif) Comptes (actif et passif) et prêts/emprunts à vue auprès des établissements de crédit		
Variation de la trésorerie nette		

La principale difficulté que l'on rencontre dans l'élaboration d'un tableau de flux de trésorerie est le rattachement d'un flux aux opérations d'exploitation, d'investissement et de financement, car dans la banque il y a une grande imbrication de ces opérations, d'où le caractère arbitraire des classements. Ainsi, dans le tableau des flux de trésorerie nette, il est prévu que certains flux liés aux opérations affectant des actifs ou passifs financiers, donc relevant de l'activité opérationnelle, puissent être rattachés aux opérations de financement ou d'investissement, et qu'inversement des produits et charges liés aux opérations d'investissement et de financement ne soient pas éliminés du résultat avant impôts. Pour autant, l'obligation de présenter un tableau de trésorerie enrichit l'information financière diffusée par les établissements de crédit : avec les nouvelles normes comptables qui risquent d'accroître la volatilité du résultat, les indicateurs conçus à partir des flux de trésorerie seront particulièrement utiles.

Section 2 LE DIAGNOSTIC DES RISQUES

Le diagnostic des risques est la deuxième dimension majeure du diagnostic financier et l'objectif de l'analyste est d'identifier et d'apprécier les risques auxquels un établissement de crédit est exposé. Ces risques ont diverses origines et on distingue fréquemment les risques de l'activité bancaire avec le risque de contrepartie, le risque de liquidité, les risques de marché et les risques communs à toute activité économique avec les risques opérationnels qui englobent les risques de fraude, informatique, juridique, etc. La mauvaise gestion de l'un de ces risques peut alors mettre en cause la pérennité de la firme bancaire, qui insolvable, sera conduite à disparaître.

Dans ce développement, seuls les risques de l'activité bancaire et le risque d'insolvabilité seront étudiés ce qui ne signifie pas que les risques opérationnels doivent être négligés mais l'analyste externe n'est pas bien armé pour les apprécier. Ce diagnostic des risques ne peut d'ailleurs être dissocié de la réglementation prudentielle qui vise à imposer aux banques un comportement de prudence.

1 Le risque de contrepartie

Il s'agit d'un risque inhérent à l'activité d'intermédiation traditionnelle et qui correspond à *la défaillance de la contrepartie sur laquelle une créance ou un engagement est détenu*. De ce fait, la banque subit une perte en capital (créance non remboursée) et en revenu (intérêts non perçus), perte qui est considérablement plus

© Dunod – Toute reproduction non autorisée est un délit.

importante que le profit réalisé sur cette même contrepartie non défaillante. Dans ce risque, également désigné sous l'appellation de risque de crédit ou de risque de signature, on inclura le risque-pays.

L'analyste financier rencontre des difficultés dans l'appréciation de ce risque car les bilans bancaires indiquent des valeurs nettes et, comme on le soulignera plus loin, la définition des crédits compromis ainsi que le jeu des provisionnements rendent les comparaisons malaisées. De plus, la concrétisation du risque de contrepartie peut être étalée sur plusieurs années ce qui introduit un effet d'inertie dans les bilans. En outre, ce risque peut être transféré vers les marchés par des opérations de titrisation ou par le recours aux dérivés de crédit. Les établissements de crédit ayant sensiblement amélioré la qualité de leur information en matière de risque de contrepartie, plusieurs éléments méritent une étude détaillée.

1.1 Le profil de risque

Chaque banque présente un profil de risque de contrepartie qui dépend des métiers exercés et de la nature des engagements. En fonction du ou des métiers exercés, l'exposition au risque de contrepartie diffère. Une banque de détail ne supporte pas le même risque qu'une banque d'investissement ou *a fortiori* une société de gestion d'actifs qui n'est guère concernée par ce type de risque. Une banque à activité internationale et une banque domestique ne présentent pas le même profil de risque.

Ce profil dépend également de la nature des engagements :

- selon le type de crédit accordé, la mobilisation de créances étant jugée moins risquée que les crédits de trésorerie ;
- selon la durée des crédits, les crédits à court terme étant considérés comme moins risqués que les crédits à plus long terme ;
- selon les garanties dont les crédits sont assortis.

1.2 La qualité des emprunteurs

L'analyste financier va s'efforcer d'évaluer l'exposition de la banque au risque de contrepartie en observant trois ratios qu'il sera utile de comparer avec les ratios moyens de la profession :

- *le taux de créances douteuses*, égal au rapport entre les créances douteuses brutes et les créances totales brutes. À titre d'information, on indique que ce taux qui était de 2,84 % à la fin de l'année 2008 pour les établissements de crédit français est en décembre 2011 de 3,54 %.
- *le taux de provisionnement des créances douteuses*, égal au rapport entre les provisions pour créances douteuses et les créances douteuses brutes. À la fin 2011, ce taux est de 53,6 % pour les créances clientèle des établissements de crédit français ;

– *la charge du risque*, égale au rapport entre les dotations annuelles aux provisions pour créances douteuses majorées des pertes sur créances irrécouvrables et les créances douteuses brutes. Si le numérateur de ce ratio est rapporté au produit net bancaire, il mesure alors le coût du risque de contrepartie.

1.3 La division des risques

Au-delà du respect des ratios de division des risques, l'analyste va apprécier la répartition des risques de contrepartie selon les critères adéquats : catégorie de clientèle, types ou objets des crédits à l'instar des crédits à l'habitat, secteur d'activité, zone géographique, notamment pour l'appréciation du risque-pays. Une attention particulière a ainsi été portée, ces dernières années, aux expositions aux dettes souveraines de pays de la zone euro comme la Grèce. L'amélioration de l'information comptable des banques en la matière facilite la tâche de l'analyste car de nombreuses banques communiquent sur la répartition de leurs encours sains et de leurs encours compromis.

1.4 La mesure et le contrôle du risque de contrepartie

À l'invitation des autorités de tutelle et dans la lignée des recommandations du Comité de Bâle, les banques communiquent de façon plus qualitative sur les outils qu'elles mettent en œuvre pour mesurer le risque de contrepartie (*credit scoring*, modèles internes), pour le contrôler et pour le gérer par une allocation des fonds propres adéquate, par des techniques comme la titrisation ou les dérivés de crédit. Le développement des dérivés de crédit incite d'ailleurs les banques à fournir des indications plus détaillées sur les montants des contrats et leur utilisation. Enfin, il est bien certain que l'entrée en vigueur du nouveau ratio de solvabilité homogénéise les systèmes de mesure du risque de contrepartie.

2 Le risque de liquidité

Le risque de liquidité est lié à l'activité d'intermédiation bancaire. Les évolutions des marchés de capitaux, et notamment de la titrisation, montrent cependant l'importance d'une deuxième forme de liquidité, la liquidité de marché, et, partant, d'une nouvelle manifestation du risque de liquidité.

2.1 La manifestation traditionnelle du risque de liquidité

Il s'agit également d'un risque inhérent à l'activité d'intermédiation traditionnelle puisque le terme des emplois est toujours plus long que celui des ressources, surtout

© Dunod – Toute reproduction non autorisée est un délit.

lorsqu'il s'agit de dépôts de la clientèle. *La banque incapable de faire face à une demande massive et imprévue de retraits de fonds émanant de sa clientèle ou d'autres établissements de crédit est dite illiquide* et on a déjà souligné les effets de contagion que l'illiquidité d'un établissement fait peser sur l'ensemble du secteur. La réglementation bancaire encadre ce risque grâce au rapport de liquidité.

L'analyste financier, externe et se plaçant du point de vue d'une banque donnée et non de l'ensemble du secteur, n'est pas à même de mesurer avec précision l'exposition au risque de liquidité car les bilans bancaires ne décomposent pas les actifs et passifs par échéance. Il porte alors son attention sur les points suivants :

- les emplois et ressources sont analysés selon leur liquidité et exigibilité réelles et non juridiques. Ainsi, les dépôts à vue sont souvent plus stables que les dépôts à terme ; les dépôts interbancaires sont plus volatils que les dépôts de la clientèle ; les comptes débiteurs de la clientèle sont souvent des concours plus immobilisés que certains crédits à échéance plus lointaine ;
- la marchéisation des bilans bancaires a modifié le profil du risque de liquidité, en le minorant, car les banques ont dans leur bilan de nombreux supports qui peuvent servir de garantie à l'obtention de liquidités ;
- la qualité de la signature de la banque, telle qu'appréciée par les marchés de capitaux, c'est-à-dire son aptitude à emprunter pour pouvoir honorer ses échéances. En effet, tant que l'établissement de crédit peut renouveler ses emprunts sur les marchés, il ne sera pas illiquide. Et la qualité de la signature de la banque dépend de toute une série de facteurs dont les plus importants sont son actionnariat, son rating et la perception que les marchés ont des risques auxquels elle est exposée.

2.2 Une nouvelle manifestation du risque de liquidité

Avec le développement des opérations de marché dans les bilans bancaires, le risque de liquidité a pris une nouvelle dimension. On sait en effet que sur un marché, les banques interviennent directement pour acheter des titres mais aussi indirectement en finançant les opérateurs de marché que sont les *hedge funds* avec l'activité de *prime brokerage* ou les véhicules de titrisation (les *special investment vehicles*) ; ces financements sont en général à court terme. Simultanément, les banques se financent sur les marchés en émettant des titres et en montant des opérations de titrisation.

Or, il existe une interaction entre la liquidité d'un actif et sa valorisation puisque la liquidité d'un actif se définit par son aptitude à être convertie rapidement en trésorerie sans perte excessive de valeur. En période de fonctionnement normal des marchés, les actifs se négocient quotidiennement et leur prix reflète la valeur actuelle des flux financiers futurs engendrés par chaque actif. Mais en cas de fortes perturbations des marchés, il n'y a plus de contreparties pour acheter les actifs et soit le prix s'effondre, soit l'absence de négociation rend impossible toute valorisation.

Ainsi, l'absence de liquidité des marchés de capitaux déprécie le portefeuille titres de la banque et immobilise les concours à court terme consentis aux opérateurs de marché. Cette manifestation du risque de liquidité a été très présente dans la crise financière en 2007-2008.

3 Les risques de marché

Les risques de marché sont issus d'une évolution défavorable du prix d'un actif en général négocié sur un marché et qui n'a pas comme origine la détérioration de la solvabilité de l'émetteur de l'actif, sinon on est renvoyé au cas du risque de contrepartie.

3.1 Définition des risques de marché

On distingue trois catégories de risque de marché correspondant aux actifs habituellement détenus par une banque[1].

Le risque de taux d'intérêt est issu de la détention de créances et dettes dont la date de modification des taux d'intérêt qui leur sont attachées ne coïncident pas, sachant que pendant ce laps de temps les taux peuvent évoluer à la hausse comme à la baisse. Il se manifeste par deux voies :

- par un effet – prix en raison de la liaison inverse entre le taux d'intérêt et le cours d'un actif de type obligation : la hausse des taux d'intérêt entraîne la baisse des cours des obligations que la banque détient dans son portefeuille-titres ;
- par un effet – revenu si le coût des ressources augmente avec les taux alors que le rendement des emplois est fixe ou moins réactif à la hausse des taux.

EXEMPLE – Le risque de taux dans le cas de deux banques à profil de risque différent

Soient deux banques, A et B, de même taille mais à structure de bilan différente entre d'une part les ressources gratuites (les dépôts à vue) et les ressources à taux variable et de l'autre les emplois à taux fixe (crédits immobiliers ou obligations) et ceux à taux variable (crédits ou titres à taux indexé).

En l'absence de toute gestion du risque de taux (hypothèse simplificatrice), si le taux d'intérêt est de 10 %, la marge d'intérêts de chaque banque est :

MIA = 10 – 7 = 3

MIB = 10 – 5 = 5

© Dunod – Toute reproduction non autorisée est un délit.

1. La question de la mesure des risques de liquidité et de marché est reprise de façon détaillée dans le chapitre 7.

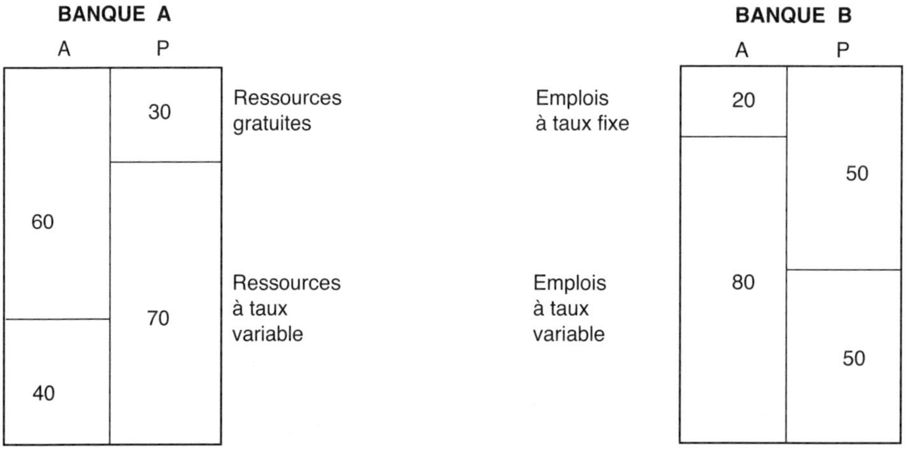

Figure 4.1 – Un exemple simplifié du risque de taux

Si le taux s'élève à 15 %, la marge d'intérêts évolue ainsi :
MIA = (6 + 6 – (10,5) = 1,5
MIB = (2 + 12) – (7,5) = 6,5
En cas de hausse des taux, la banque A a un profil de risque adverse et la banque B un profil de risque favorable. En cas de baisse des taux, on montrerait de la même façon que le profil de risque de la banque A est favorable et celui de la banque B adverse.

Le risque de change résulte d'une évolution défavorable du cours d'une devise dans laquelle la banque détient des créances et dettes.

Le risque de position sur actions est lié à l'évolution défavorable du cours des actions figurant dans le portefeuille-titres de la banque.

3.2 L'évaluation des risques de marché

On observe tout d'abord que la généralisation de l'évaluation comptable en juste valeur répercute très rapidement ces risques sur la situation de la banque et que les retournements de situation peuvent être aussi soudains que les mouvements des marchés. D'autre part, depuis l'introduction des risques de marché dans le ratio de solvabilité, la qualité de la communication financière des banques s'est améliorée et l'analyste dispose désormais d'informations sur :

- le montant des risques assumés qui dans la plupart des cas sont mesurés selon l'approche de la *Value At Risk* (VAR) ;
- l'impact des risques de marché sur la situation patrimoniale et le résultat de l'exercice. Comme on l'a vu précédemment avec la norme IAS 39, les variations de valeur des actifs financiers sont reprises dans le compte de résultat s'il s'agit des actifs évalués à la juste valeur par résultat, ou directement imputées sur les capitaux

propres pour les actifs financiers disponibles à la vente. De ce fait, l'application de cette norme conduit les établissements de crédit à présenter une analyse de l'impact sur leurs fonds propres des gains ou pertes sur actifs financiers disponibles à la vente ;
– les procédures de mesure et de contrôle des risques de marché.

4 Le risque d'insolvabilité

Il concerne la survie de la firme bancaire et il est présenté en dernier car il est en général la conséquence de la manifestation d'un ou plusieurs des risques ci-dessus et que la banque n'a pu prévenir. On constate de même que l'insolvabilité d'une banque débute classiquement par une crise de liquidité car dès que les marchés commencent à se défier d'un établissement sur la foi d'informations vérifiées ou non sur des pertes élevées, celui-ci ne peut plus se refinancer. L'analyse de ce risque repose sur plusieurs facteurs.

4.1 La solidité financière de la banque

Elle dépend du montant des fonds propres qui dans la banque jouent le rôle d'un matelas de sécurité en cas de risques évoluant de façon adverse et imprévue. Les fonds propres comptables apparaissent au passif du bilan mais si des moins-values substantielles ne sont pas extériorisées ou si elles surviennent brutalement, elles s'imputeront sur le montant de ces fonds propres. Par ailleurs, il ne faut pas oublier que le respect des exigences réglementaires ne supprime pas pour autant le risque d'insolvabilité.

4.2 La qualité de l'actionnariat

Les actionnaires de référence jouent un rôle déterminant pour assurer la survie de la banque en difficulté. L'analyste accorde donc la plus grande importance à leur surface financière et aux incitations que les autorités de tutelle pourraient utiliser pour les obliger à faire leur devoir. À cet égard, la banque à actionnariat dispersé (une banque cotée en bourse, par exemple) est plus fragile qu'une banque de groupe.

4.3 La place de l'établissement de crédit dans le système financier

On retrouve l'adage *too big to fail* et il est évident que le risque d'insolvabilité présenté par les banques de grande taille est bien moindre que celui des établissements de petite dimension. Les autorités de tutelle ne permettront pas la faillite d'une grande banque en raison des effets de contagion qui sont à redouter : soit elles

© Dunod – Toute reproduction non autorisée est un délit.

sont la cheville ouvrière d'un plan de redressement, soit elles interviennent en tant que prêteur en dernier ressort.

De ce développement, il ressort que si l'analyste financier peut déterminer le profil de risques d'une banque et repérer les événements qui les concrétiseront, il n'est pas en mesure de diagnostiquer avec précision les pertes éventuelles que les banques supporteront à l'occasion d'événements comme en 2007-2008 lorsque les faillites et les difficultés des banques ont été très mal anticipées. *D'où l'importance du système de contrôle des risques et du niveau des fonds propres qui constituent les meilleurs remparts contre l'insolvabilité.*

Section 3 LE DIAGNOSTIC DE LA RENTABILITÉ

Avec le diagnostic de rentabilité, l'analyste apprécie les résultats réalisés par la banque qui sont le gage de la qualité de sa gestion. Ce diagnostic s'appuie sur des outils qui permettent de mieux cerner la formation du résultat. Il s'attache également à la création de valeur comme mesure de la performance de la firme bancaire.

1 Les outils du diagnostic de rentabilité

Ces outils découlent des informations figurant dans le compte de résultat et donnent lieu à des calculs de soldes, marges et ratios.

1.1 Les soldes intermédiaires de gestion

Avec les soldes intermédiaires de gestion, l'objectif est de procéder à une décomposition analytique du compte de résultat et cette décomposition est effective dans les modèles individuel et consolidé présentés dans le chapitre 3 et repris dans la figure 4.2. Aussi est-ce davantage la signification de ces soldes qui va retenir l'attention.

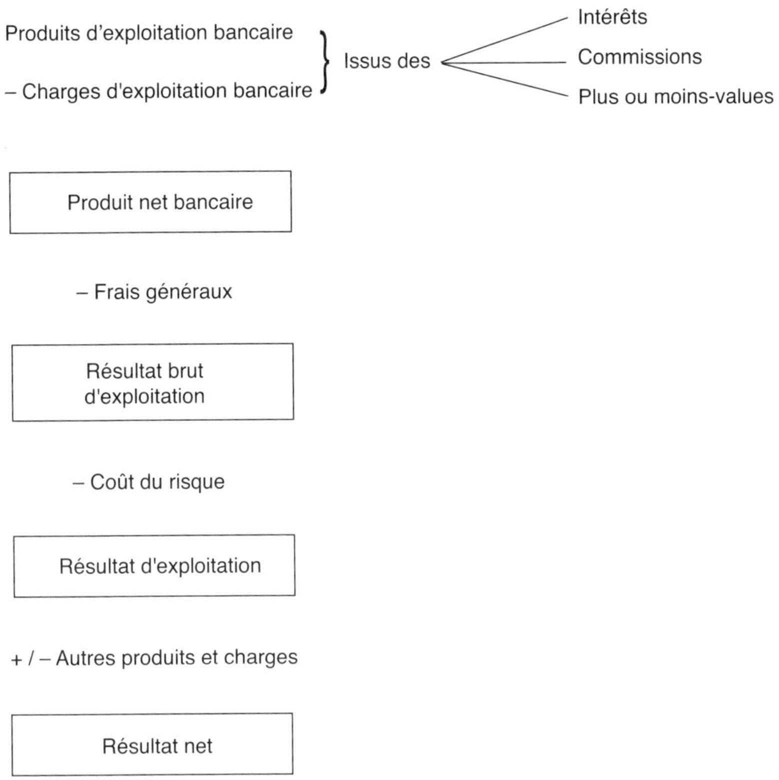

Figure 4.2 – Les soldes intermédiaires de gestion

Le Produit net bancaire

C'est le point de départ de tout diagnostic de rentabilité puisqu'il indique la marge dégagée par la banque sur l'ensemble de ses activités avec ses trois composantes, les intérêts, les commissions et les plus ou moins-values. D'un métier à l'autre, la structure du Produit net bancaire ne sera pas identique : prépondérance de la marge d'intérêts pour la banque de détail, prépondérance des commissions pour la banque de financement et d'investissement et pour la gestion d'actifs. Avec la généralisation des évaluations en juste valeur, l'analyste doit veiller à bien distinguer la part de Produit net bancaire découlant des opérations accomplies par la banque et celle issue de la variation de valeur des actifs.

Assimilable au chiffre d'affaires, *le Produit net bancaire correspond plus précisément à la valeur ajoutée de l'établissement de crédit* et il a vocation à financer les frais généraux et les risques. Son montant et son évolution sont à considérer avec attention en tant que solde clé de la décomposition du résultat.

© Dunod – Toute reproduction non autorisée est un délit.

Le Résultat brut d'exploitation

Ce solde indique *la marge qui se dégage de l'activité courante de la banque après prise en compte des coûts de fonctionnement.* Les coûts de fonctionnement appelés souvent frais généraux sont constitués majoritairement de charges de personnel.

Assimilable à l'excédent brut d'exploitation des entreprises industrielles et commerciales, le Résultat brut d'exploitation est l'indicateur à utiliser pour les comparaisons entre banques à conditions d'exploitation différentes (banques avec ou sans réseau).

Le Résultat d'exploitation

Le Résultat d'exploitation prend en compte le risque de contrepartie avec les dotations aux provisions pour dépréciations de créances alors que les risques de marché ont été pris en compte en amont avec le produit net bancaire. L'impact du risque de contrepartie est bien mis en évidence et le Résultat d'exploitation constitue un solde tout à fait significatif de la performance d'une banque avec la marge réalisée sur l'ensemble de ses activités courantes, compte tenu des moyens qu'elle y consacre et de son aptitude à maîtriser les risques.

Le Résultat courant avant impôt

Avec ce solde, *les plus ou moins-values sur cession d'éléments d'actif comme les immobilisations financières sont prises en compte.* Ces opérations sont fréquentes dans le secteur bancaire et peuvent avoir des incidences considérables sur le Résultat net. C'est pourquoi la Commission bancaire a proposé le concept de Produit global d'exploitation qui ajoute au Produit net bancaire le résultat de ces opérations.

Le Résultat net

Le Résultat net tient compte du résultat exceptionnel ainsi que des dotations ou reprises de fonds pour risques bancaires généraux et de l'impôt sur les bénéfices. L'examen du résultat exceptionnel permet à l'analyste de déceler la part due à des opérations non récurrentes. Rappelons que les fonds pour risques bancaires généraux n'étant pas admis par le référentiel IFRS, les dotations et reprises ne figurent pas dans le compte de résultat consolidé.

© Dunod – Toute reproduction non autorisée est un délit.

Tableau 4.5 – Le compte de résultat consolidé de la Société Générale. Décomposition par métiers

	Réseaux France	Réseaux internationaux	Banque de financement et d'investissement	Services financiers spécialisés et assurances	Gestion d'actifs et services aux investisseurs	Hors Pôles	Groupe	
En millions d'euros	**2011**	**2011**	**2011**	**2011**	**2011**	**2011**	**2010**	**2011**
Produit net bancaire	8 165	5 017	5 980	3 443	2 169	862	26 418	25 636
Frais de gestion	(5 248)	(2 988)	(4 748)	(1 846)	(1 967)	(239)	(16 545)	(17 036)
Résultat brut d'exploitation	2 917	2 029	1232	1 597	202	623	9 873	8 600
Coût net du risque	(745)	(1 284)	(563)	(829)	(13)	(896)	(4 160)	(4 330)
Résultat d'exploitation	2 172	745	669	768	189	(273)	5 713	4 270
Gains ou pertes nets sur autres actifs	1	0	76	(5)	(6)	(54)	11	12
Quote-part du résultat net des entreprises mises en équivalence	10	13	0	(33)	98	6	119	94
Pertes de valeur des écarts d'acquisition	0	0	0	(200)	(65)	0	1	(265)
Charge fiscale	(739)	(161)	(97)	(219)	(43)	(64)	(1 542)	(1 323)
Résultat net	1 444	597	648	311	173	(385)	4 302	2 788
Dont participations en donnant pas le contrôle	*16*	*272*	*13*	*14*	*2*	*86*	*385*	*403*
Résultat net part du Groupe	1 428	325	635	297	171	471	3 917	2 385
Fonds propres moyens	6 590	3 965	9 422	5 044	1 413	13 038*	36 642	39 483

* Calculé par solde entre les fonds propres Groupe et ceux alloués aux pôles.

Source : Société Générale. Document de référence 2012.

Les soldes intermédiaires de gestion sont devenus les supports primordiaux du diagnostic des performances d'un établissement de crédit. Leur analyse sur plusieurs exercices consécutifs permet d'identifier les vecteurs de rentabilité et d'expliquer la formation du résultat. Les exigences des marchés en matière d'information financière ont conduit les établissements de crédit, en application de la norme IAS 14, à développer une information sectorielle sur les performances avec la diffusion de soldes intermédiaires de gestion décomposés en deux niveaux : un niveau primaire correspondant à une présentation par activité ou métier et un niveau secondaire par zone géographique. À titre d'exemple, le tableau 4.5 présente une répartition par métier des performances de la Société générale pour l'exercice 2011.

1.2 Les marges

Le calcul de marges prolonge celui des soldes intermédiaires de gestion par la mise en évidence d'effets – prix ou d'effets – volume. Une augmentation du produit net bancaire peut s'expliquer soit par :
– une augmentation des taux d'intérêt (effet – prix) ;
– une augmentation des encours (effet – volume).

Il est donc nécessaire, en premier lieu, de déterminer les coûts et rendements moyens de chaque catégorie d'opération en rapportant les intérêts versés ou perçus aux encours, d'où le mise en relief des effets – prix. Puis, des marges sont calculées.

Tableau 4.6 – Coût moyen des ressources et rendement moyen des emplois Ensemble des établissements de crédit (activités métropolitaines)

(en %)	2009	2010	2011
1. Opérations avec la clientèle			
Coût moyen des ressources (y compris TCN)	1,95	1,34	1,62
Rendement moyen des crédits	4,65	3,55	3,59
2. Opérations sur titres			
Dettes représentées par un titre (hors TCN)	3,14	1,75	1,64
Dettes subordonnées	4,63	6,62	3,84
Rendement du portefeuille-titres	5,42	3,15	1,60
3. Opérations de trésorerie			
Coût moyen des emprunts	2,76	1,58	1,78
Rendement moyen des prêts	3,19	1,68	1,88
4. Marge bancaire globale	1,18	1,03	1,02

Source : ACP.

L'Autorité de contrôle prudentiel propose plusieurs marges significatives (tableau 4.6) :

– les marges sur les différentes catégories d'opérations (clientèle, titres et trésorerie) qui comparent le rendement et les coûts de ces opérations ;

– la marge bancaire globale qui est la résultante des marges par opérations. Elle intègre l'ensemble de l'activité bancaire, hors-bilan compris.

1.3 Les ratios de rentabilité

Avec le calcul de ratios, la notion de rentabilité prend toute sa signification puisqu'il va s'agir de comparer des résultats à des moyens.

Les ratios de rentabilité d'exploitation

• Le coefficient d'exploitation indique la part de Produit net bancaire absorbée par les frais généraux :

$$\frac{\text{Frais généraux}}{\text{Produit net bancaire}}$$

C'est un ratio très significatif de la rigueur de la gestion de la banque et il est toujours calculé, notamment dans une optique comparative. Il diffère d'un métier à l'autre et dans la banque à réseau, un coefficient d'exploitation supérieur à 70 % est jugé élevé et inférieur à 65 % convenable. Un ratio élevé signifie soit des frais généraux excessifs compte tenu du volume d'opérations réalisées, d'où une mauvaise productivité, soit comme étant la conséquence d'une contraction du produit net bancaire, à moyens inchangées.

Le coefficient d'exploitation moyen des établissements de crédit en France s'est élevé à 64,4 % en 2005. En 2008, le coefficient d'exploitation des grands groupes bancaires français était de 84,4 %, reflétant ainsi les conséquences de la chute du produit net bancaire en raison de la crise financière. Il est revenu à 65,5 % en 2011.

• Les ratios de productivité par agent : la banque étant une activité de prestation de services, donc avec de la main-d'œuvre comme principal facteur de production, des ratios calculés par agent sont utiles pour mieux cerner la productivité du personnel :

$$\frac{\text{Crédit}}{\text{Effectif}} \qquad \frac{\text{Dépôts}}{\text{Effectif}} \qquad \frac{\text{Produit net bancaire}}{\text{Effectif}}$$

• Les ratios de productivité par agence : afin de juger de l'efficacité d'un réseau, on calcule des ratios comme :

$$\frac{\text{Crédits}}{\text{Nombre d'agences}} \qquad \frac{\text{Dépôts}}{\text{Nombre d'agences}}$$

© Dunod – Toute reproduction non autorisée est un délit.

Les ratios de productivité par agent ou par agence sont instructifs pour les comparaisons entre banques.

Les ratios de rentabilité globale

Deux ratios, qui d'ailleurs entretiennent des inter-relations, sont systématiquement calculés par les analystes et font l'objet de comparaisons.

• Le ratio de rendement (ROA, *Return on Assets*) :

$$\frac{\text{Résultat net}}{\text{Total de bilan}}$$

Ce ratio indique le rendement net de l'ensemble des actifs constitués par la banque et on peut écrire :

$$\begin{aligned} \text{ROA} &= \text{Marge bénéficiaire} \times \text{Rotation des actifs} \\ &= \frac{\text{Résultat net}}{\text{Produit net bancaire}} \times \frac{\text{Produit net bancaire}}{\text{Total de bilan}} \end{aligned}$$

Mais son interprétation doit être prudente car :

- le ROA est très influencé par la politique de provisions de l'établissement de crédit puisque le Résultat net incorpore le coût du risque et que les actifs figurent nets de provisions dans le bilan bancaire ;
- les actifs sont tous placés sur un même plan alors qu'ils ne sont pas homogènes en terme de risque ;
- les activités de hors bilan et les prestations de services qui contribuent à la formation du résultat ne sont pas prises en compte.

C'est toutefois le ratio le plus utilisé pour évaluer les performances d'un établissement de crédit.

• Le ratio de rentabilité financière (ROE, *Return on Equity*) :

$$\frac{\text{Résultat net}}{\text{Fonds propres}}$$

Avec le ratio de rentabilité financière, le point de vue de l'actionnaire est privilégié en indiquant la rentabilité qu'il obtient de l'investissement de capitaux dans les actions d'une banque. Toutefois, il convient de vérifier si un ratio élevé n'est pas lié à une sous-capitalisation et inversement, et ce en observant le poids des fonds propres dans le total des ressources. Enfin, en raison de la plus grande volatilité du résultat net et des fonds propres induite par la norme IAS 39, l'interprétation de ce ratio peut être rendue plus délicate.

Avant la crise de 2007-2008, un ratio de 15 % était souvent considéré comme répondant aux exigences de grands investisseurs comme les fonds de pension. Les exigences prudentielles imposant des fonds propres supplémentaires font que ces ratios sont aujourd'hui moins élevés (entre 5 et 8 % en 2011).

• Les inter-relations entre les deux ratios de rentabilité :

$$\text{ROE} = \frac{\text{Résultat net}}{\text{Total de bilan}} \times \frac{\text{Total de bilan}}{\text{Fonds propres}} = \text{ROA} \times \text{Levier des fonds propres}$$

Le ROE est égal au ROA multiplié par le levier des fonds propres, levier qui est l'inverse du ratio de solvabilité. Ainsi, si le ROA est de 1 % et le levier de 10 car les fonds propres représentent 10 % du total du passif de bilan, le ROE est de 10 %.

Focus

Les ratios clés du diagnostic financier

		Montant souhaitable
• Ratio de rentabilité financière	$\frac{\text{Résultat net}}{\text{Fonds propres}}$	> 12 %
• Ratio de rendement :	$\frac{\text{Résultat net}}{\text{Total de bilan}}$	> 1 %
• Ratio de surface financière :	$\frac{\text{Fonds propres}}{\text{Total de bilan}}$	> 2 %
• Ratio de solvabilité :	$\frac{\text{Fonds propres}}{\text{Engagements pondérés}}$	> 10 %
• Ratio de maîtrise du risque :	$\frac{\text{Créances douteuses}}{\text{Créances totales brutes}}$	< 5 %
• Coefficient d'exploitation :	$\frac{\text{Frais généraux}}{\text{Produit net bancaire}}$	< 65 %

Pour conclure ce développement consacré aux ratios, signalons que l'Autorité de contrôle prudentiel publie chaque année des études et analyses comparatives de groupes témoins de banques et qu'à l'instar d'une Centrale de Bilans, elle calcule de nombreux ratios moyens par groupes que l'analyste peut comparer avec profit aux performances de l'établissement qu'il étudie pour le situer par rapport à ceux qui exercent un métier semblable.

© Dunod – Toute reproduction non autorisée est un délit.

2 La formation du résultat

Après avoir repéré les nombreux facteurs susceptibles d'influencer le résultat, il convient de les apprécier et il est commode de distinguer quatre effets.

2.1 L'effet prix

L'effet prix consiste à mettre en relation le résultat et les prix facturés à la clientèle, qu'il s'agisse d'intérêts ou de commissions, ainsi que les rémunérations versées aux apporteurs de capitaux. Il concerne donc les deux composantes du Produit net bancaire.

La marge d'intérêts

Elle s'analyse en tenant compte :

- de la situation concurrentielle des marchés sur lesquels la banque se présente et qui conditionne les intérêts débiteurs et créditeurs ; mais en tout état de cause, la banque doit veiller à ce que les intérêts débiteurs facturés à un emprunteur soient suffisants pour couvrir le coût des ressources, les frais de gestion, le coût du risque et la rémunération des fonds propres ;
- du ou des métiers exercés par la banque, sachant que les opérations clientèle engendrent des marges plus larges que les opérations de trésorerie ou de marché ;
- de la structure des emplois et ressources de l'établissement de crédit selon le critère taux fixe ou taux variable qui répercute sur la marge d'intérêts le risque de taux. À cet égard, tant la part des dépôts à vue que celle des dépôts d'épargne à régime spécial (livrets de développement durable, comptes et plans d'épargne logement…) influencent cette marge. En effet, la rémunération des dépôts d'épargne à régime spécial est déterminée par les pouvoirs publics mais répercute toujours avec retard les variations de taux. Le poids de ces dépôts joue donc le rôle d'un amortisseur et confère au Produit net bancaire des banques collectant beaucoup de ressources de cette nature, une certaine inertie par rapport aux variations de taux.

Il ressort de ces considérations que la marge d'intérêts est sensible aux variations de taux. En période de hausse, la marge a tendance à s'élargir et à se resserrer en période de baisse.

Les commissions

Rémunérant des prestations de services, les commissions sont indépendantes des mouvements de taux d'intérêt. *Plus le Produit net bancaire inclut des commissions, plus il est déconnecté des variations de taux.* En revanche, le montant des commissions est plus instable que la marge d'intérêts, surtout lorsqu'il s'agit de commissions rémunérant des opérations de marché (émissions de titres) ou de l'ingénierie financière (des fusions-acquisitions) qui dépendent directement de la conjoncture économique.

Néanmoins, une composante « commissions » substantielle au sein du produit net bancaire est considérée comme un facteur favorable, s'interprétant alors comme l'aptitude d'une banque à facturer des services à la clientèle. Services de qualité, puisque cette dernière accepte d'en payer le prix.

2.2 L'effet volume

La croissance ou à l'inverse la diminution de l'activité exerce un effet mécanique sur le produit net bancaire par le jeu d'effets – volume. On a vu précédemment que les calculs de marges permettent de mettre ces phénomènes en évidence.

En revanche, à plus long terme, *on peut s'interroger sur l'existence d'économies d'échelle dans la banque*. Les nombreuses études menées tant aux États-Unis qu'en France ont abouti à des résultats contrastés : les synergies de coût ne sont pas démontrées pour les années quatre-vingt alors qu'elles semblent beaucoup plus évidentes pour les années quatre-vingt-dix. Cette opinion est partagée par les dirigeants de banque, tout à fait convaincus des effets favorables de la taille sur la rentabilité, comme en témoignent les innombrables opérations de restructurations que les systèmes bancaires de tous les pays ont connu ces dernières années. Aussi, à l'issue d'une restructuration, l'analyste s'efforce d'apprécier l'influence du changement de dimension sur le résultat.

2.3 L'effet ciseau

Comme on l'a déjà indiqué, les frais généraux absorbent près des 2/3 du Produit net bancaire. De ce fait, toute progression des frais généraux plus rapide que celle du Produit net bancaire lamine le Résultat brut d'exploitation qui diminue d'un exercice à l'autre et inversement. Le Produit net bancaire étant sensible aux effets prix et volume, cette situation se rencontre fréquemment dans les établissements de crédit et les conduit à agir sur les frais généraux, parfois brutalement par l'intermédiaire de réductions d'effectifs. En tout état de cause, plus le coefficient d'exploitation est bas, moins cet effet ciseau se manifeste.

2.4 L'effet risque

Les risques de marché se répercutent sur le résultat au travers des plus ou moins values latentes ou réalisées sur les titres détenus par la banque. En période de grande volatilité des marchés de capitaux, ces plus ou moins values peuvent entraîner des fluctuations importantes d'un exercice à l'autre des résultats, et on sait qu'il s'agit de la principale critique adressée à la norme IAS 39. Mais puisque ces variations de

© Dunod – Toute reproduction non autorisée est un délit.

valeur sont clairement mises en évidence dans les états financiers, l'analyste peut en apprécier l'impact et les éliminer des performances au titre d'éléments non récurrents.

Quant au risque de contrepartie, il impacte le résultat par la constitution de provisions diverses : provisions pour dépréciation des créances, provisions pour risques et charges, fonds pour risques bancaires généraux. Ces nombreuses occasions de provisionnement, et tout particulièrement les provisions générales, ont longtemps favorisé les politiques de lissage de résultat, rendant difficile l'interprétation des performances d'un établissement de crédit. Les modifications de la réglementation comptable bancaire française et l'adoption des normes IFRS ont très sensiblement modifié cette situation. Les opérations de provisionnement sont encadrées de façon plus rigoureuse, notamment les provisions pour risque et charges et les fonds pour risques bancaires généraux ne sont pas autorisés dans le nouveau référentiel comptable. La transparence financière est donc améliorée et les comparaisons internationales facilitées.

Au total, la performance de la banque, sous l'aspect de son aptitude à réaliser un résultat en phase avec ses prévisions et les attentes des marchés, repose sur le Produit net bancaire, d'un montant suffisant pour financer les frais généraux et les risques et composé d'éléments récurrents ; le bon contrôle de ces frais généraux et risques assure alors la croissance des résultats.

3 La création de valeur dans la banque

La création de valeur est à l'heure actuelle un des principaux critères à l'aune duquel l'analyste financier étaye son diagnostic. Les banques, d'ailleurs, l'incluent systématiquement dans leur communication financière en mettant l'accent sur leur performance de création de valeur.

3.1 La création de valeur : définition et mesure

Une entreprise crée de la valeur pour ses actionnaires si la rentabilité de ses actifs est supérieure au coût des capitaux investis, propres et empruntés. Et dans cette définition deux termes doivent retenir l'attention :

– *capitaux propres :* les banques sont de grosses consommatrices de fonds propres non pas comme dans l'industrie pour financer leur capital d'exploitation mais pour respecter les ratios prudentiels et pour absorber les pertes éventuelles issues de la prise de risques. Or, ces fonds propres ont un coût que la comptabilité n'appréhende pas mais qu'il faut inclure dans les analyses de rentabilité. Le coût des fonds propres correspond au rendement exigé par les actionnaires et il est évalué soit par référence au taux d'intérêt sans risque majoré d'une prime représentative de la prise de risques

de la banque, soit à partir du Modèle d'évaluation des actifs financiers (MEDAF) qui permet de déterminer statistiquement la prime de risque (le b) en comparant la volatilité de l'action de la banque à celle du marché ;
– *actionnaires :* ils exercent une pression constante sur les banques afin que celles-ci maximisent le rendement des fonds propres. En conséquence, une banque créera de la valeur si elle est capable de procurer à l'investissement des actionnaires dans ses fonds propres une valeur supérieure à la rentabilité que ceux-ci exigent pour accepter de détenir les actions de cette banque.

De cette définition, deux méthodes de mesure de la création de valeur se déduisent.

• Une mesure économique, l'EVA™[1], (*Economic value added*)

$$EVA = (re - k) \times C$$

avec :
– *re*, ratio de rentabilité économique = résultat d'exploitation après impôt rapporté au total des actifs ;
– *k*, coût moyen pondéré des capitaux investis ;
– C, capitaux investis, propres et empruntés.

Une EVA positive indique que les actionnaires sont rémunérés au-delà de leurs exigences.

• Une mesure financière, la MVA™ (*Market value added*)

MVA = Capitalisation boursière/Capitaux propres comptables

La MVA compare la valeur de marché de la banque et la valeur historique des capitaux propres qui y sont investis. Plus la MVA est élevée, plus les actionnaires qui vendent leurs actions récupèrent la richesse accumulée depuis la création de la banque.

3.2 La création de valeur, critère de diagnostic financier

La création de valeur est un bon indicateur de performance en ce sens qu'elle synthétise la compatibilité des risques et de la rentabilité, qu'elle établit une liaison entre la valeur de marché et les performances et qu'elle est tout à fait cohérente avec les méthodes d'allocation des fonds propres.

Elle permet, de plus, de mettre en évidence les stratégies de création de valeur qui se construisent autour de l'amélioration de la rentabilité des activités existantes. Dans la banque, ces actions portent sur les composantes du résultat, Produit net bancaire, frais généraux et coût du risque. La diminution du coût du capital relève

1. Proposée par le Cabinet de conseil Stern et Stewart.

© Dunod – Toute reproduction non autorisée est un délit.

également de cette stratégie. Le coût du capital dépend à la fois des conditions d'accès de la banque aux marchés de capitaux, formalisées par les notations des agences, et de la bonne maîtrise des risques qui minore le coût des fonds propres en modérant les exigences des actionnaires en matière de rémunération. Enfin, on apprécie la combinaison stratégie de développement et création de valeur.

La création de valeur peut se calculer de façon globale mais également par métier, par activité, par entité juridique ou par produits. À l'occasion de son analyse stratégique, la banque pourra ainsi privilégier les activités à rentabilité économique supérieure au coût du capital ou encore se recentrer sur les activités les plus rentables.

Même si la création de valeur est un indicateur de performance qui n'est pas exempt de critiques, comme par exemple la priorité accordée à la rentabilité immédiate au détriment de la rentabilité à plus long terme ou encore l'importance attachée aux évaluations des marchés qui, on le sait, sont volatils et se trompent souvent, elle est devenue un élément majeur de diagnostic financier.

L'ESSENTIEL

• Le diagnostic financier d'une banque consiste, à partir des informations dont l'analyste financier dispose et pour une large part d'origine comptable, à porter un jugement sur les performances passées et les perspectives d'avenir.

• Le diagnostic de l'activité et de l'équilibre financier s'attache à la taille, aux métiers et opérations de l'établissement de crédit pour mettre en évidence la cohérence et les synergies qui en découlent.

• C'est le diagnostic des risques qui est le plus délicat à établir pour l'analyste externe, d'où les exigences accrues d'amélioration de l'information financière diffusée par les banques, par exemple en matière de présentation sectorielle ou géographique des risques ou de procédures de contrôle.

• Le diagnostic de rentabilité implique une analyse fine des facteurs qui conditionnent la formation du résultat. L'évaluation en juste valeur des actifs financiers avec la norme IAS 39 peut induire une plus grande volatilité du résultat.

• La création de valeur, en comparant la rentabilité économique au coût du capital, fournit un indicateur de performance synthétisant la maîtrise des risques et de la rentabilité

Chapitre 5 Le contrôle de gestion

SOMMAIRE

Le contrôle de gestion se situe à l'interface de la démarche stratégique et de la gestion opérationnelle. C'est en effet un système d'évaluation des responsabilités et d'amélioration des performances qui présente un double aspect :

– *un aspect rétrospectif* lorsqu'il s'agit d'évaluer les réalisations de la gestion passée en organisant le reporting et en concevant des indicateurs de performance ;
– *un aspect prospectif* avec la traduction des objectifs stratégiques en plans opérationnels, sa finalité étant de veiller à l'allocation optimale des ressources de la banque pour atteindre ces objectifs.

Les banques françaises se sont intéressées plus tardivement que les autres entreprises au contrôle de gestion. Il a fallu attendre les mouvements de libéralisation financière amorcés à la fin des années soixante pour que cette préoccupation se fasse

jour. Au cours des années soixante-dix, certaines banques françaises ont développé une fonction contrôle de gestion, les autres négligeant de le faire, ce qui, au milieu des années quatre-vingt-dix a conduit à une situation très contrastée entre des banques à contrôle de gestion intégré et performant et banques à contrôle de gestion embryonnaire voire même inexistant. Les autorités de tutelle ont déploré cet état de fait incompatible avec le renforcement de la réglementation en matière de contrôle interne selon le règlement n° 97-02. La Commission bancaire, dans un Livre blanc intitulé *Mesure de la rentabilité des activités bancaires*, paru en 1998, indique aux banques les améliorations à apporter à leurs procédures de contrôle afin que celles-ci satisfassent aux prescriptions réglementaires. En effet, le contrôle de gestion permet de répondre à des questions que tout banquier se pose pour asseoir sa stratégie de développement comme :
– quel est le coût de telle opération ?
– quelles sont les activités les plus rentables ?
– quelles ressources allouer à une nouvelle activité et à quel coût ?
– quelle est la rentabilité d'une agence ? etc.

Pour réaliser les missions qui lui sont imparties, le contrôle de gestion s'attache à développer des instruments de mesure de rentabilité des activités ainsi qu'à concevoir des outils de pilotage. Ces deux dimensions du contrôle de gestion seront abordées successivement, précédées toutefois d'une présentation générale de la question. Trois sections composent ce chapitre.

Section 1 PROBLÉMATIQUE DU CONTRÔLE DE GESTION DANS LA BANQUE

Le contrôle de gestion est plus difficile à introduire dans les banques que dans l'industrie en raison de la nature même de l'activité bancaire. Il existe en outre un certain nombre de problèmes méthodologiques dont la résolution n'est pas toujours aisée.

1 L'activité bancaire et le contrôle de gestion

Certaines caractéristiques de l'activité bancaire expliquent les difficultés rencontrées dans la mise en place de la fonction contrôle de gestion.

1.1 Les spécificités de l'activité bancaire

La banque est une entreprise multiproductrice de prestation de services

La banque universelle offre à sa clientèle une gamme qui comporte des centaines de produits, de nature très différente d'un produit à l'autre.

L'activité bancaire s'exerce au sein d'une structure complexe

Cette complexité se traduit d'une part par le fait que les organes ne relevant pas directement de l'exploitation bancaire sont particulièrement nombreux : services d'études économiques et financières, affaires juridiques et contentieux, tous les *back offices* des opérations clientèle et sur titres, etc. ce qui rend fixe et indirecte la majeure partie de ce que nous avons appelé frais généraux. D'autre part, la banque à réseau gère souvent un grand nombre de points de vente, les agences, qui sont réparties sur tout le territoire national et à l'étranger.

L'activité bancaire donne naissance à des produits liés

Lorsqu'un même processus de production engendre deux ou plusieurs produits, lorsque la consommation d'un produit implique celle d'autres produits, on se trouve en présence de produits liés. Ces situations se rencontrent fréquemment dans la banque avec les comptes et plans d'épargne-logement qui donnent généralement lieu à l'octroi d'un crédit ou encore les *packages* qui assemblent toute une gamme de produits.

1.2 Les conséquences en matière de contrôle de gestion

La définition des produits bancaires

Pour le contrôleur de gestion, *le produit bancaire permet de répondre à un besoin donc à une demande d'un client et sa prestation suppose l'accomplissement de tout un enchaînement d'opérations.* Mais la multiplicité des produits bancaires implique une classification et il est pertinent de distinguer :

– *les produits ayant des capitaux comme supports*, comme les crédits, les dépôts, les titres émis ou achetés. Ces produits, découlant de la fonction d'intermédiation financière de la banque, intermédiation traditionnelle ou de marché, se définissent beaucoup plus par rapport à des capitaux empruntés ou prêtés, donc des montants, des maturités et des risques que par rapport à l'enchaînement des opérations administratives et nécessitent des analyses de rentabilité adéquates ;
– *les prestations de services* comme la remise d'un chèque à l'encaissement ou l'exécution d'un ordre de bourse pour lesquels l'enchaînement des opérations administratives importe plus que le montant (le coût d'un virement est indépendant du montant de la somme virée).

© Dunod – Toute reproduction non autorisée est un délit.

De même, l'indépendance entre produits est retenue pour contourner les inconvénients des produits liés. En définitive, l'établissement d'une nomenclature par grande catégorie de produits bancaires (crédits, dépôts et épargne, moyens de paiement, opérations liées aux titres, prévoyance, services divers) s'avère indispensable.

Un contrôle de gestion multidimensionnel

La complexité de l'activité bancaire qui recouvre différents métiers, produits, clients, points de vente, etc. oblige le contrôle de gestion à une grande adaptabilité pour pouvoir répondre à cette diversité. Les analyses de rentabilité sont ainsi menées par centre de profit mais aussi par produit, par client ou par métier, en fonction des demandes des utilisateurs.

Le contrôle des risques

La plupart des décisions prises par un exploitant de banque, en agence ou en salle de marché, accroissent les risques. Les systèmes de pilotage, ainsi les tableaux de bord, sont en général plus centrés sur les activités et les performances que sur les risques. Mais la dimension risque est de plus en plus présente avec l'intégration dans les tableaux de bord d'indicateurs de suivi des risques.

2 Les aspects méthodologiques du contrôle de gestion dans la banque

La mise en œuvre du contrôle de gestion conduit à s'interroger sur les objectifs recherchés ainsi que sur le cadre dans lequel les analyses sont menées, elle implique en outre que la banque dispose d'un véritable système d'information de gestion.

2.1 Les objectifs du contrôle de gestion

Ils peuvent être précisés en référence aux deux aspects majeurs du contrôle de gestion, la mesure des performances et la mise au point de systèmes de pilotage. Mais dans un cas comme dans l'autre, le contrôle de gestion est indissociable du processus de décentralisation des prises de décision, obligatoire lorsque la taille de la firme augmente.

La mesure des performances

En recherchant la meilleure allocation des ressources, une entreprise transforme des moyens en résultats. Le contrôle de gestion a donc comme mission de fournir aux responsables des indicateurs de performance évaluant l'efficacité de la gestion. Ces indicateurs sont nécessaires :

– pour assurer un suivi des réalisations de la banque et les comparer systématiquement aux objectifs, et ce, grâce aux outils de *reporting* comme les tableaux de bord ;
– pour faciliter les prises de décision en matière de stratégie commerciale basée sur le couple produit-client, de tarification des produits ou de redéploiement des moyens.

La mise au point de systèmes de pilotage

Piloter une organisation, c'est tout à la fois fixer le cap, se doter de moyens et prévoir des régulations assurant l'adéquation objectifs-moyens. Comme le pilotage ne saurait être aveugle, il s'appuie sur le système d'information de gestion et sur des outils comme la gestion budgétaire, la gestion prévisionnelle ou le contrôle des risques qui s'articule avec le contrôle interne.

Au total, des missions essentielles pour une banque, dont l'accomplissement implique une fonction structurée qui entretient des relations étroites avec d'autres composantes comme la comptabilité, la gestion actif-passif ou l'audit interne.

Focus

La fonction contrôle de gestion

- Le contrôle de gestion relève d'un service fonctionnel, la direction du contrôle de gestion.
- La direction du contrôle de gestion, dans un organigramme de banque, se situe à un niveau hiérarchique élevé, avec un lien direct avec la direction générale ou indirect via une direction administrative ou financière (voir liaison 1 ou 2 de la figure 5.1).
- Les unités opérationnelles accueillent également des contrôleurs de gestion qui peuvent dépendre hiérarchiquement du responsable de l'unité ou de la direction du contrôle de gestion
- Les utilisateurs des prestations de la fonction contrôle de gestion sont la direction générale et les responsables opérationnels.

2.2 Les cadres de l'analyse

Les banques sont souvent des entreprises de grande taille et leur activité nécessite une structure complexe. Il importe donc de savoir quelles entités de gestion serviront de cadre aux analyses menées par les contrôleurs de gestion.

© Dunod – Toute reproduction non autorisée est un délit.

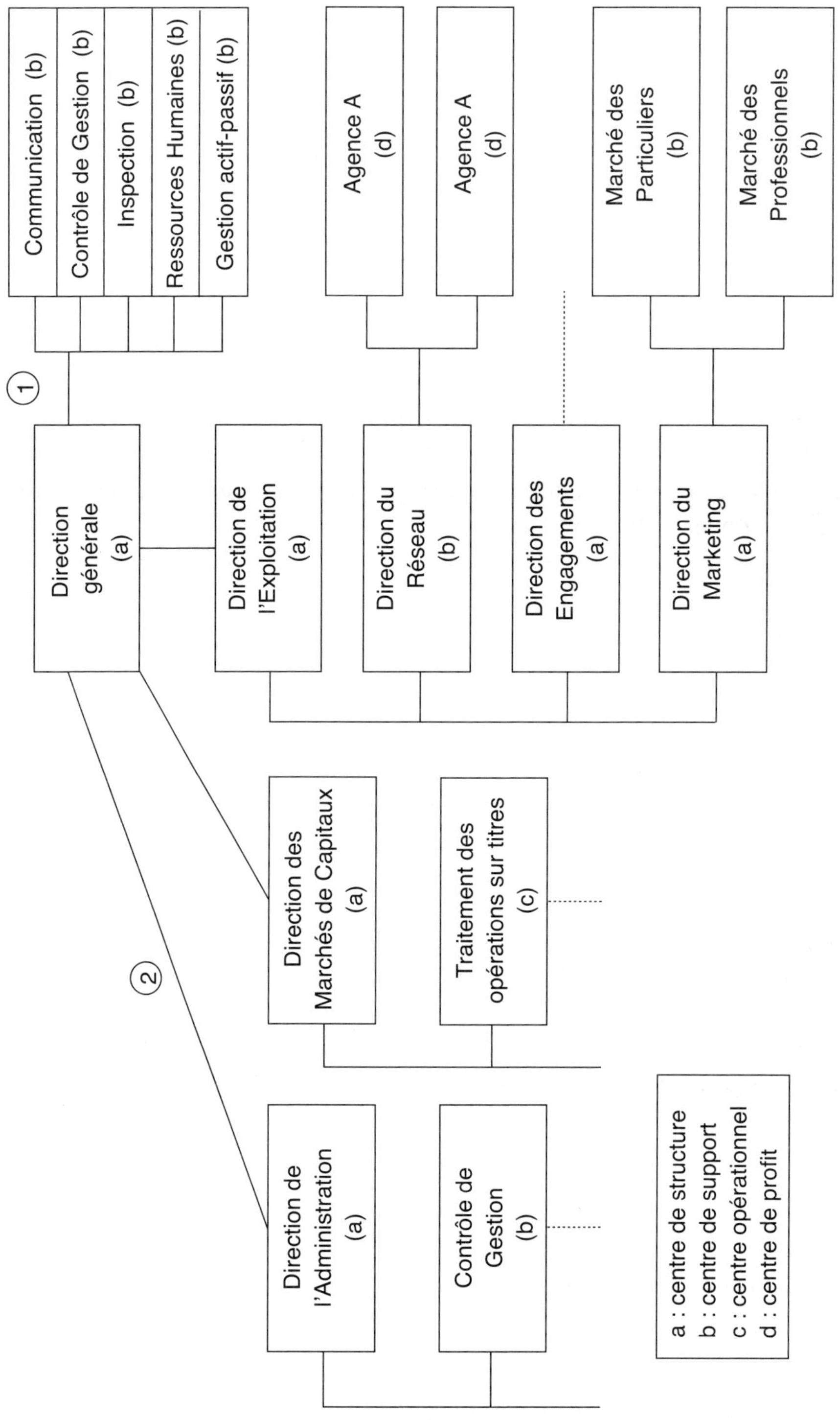

Figure 5.1 – Organigramme hiérarchique et centres des responsabilités dans la banque de détail

L'organigramme hiérarchique

En tant que représentation de la structure d'une firme mettant en évidence ses divers organes ainsi que leurs rapports respectifs, l'organigramme hiérarchique (voir figure 5.1) est un bon point de départ. Il permet en effet d'avoir une photographie de l'existant :

- *d'isoler les responsabilités* en identifiant les preneurs de décision et les modes de transmission des décisions. Les différents niveaux hiérarchiques sont ainsi mis en évidence, de la direction générale à l'entité de gestion de base ;
- *de repérer les composantes de la banque* car organiser signifie constituer des organes donc des spécialisations. Les principaux métiers ou activités de la banque apparaissent clairement avec leurs critères de spécialisation, géographiques, produits ou clientèles.

L'organigramme hiérarchique (page ci-contre) doit toutefois être prolongé par la mise en évidence de centres de responsabilité.

Les centres de responsabilité

Un centre de responsabilité se définit comme une entité de gestion ayant un responsable disposant d'une délégation formelle d'autorité pour négocier des objectifs et des moyens et dotée d'un système de pilotage de sa gestion. Et plusieurs types de centres de responsabilité peuvent être distingués (voir figure 5.1).

• *Les centres de coût.* L'entité de gestion n'engendre que des charges afin de réaliser une prestation ou un produit. Dans la banque, les centres de coût sont particulièrement nombreux, d'où l'intérêt de les rattacher à l'une des catégories suivantes :

- *les centres de structure* qui réalisent des prestations non identifiables et non répétitives. Leur mission est de contrôler et de coordonner les activités des autres centres comme par exemple la Direction générale ou la Direction des engagements ;
- *les centres de support* qui réalisent des prestations identifiables et non répétitives et dont le mode opératoire n'est pas aisé à formaliser car il relève souvent du « sur-mesure », modifié pour chaque prestation. On trouve les centres de support au sein des services généraux comme l'informatique et l'organisation, le marketing ou les études économiques et financières ;
- *les centres opérationnels,* qui réalisent des prestations identifiables, répétitives et à mode opératoire formalisé comme le traitement des chèques et virements ou l'exécution des ordres de bourse. Ces centres fonctionnent selon la logique « fournisseur-client » en livrant aux autres centres des prestations dont ils ne maîtrisent pas le volume. Leur mode opératoire étant stable à court terme, les systèmes de facturations internes permettent de valoriser leurs prestations.

• *Les centres de profit.* L'entité de gestion est responsable de coûts mais aussi de recettes car elle réalise des prestations à caractère commercial ou financier. Le centre de profit dégage une marge qui contribue au résultat de l'établissement de

© Dunod – Toute reproduction non autorisée est un délit.

crédit et dans la banque, il correspond aux agences, au service gestion de trésorerie ou au département d'ingénierie financière, par exemple.

2.3 Le système d'information de gestion

Un système d'information de gestion se définit comme l'ensemble des méthodes et moyens se rapportant au traitement des différentes formes d'informations nécessaires à la bonne marche de l'entreprise. Son rôle est de :

- produire les informations réclamées par les tiers sur les supports appropriés, bilans, feuilles de paye, relevés de compte, etc.
- aider à la prise de décision en fournissant aux intéressés les informations utiles mais également des outils d'analyse de type tableaux de bord ou des outils de simulation et de prévision ;
- d'assurer la circulation des informations au sein de l'entreprise.

Plusieurs raisons conduisent les banques à concevoir un système d'information de gestion. La première est l'insuffisance du traitement comptable ou statistique des informations. Certes la banque a par nature une activité comptable et statistique évidente puisqu'elle doit établir ses propres comptes, fournir des informations variées aux autorités de tutelle ou au fisc et adresser aux clients tous les éléments concernant leurs opérations. Le système comptable est donc très développé mais les informations comptables ne répondent pas toujours aux exigences de la gestion. De même, les banques développent des systèmes de traitement des opérations de masse (moyens de paiement, opérations de bourse…) qui alimentent également les informations de gestion. Enfin, le système d'information de gestion est indissociable de la décentralisation des structures organisationnelles et des prises de décision. Dans une telle organisation, le système d'information de gestion fournit à chaque responsable, qu'il soit exploitant ou fonctionnel les éléments nécessaires au pilotage du centre dont il a la responsabilité.

Section 2 LE CONTRÔLE DE RENTABILITÉ

Le contrôle de rentabilité, quel que soit le cadre retenu, centre de responsabilité, produit ou client, s'attache à déterminer la marge recettes-coûts dégagée par l'entité qui fait l'objet de l'analyse. Il ne s'agit pas comme en matière de diagnostic financier d'interpréter des données pour la plupart issues de la comptabilité générale mais de reconstituer les produits et les charges qui peuvent être rattachés aux différents centres.

La démarche générale de ce contrôle s'appuie sur l'enchaînement suivant, empruntée à la comptabilité générale et qui s'applique à un centre de profit :

Produits d'exploitation bancaire du centre
– Charges d'exploitation bancaire du centre
= Produit net bancaire du centre
– Frais généraux du centre
= Résultat brut d'exploitation du centre

Le calcul de marge ne va pas en général au-delà du RBE car entrent en ligne de compte ultérieurement des éléments comme le coût du risque ou le résultat exceptionnel qui ne font pas partie des attributions d'un responsable de centre. À la limite, si toute la banque est éclatée en centres de profit, la somme des RBE correspond au RBE de la banque. La mise en œuvre de cette démarche est complexe et conduit à déterminer le Produit net bancaire du centre puis ses frais généraux.

1 Le Produit net bancaire d'un centre de responsabilité

Pour déterminer le Produit net bancaire d'un centre de responsabilité, et en l'occurrence le cas d'une agence est un bon exemple, il convient de réaliser une affectation des ressources aux emplois, de mesurer les capitaux en jeu et de fixer un taux de cession interne de ces capitaux.

1.1 L'affectation ressources-emplois

Une banque collectant et redistribuant des capitaux, la question est de savoir s'il existe une correspondance entre les ressources collectées et les emplois constitués : doit-on considérer qu'un euro de ressource finance indifféremment n'importe quel emploi ou qu'au contraire il est affecté au financement d'un emploi défini ? Deux méthodes d'affectation des ressources aux emplois peuvent être envisagées.

La méthode du pool unique

Cette méthode (figure 5.2) repose sur l'hypothèse que toutes les ressources d'une banque, indépendamment de leur origine, sont mises en commun et versées dans un pool de fonds (ou de trésorerie) dans lequel la banque puise pour financer ses emplois. Chaque fois qu'un crédit est accordé, qu'un titre est acheté, on considère que cette opération a été financée par des capitaux en provenance de ce pool. Ainsi, chaque euro d'emploi supporte un coût de financement identique.

© Dunod – Toute reproduction non autorisée est un délit.

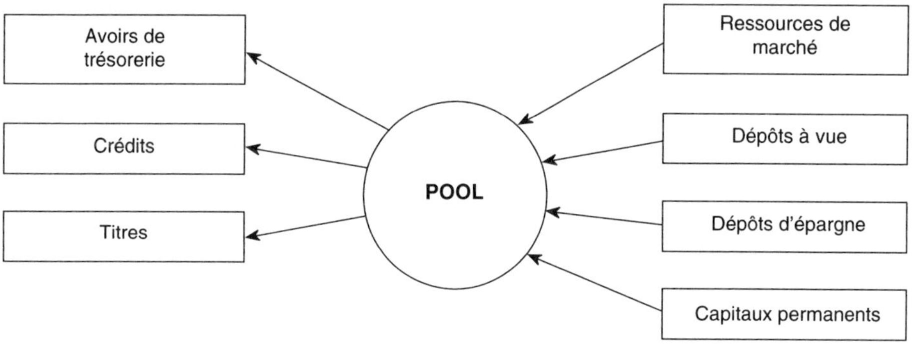

Figure 5.2 – Le pool unique

Cette méthode présente l'avantage d'une grande simplicité dans l'affectation d'un coût de ressources aux emplois. Elle a, en revanche, l'inconvénient de traiter de façon semblable des capitaux hétérogènes tant dans leur exigibilité que dans leur liquidité. D'où la méthode des pools multiples.

La méthode des pools multiples

La méthode des pools multiples (figure 5.3) s'efforce de tenir compte de l'hétérogénéité des emplois qui sont plus ou moins liquides et des ressources qui sont plus ou moins exigibles en réalisant une stratification de ces capitaux :

- les dépôts à vue à forte exigibilité financeront les crédits à court terme ;
- les ressources plus longues comme les certificats de dépôts financeront des crédits à plus long terme ou des titres de placement ;
- les ressources permanentes financeront les crédits immobiliers ou les participations.

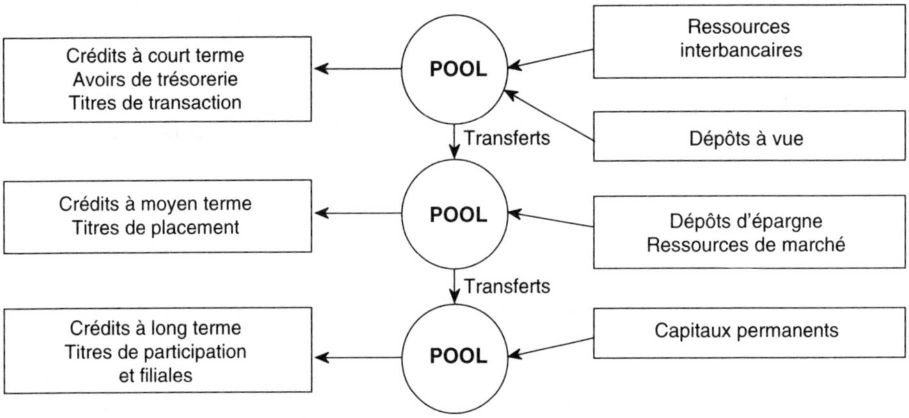

Figure 5.3 – Les pools multiples

Il y a autant de pools qu'il y a de strates d'emplois et chaque pool est alimenté par les strates de ressources avec lesquelles une correspondance a été établie et sert à financer un certain type d'emplois. Se pose alors un problème de transferts. En effet il n'est pas certain que les ressources versées dans un pool soient entièrement utilisées au financement d'une strate d'emplois. Il faut donc prévoir des transferts d'un pool à l'autre et la banque étant transformatrice d'échéances, les pools de ressources à forte exigibilité se déversent dans les pools à plus faible exigibilité.

1.2 La mesure des capitaux

Il convient ensuite de mesurer les capitaux versés et prélevés dans le ou les pools de fonds.

Flux bruts ou flux nets ?

Cette question recouvre celle de savoir si un centre de profit (une agence) verse toutes les ressources qu'il collecte dans le ou les pools de fonds ou s'il commence d'abord par s'autofinancer (figure 5.4). Avec la méthode des flux bruts, toutes les ressources du centre sont versées dans le pool qui sert à financer tous les emplois. Avec la méthode des flux nets, le centre affecte ses propres ressources au financement de ses emplois et verse ou puise dans le pool pour le solde.

Le choix de l'une ou l'autre de ces méthodes n'est pas neutre sur le calcul de rentabilité car si la banque, comme on l'indiquera dans le paragraphe suivant, retient plusieurs taux de cession interne pour des raisons de stratégie, la rentabilité du centre en est affectée.

L'évaluation des capitaux

Là encore, plusieurs options sont possibles pour mesurer les capitaux en jeu :

- les capitaux instantanés qui sont les encours mesurés à une date donnée avec l'avantage de la simplicité du calcul mais l'inconvénient du caractère ponctuel de la mesure ;
- les capitaux moyens (moyenne trimestrielle voire même quotidienne, par exemple), préférable à la précédente car elle lisse les anomalies ;
- les capitaux moyens en date de trésorerie qui tiennent compte des jours de valeur, c'est-à-dire du *float*. Le *float*, qui découle des jours de valeur, correspond aux capitaux en cours de recouvrement et dont la banque a la disposition. Elle peut les prêter sur le marché interbancaire, d'où un gain de trésorerie qu'il convient de valoriser. Cette valorisation, difficile à réaliser car elle implique de déterminer précisément des jours de valeur standard par type d'opérations, s'effectue en général à partir du taux du marché interbancaire. Cette mesure est particulièrement utile lorsque le calcul de rentabilité est appliqué à un client et qu'il est nécessaire d'évaluer les gains de *float* engendrés par les opérations initiées par ce client.

© Dunod – Toute reproduction non autorisée est un délit.

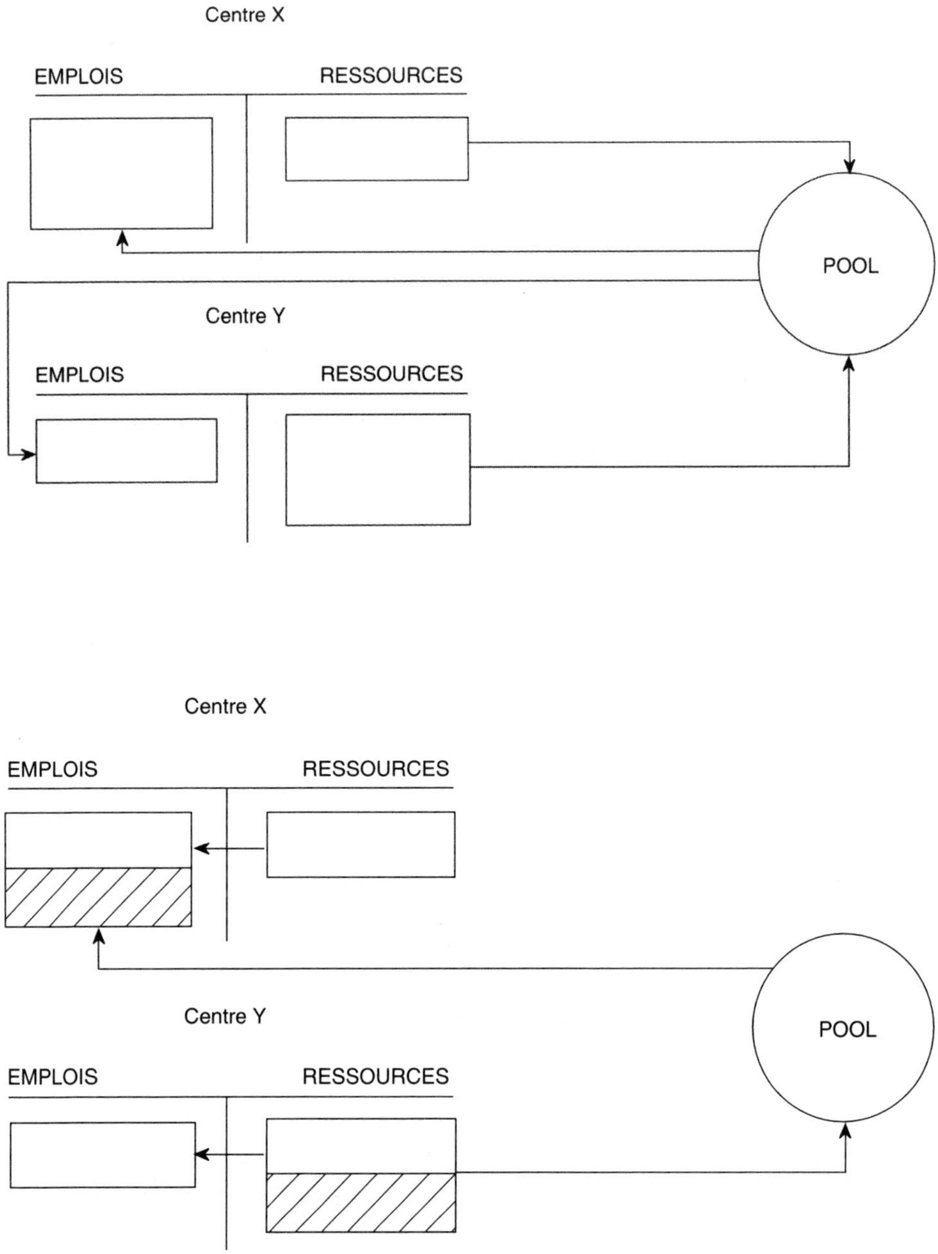

Figure 5.4 – Flux bruts et flux nets

1.3 Le taux de cession interne des capitaux

Il s'agit, à présent, de fixer un taux pour valoriser ces mouvements de trésorerie internes à la banque et deux solutions sont possibles.

Un taux de cession unique

Un même taux de cession interne valorise tous ces mouvements de trésorerie, versement ou prélèvement dans le pool de fonds. Ainsi, une agence située dans un quartier résidentiel et qui collecte beaucoup de dépôts verra ses produits d'exploitation bancaire majorés de la rémunération des capitaux versés dans le pool, au taux de cession interne. À l'inverse, une agence spécialisée dans la clientèle entreprise verra ses charges d'exploitation bancaire majorées du coût de l'emprunt des capitaux au pool, au taux de cession interne.

Cohérent avec la méthode du pool unique, le taux de cession interne sera fixé par la banque soit d'après le coût moyen des ressources collectées soit en se référant au taux du marché monétaire. Dans le premier cas, on observera que la fixation du taux de cession interne doit être précédée d'une analyse approfondie afin qu'il y ait une adéquation avec la stratégie de développement de la banque. En effet, un taux élevé favorise la collecte des capitaux en rendant les centres de profit concernés très rentables et un taux bas favorise les centres spécialisés dans les emplois. Si la référence à un taux de marché est retenue, on peut alors objecter qu'il est délicat d'effectuer des contrôles de rentabilité à partir de critères fluctuants.

Plusieurs taux de cession

Cette solution est adoptée lorsque l'on veut tenir compte de la diversité du coût des ressources bancaires et que la méthode des pools multiples a été retenue. Ainsi, chaque pool sera assorti d'un taux de cession utilisé pour valoriser les capitaux apportés ou empruntés.

Quelle que soit la solution retenue, les taux de cession interne doivent être proches des taux de marché. De même, ils doivent permettre de distinguer la marge commerciale de la marge de transformation (figure 5.5). La marge commerciale d'un crédit, par exemple, correspond à la différence entre le taux appliqué à l'emprunteur et le taux de cession de la ressource qui le finance (a – b) et la marge commerciale d'un dépôt correspond à la différence entre le taux servi au déposant et le taux de cession au pool (c – d). L'exploitant, en négociant le taux de crédit ou de dépôt, est concerné par la marge commerciale et non par la marge de transformation (b – c) qui couvre les risques de liquidité ou de marché et qui dépend de facteurs comme l'accès de la banque aux marchés de capitaux ou l'évolution des taux d'intérêt. La marge de transformation qui sera affectée à un centre de profit comme la gestion de trésorerie, s'ajoute à la marge commerciale pour former la marge globale d'intermédiation égale à la différence entre le rendement des emplois et le coût des ressources (a – d).

© Dunod – Toute reproduction non autorisée est un délit.

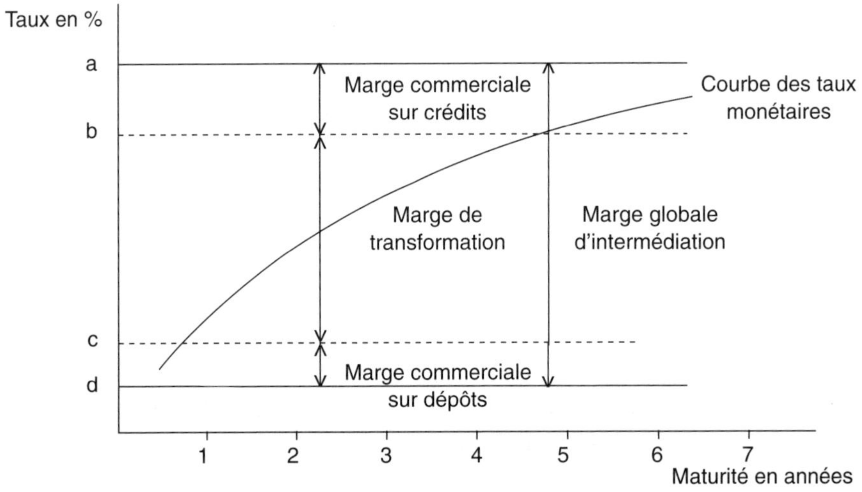

Figure 5.5 – Marge commerciale et d'intermédiation

En conclusion de ce développement consacré au calcul du Produit net bancaire d'un centre de profit, on soulignera que les produits et charges d'exploitation bancaire affectés au centre sont réels et calculés, les calculs étant effectués à partir du ou des taux de cession interne et prenant en compte les produits du *float*.

2 Les frais généraux d'un centre de responsabilité

Il s'agit à présent de déterminer la fraction de frais généraux que l'on peut imputer à chaque centre de responsabilité. C'est un aspect particulièrement délicat à traiter car la banque étant multiproductrice et découpée en un grand nombre de centres de responsabilité qui n'ont pas tous des activités homogènes, les calculs nécessitent de combiner des mesures sur le terrain et des solutions conventionnelles de même qu'ils doivent être modulables pour s'adapter à des objets différents comme les produits ou les clients. Quelques définitions précéderont le mode de calcul des frais généraux.

2.1 Définitions

Charges directes et charges indirectes

Les charges directes sont celles qui peuvent être imputées sans difficulté à un centre de responsabilité car celui-ci les supporte intégralement.

Les principales charges directes sont :

- les charges de personnel, les plus importantes s'élevant à près des trois quarts des charges directes ;
- les charges d'informatique ;
- les charges immobilières correspondant à l'utilisation des locaux ;
- les charges d'économat de nature diverse : fournitures de bureau, affranchissements, etc.

Comme indiqué dans le développement ci-après, l'affectation des frais généraux aux centres de responsabilité va nécessiter un filtrage progressif des charges. Les charges indirectes sont celles qui transitent par ce « filtre » en mettant en œuvre un système de facturations internes.

Exemple

> La direction générale de la banque constitue un centre de structure dont la mission est la coordination de l'ensemble des composantes. On peut alors, par le biais de facturations internes, répercuter sur tous les autres centres les charges directes de la direction générale en utilisant des clés de répartition conventionnelles (effectifs ou masse salariale des centres, par exemple).

Coûts réels ou coûts standard

Un coût standard n'est pas un coût constaté, réel, mais un coût obtenu dans des conditions optimales de mise en œuvre des moyens, indépendamment des volumes d'activité ou de phénomènes de sous-productivité. Le recours aux coûts standard permet d'éviter de répercuter ces anomalies d'un centre à l'autre par les facturations internes. De plus, la comparaison coût réel-coût standard est instructive pour mettre en évidence les dysfonctionnements.

2.2 Le calcul des frais généraux d'un centre de responsabilité

On s'appuiera sur la figure 5.6 [1].

La banque est découpée en centres de responsabilité et l'objectif du calcul est de répercuter progressivement les charges de comptabilité générale correspondant aux frais généraux sur les centres de profit afin de faire apparaître le résultat que l'on peut leur attribuer car, on l'a vu, ils sont les seuls à engendrer des recettes. Le filtrage des charges comprend cinq phases.

1. Ce schéma est emprunté à M. Rouach et G. Naulleau, *Le contrôle de gestion bancaire et financier,* Banque Éditeur, 4e édition, Paris, 2002.

© Dunod – Toute reproduction non autorisée est un délit.

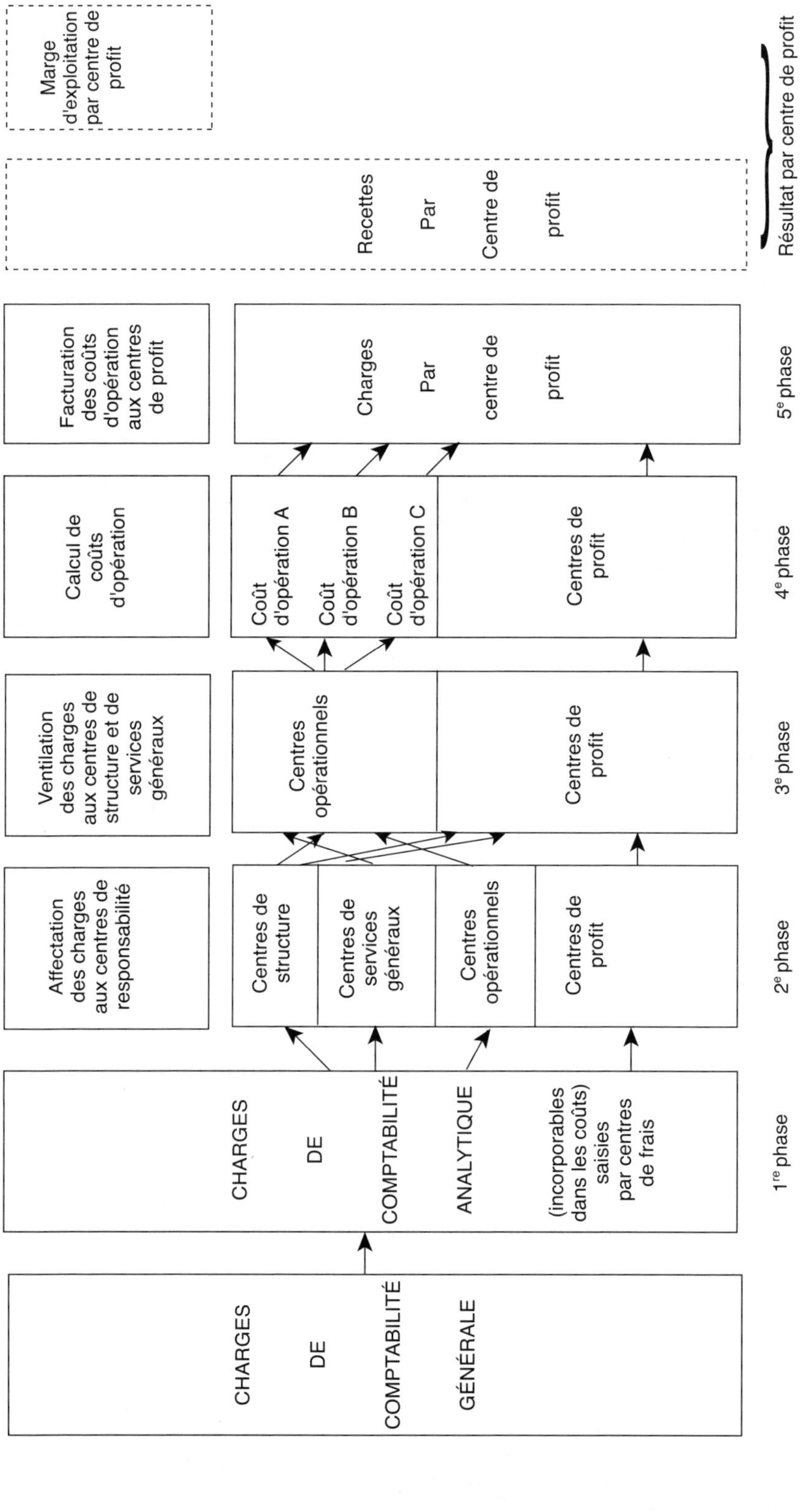

Figure 5.6 – L'affectation des charges aux centres de profit

La détermination des charges de comptabilité analytique

Les charges incorporables en comptabilité analytique sont celles de la comptabilité générale plus des charges supplétives (le coût des fonds propres) moins des charges non incorporables (charges exceptionnelles).

L'affectation des charges aux centres de responsabilité

Il s'agit des charges directes que chaque centre supporte pour mener à bien la mission qui lui est impartie.

La ventilation des charges des centres de structure et de support (ou services généraux) sur les centres opérationnels et de profit

Le filtrage s'opère en répercutant sur les centres opérationnels et de profit une quote-part de charges indirectes de structure et de support.

Pour les centres de structure qui ne livrent pas de prestations identifiables, la ventilation des charges s'appuie sur des clés de répartition conventionnelles comme indiqué précédemment. Pour les centres de support dont les prestations sont identifiables, la ventilation s'effectue à partir d'unités d'œuvre évaluant la prestation en termes de jour (de formation), de dossier (de contentieux) ou toute autre unité cohérente avec la nature de la prestation.

Le calcul des coûts d'opérations

Les centres opérationnels livrant des prestations identifiables et répétitives aux centres de profit, il est nécessaire de calculer le coût d'une prestation, appelé *coût opératoire*. Pour ce faire, une fois la prestation bien identifiée (exécution d'un ordre de bourse, encaissement d'un chèque, etc.), on schématise le mode opératoire, c'est-à-dire l'enchaînement de toutes les tâches élémentaires et de tous les facteurs qui concourent à la réalisation de la prestation. C'est à cette occasion que des analyses fines sont menées pour mesurer le coût des moyens mis en œuvre.

Ainsi, l'unité d'affectation la plus logique des charges de personnel à la prestation concernée est le temps passé évalué à son coût, c'est-à-dire le coût-minute qui résulte de deux éléments :
- les charges de personnel, évaluées en coût-minute, en tenant compte du niveau hiérarchique du salarié qui accomplit l'opération, du nombre de jours ouvrés (congés payés mais aussi absentéisme, périodes de formation) et de la durée du travail[1] ;

1. Si le taux d'absentéisme moyen est de 20 %, l'horaire de travail quotidien de 7 heures pour 250 jours ouvrés dans l'année, le nombre de minutes de travail par salarié est de :

$$250 \times 0,80 \times 7 \times 60 = 84\,000$$

et le coût minute d'un salarié est égal au coût salarial divisé par 84 000.

© Dunod – Toute reproduction non autorisée est un délit.

– le temps passé pour accomplir une tâche élémentaire et ce temps sont mesurés soit par des chronométrages sur place par le contrôleur de gestion, soit par des auto-pointages ou encore en ayant recours à des tables de temps standard prédéterminés.

Focus

Les tâches élémentaires

- Procédure succursale de remise chèque Paris ou province
- Réception de la remise
- Contrôle de la remise
- Délivrance de l'accusé de réception au client
- Séparation bordereau et chèque
- Saisie de chaque chèque un par un
- Comparaison totale terminal de saisie et bordereau de remise
- Saisie « total remise »
- Griffage de chaque chèque et vérification si chèque endossé
- Stockage du ou des chèques
- Stockage du bordereau
- Établissement « bande d'ajustement » (2 fois par jour)
- Regroupage des chèques Paris (et sur soi-même)
- Regroupage des chèques province
- Regroupage des bordereaux
- Mise en sacoche
- Remise de la sacoche au collecteur

NB : Cette procédure est décrite à titre d'exemple, le recours à l'image chèque à partir de 2001 la modifie substantiellement.

Source : CNC « La mesure de la productivité dans les établissements de crédit. », juin 1990, p. 66-67.

Le coût opératoire ainsi obtenu est un coût réel ou standard.

La facturation des coûts des opérations aux centres de profit

Les centres de profit sont les utilisateurs finals des opérations dont le coût leur est transféré par le biais de facturations internes tenant compte du nombre d'opérations utilisées par le centre.

Et en définitive, tous les frais généraux de la banque, par le jeu de ce filtrage, sont transférés sur les centres de profit et se retranchent du Produit net bancaire du centre pour obtenir son Résultat brut d'exploitation, ce qui permet des comparaisons d'un centre de profit à l'autre – les agences peuvent être classées selon ce critère –, des suivis dans le cadre d'indicateurs de rentabilité et des prévisions dans le cadre d'une gestion budgétaire. Des analyses s'inspirant de cette méthodologie peuvent également s'appliquer à des produits (crédits immobiliers, comptes et plans d'épargne logement, etc.) et à des clients.

Dans le cas de produits de type crédit, le calcul permet de déterminer le taux d'intérêt minimum à appliquer à un client pour qu'une marge soit dégagée conformément à la réglementation qui interdit les marges négatives, comme indiqué sur la figure 5.7.

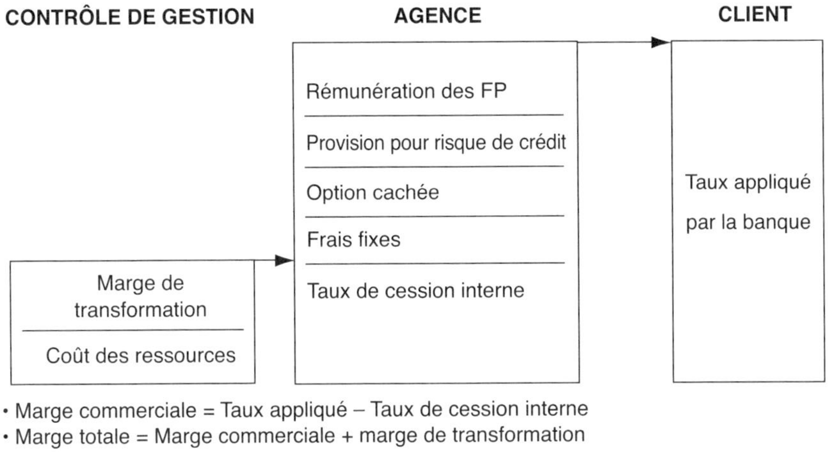

Figure 5.7 – Comment fixer un taux de crédit ?

Si le calcul s'applique à un client ou à un segment de clientèle, il indique la rentabilité de la relation commerciale avec ce ou ces clients, information précieuse dans l'optique de la tarification des services de caisse et de la stratégie de développement de la banque.

3 La comptabilité par activités

La méthode dite ABC, pour *Activity Based Costing* ou « comptabilité par activités », conçue à la fin des années 1970, a commencé à être mise en œuvre dans le secteur bancaire à partir des années 2000. Cette méthode a pour objet l'évaluation des coûts des produits offerts, des clients ou des métiers en fonction des activités et des processus au sein de l'entreprise et non de l'organisation hiérarchique. Elle est particulièrement adaptée pour évaluer les charges indirectes, très importantes dans les banques ; elle peut déboucher sur une gestion par les processus (*Activity Based management* ou ABM).

© Dunod – Toute reproduction non autorisée est un délit.

La méthode ABC introduit un nouvel élément en comptabilité analytique : l'activité. Elle nécessite donc l'établissement d'une cartographie des processus et des activités au sein de la banque ainsi que la détermination des ressources utilisées par ces activités, conformément à la figure 5.8 suivante :

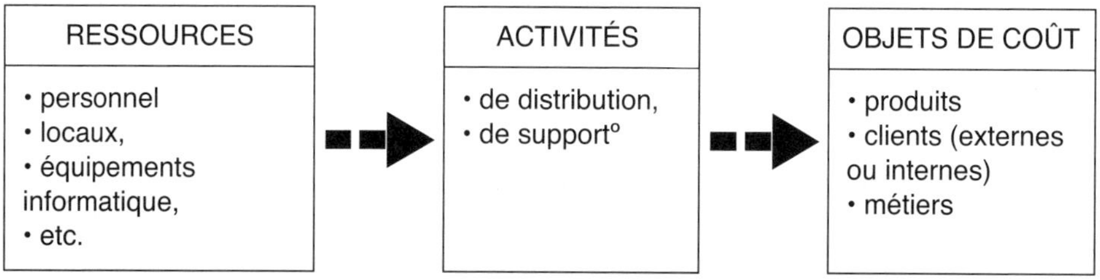

Figure 5.8 – Principes de la méthode ABC

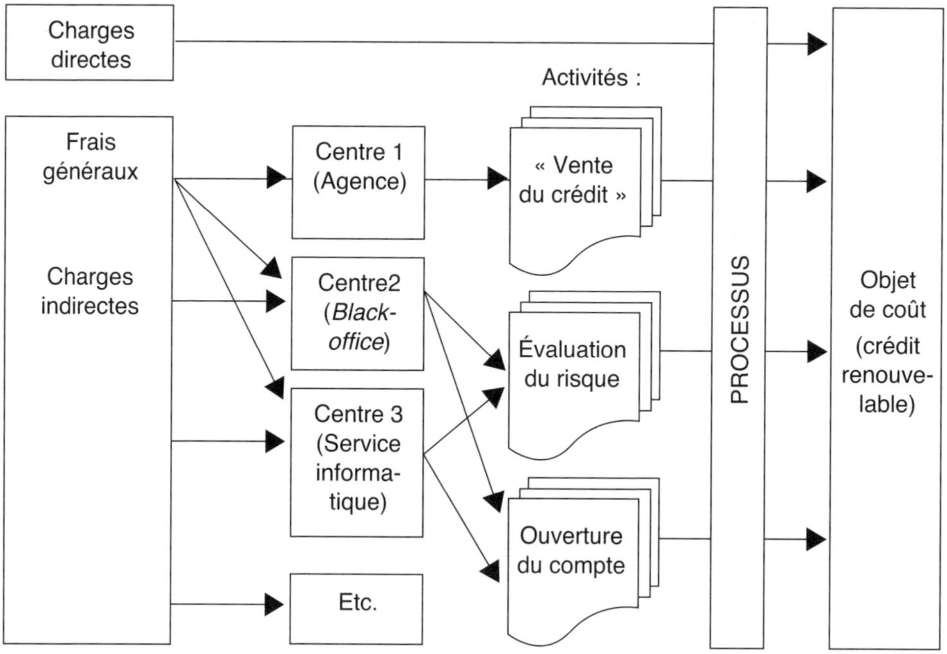

Figure 5.9 – Intégration d'une comptabilité par activités

À titre d'exemple, le processus de distribution et de gestion d'un crédit à la consommation renouvelable va supposer diverses activités comme la commercialisation du produit, l'évaluation des risques, l'envoi et le suivi de l'offre préalable, la gestion du contrat, l'ouverture éventuelle d'un compte et l'attribution d'une carte bancaire, le suivi du crédit et la gestion des impayés. Chacune de ces activités est utilisatrice de ressources (charges de personnel, matériels informatiques et logiciels, locaux…). La consommation de ressources par les activités est alors mesurée par un inducteur représentatif comme le nombre de clients prospectés pour l'activité de prospection, le nombre de dossiers étudiés pour l'activité d'évaluation du risque ou le nombre de dossiers traités pour l'activité de recouvrement. Certains coûts peuvent toutefois être affectés directement aux produits. La mise en place d'une comptabilité par activités peut s'appuyer sur la comptabilité analytique classique comme l'illustre la figure 5.9.

Aussi, même si le contrôle de rentabilité semble compliqué et coûteux à mettre en œuvre, il est indispensable à tout établissement de crédit soucieux de la mesure de ses performances et tout particulièrement de tarification.

Section 3 LES OUTILS DU SYSTÈME DE PILOTAGE

Pour s'adapter à un environnement très évolutif, les banques adoptent un système de pilotage dont les outils peuvent différer d'un établissement à l'autre mais qui tous comportent obligatoirement, du fait de la réglementation, un système de contrôle interne.

1 Le contrôle interne

Le chapitre 2 ayant présenté les dispositions du règlement n° 97-02 relatif au contrôle interne des établissements de crédit, il s'agit à présent d'examiner les conditions de l'efficacité d'un système de contrôle interne qui tiennent au respect de principes et à une organisation adéquate.

1.1 Les principes d'un système de contrôle interne

La réglementation indique les meilleures pratiques en matière de contrôle mais ces pratiques ne seront opérantes que si elles s'inscrivent dans le respect de plusieurs principes.

L'existence d'un contrôle permanent et périodique

Le contrôle interne doit reposer sur un contrôle permanent exercé à différents niveaux auquel se rajoute l'existence de contrôles périodiques.

© Dunod – Toute reproduction non autorisée est un délit.

L'indépendance des contrôleurs et des contrôlés

Il importe qu'une séparation stricte des fonctions soit établie. Les organes de contrôle doivent être identifiés avec des missions clairement précisées et être indépendants des entités contrôlées.

De plus, la distinction autorisation/exécution/contrôle doit être assurée, d'où :

– la séparation absolue entre les services opérationnels qui initient les opérations (agence, salle de marchés…) et les services administratifs qui assurent l'enregistrement comptable et la conservation des justificatifs (*back offices*) ;

– la délimitation précise des compétences de chacun par le biais de délégations de pouvoirs clairement établies ;

– l'enregistrement obligatoire et immédiat de toutes les opérations.

La désignation d'un responsable

Comme le rappelle le règlement 97-02 l'organisation d'un contrôle de conformité doit s'accompagner de la nomination d'un responsable de cette fonction ; il en va de même pour la filière risque qui doit être dotée d'un responsable.

L'affectation de moyens adaptés

Les moyens affectés au contrôle interne doivent être adaptés à la taille de l'entreprise, aux opérations réalisées et aux risques pris. Les organes en charge du contrôle doivent recevoir notamment une formation approfondie, notamment lorsque les opérations qu'ils doivent vérifier sont complexes.

Les liens avec les organes exécutifs et délibérants

Des comptes rendus doivent être délivrés par les filières de contrôle aux organes exécutifs et délibérants. Des comités spécifiques peuvent mis en place auprès de ces derniers.

L'exhaustivité des contrôles

Toutes les activités, toutes les opérations, toutes les composantes de l'établissement de crédit doivent faire l'objet de contrôles réguliers, il ne saurait y avoir de sanctuaires auxquels les contrôles ne s'appliqueraient pas.

Le réexamen périodique des systèmes de contrôle

Les évolutions rapides en matière de technologie, de techniques financières, de législation commandent un réexamen régulier des procédures de contrôles afin qu'elles restent en phase avec leur objet.

1.2 L'organisation du contrôle interne

Habituellement, elle repose sur la distinction entre trois niveaux. Ces niveaux de contrôles, permanents pour les deux premiers et périodiques pour le troisième, reposent sur des entités séparées.

Le contrôle de premier niveau

Au niveau des unités opérationnelles, le contrôle de premier degré s'appuie sur un manuel des procédures, une procédure permettant la réalisation d'une opération conformément aux normes fixées par la banque. Pour toutes les opérations, le manuel indique :

– les étapes successives et logiques du traitement ;

– la responsabilité de chaque intervenant dans la chaîne de traitement ;

– l'enregistrement comptable des informations et leur restitution ;

– les procédures de contrôle.

Le contrôle de premier degré est effectué de façon permanente par le supérieur hiérarchique des participants à la procédure ou par du personnel spécialisé.

Le contrôle de second niveau

Le contrôle de second niveau est un contrôle permanent qui est réalisé par des structures centrales ou rattachées aux pôles : sécurité des systèmes d'information ; direction du contrôle permanent...

Ce contrôle de second niveau repose également sur *la fonction conformité* :

Les établissements de crédit exerçant leurs activités dans un environnement réglementaire complexe et évolutif, le risque de non conformité est celui de non respect des dispositions qui encadrent les activités bancaires et financières, des normes déontologiques ou des orientations de la direction générale. La maîtrise de ce risque implique la création au sein du dispositif de contrôle interne d'une fonction conformité, dirigée par un responsable central de la conformité qui rend compte soit au responsable du contrôle interne, soit aux organes exécutif et délibérant.

Des procédures spécifiques d'examen de la conformité et de centralisation des informations sur les éventuels dysfonctionnements, qui s'étendent à toutes filiales et succursales, même situées à l'étranger, doivent être organisées et les salariés des établissements de crédit disposent d'une faculté d'alerte s'ils redoutent la non-conformité de certaines opérations. De même, un suivi des actions de correction des dysfonctionnements doit être prévu.

© Dunod – Toute reproduction non autorisée est un délit.

Le contrôle de troisième niveau

C'est un contrôle inopiné et *a posteriori* des opérations, réalisé fréquemment de façon transversale et périodique (engagements, trésorerie, gestion actif-passif...) dont le rôle est :

- d'évaluer l'opportunité des opérations ;
- de suivre les risques qui s'y attachent, compte tenu des délégations de pouvoir accordées ;
- d'éclairer les organes dirigeants sur la réalisation des objectifs du contrôle interne.

Le contrôle de troisième degré requiert un organe spécialisé qui, d'un établissement à l'autre, s'appelle inspection générale ou audit. Ayant un rattachement hiérarchique de haut niveau, cet organe :

- a une compétence sur l'ensemble de la banque, siège, agences et filiales en France et à l'étranger ;
- apprécie les conditions dans lesquelles le contrôle interne est effectué, notamment en rédigeant les rapports annuels prévus par la réglementation ;
- alimente par ses notes de synthèse, par ses rapports, par ses tableaux de bord, l'information des organes délibérants et dirigeants et le comité d'audit, le cas échéant.

Enfin, une continuité entre les différents niveaux de contrôle jusqu'au contrôle social des organes dirigeant et délibérant doit être respectée de façon à ce qu'une véritable culture de contrôle s'instaure dans l'établissement de crédit.

2 La gestion budgétaire

La gestion budgétaire est un outil de pilotage permettant la traduction du plan stratégique à moyen terme en budgets annuels servant de référence aux opérationnels. C'est une démarche utilisée dans toute entreprise de grande taille et à décentralisation de sa gestion qui s'appuie sur une procédure et un suivi budgétaires.

2.1 La procédure budgétaire

La gestion budgétaire consiste à doter chaque centre de responsabilité d'un budget annuel, établi selon une procédure rigoureuse (tableau 5.1) où chaque intervenant a un cahier des charges et un calendrier à respecter.

À la fin du premier semestre N, la direction générale transmet aux responsables des centres les objectifs stratégiques qu'elle compte voir réalisés en N+1. Ces objectifs se formulent en termes de parts de marché, de clientèles-cible, de produits mais aussi en terme de marges, de progression des frais généraux. De même, dans la phase terminale de la procédure budgétaire, elle négocie les budgets avec les responsables de centres, procède à des arbitrages et, après accord du Conseil d'administration valide les budgets définitifs.

Tableau 5.1 – Les étapes d'une procédure budgétaire

Année N et mois	Direction générale	Contrôle de Gestion	Centre de responsabilité
Juin	Fixation des objectifs globaux année N+1		
Juillet	←	Réalisations du premier semestre N →	Lancement de la procédure budgétaire : les prébudgets
Août			
Septembre		Centralisation des prébudgets et étude de cohérence	NAVETTES
Octobre	Prébudgets consolidés		
Novembre	Arbitrages	Retouches des prébudgets	
Décembre	Validation	Budgets définitifs N+1	Objectifs N+1 du centre

Les responsables de centres élaborent des prébudgets dans lesquels ils effectuent des prévisions d'activité et de moyens avec un niveau de précision en adéquation avec la nature des opérations qu'ils accomplissent. Ainsi, un directeur d'agence décomposera ses prévisions d'activité :

– en volume de dépôts collectés ou de crédits distribués ;

– en nombre d'opérations, nombre de nouveaux comptes ouverts, nombre de cartes bancaires placées, nombre de chèques traités par exemple ;

– en revenus et coûts sur le mode du Produit net bancaire.

Les prébudgets portant également sur les moyens à mettre en œuvre (effectifs, surfaces, équipements, etc.), chaque agence établit en fait un compte de résultat prévisionnel.

Les contrôleurs de gestion consolident les prébudgets, en général au début du dernier trimestre N, afin de s'assurer de leur cohérence d'ensemble avec le plan stratégique. Ils engagent ensuite des négociations avec les responsables des centres afin de retoucher ou d'affiner les propositions, ce qui donne lieu à des navettes budgétaires. Une fois les budgets définitivement adoptés en fin d'année, ils sont transmis à tous les responsables de centres et les prévisions deviennent des objectifs à atteindre.

© Dunod – Toute reproduction non autorisée est un délit.

2.2 Le suivi budgétaire

La gestion budgétaire comprend bien entendu un suivi afin de vérifier que les réalisations sont bien conformes aux objectifs et, si elles ne le sont pas, rechercher la cause des écarts. Les contrôleurs de gestion procèdent aux vérifications à partir des tableaux de bord et indicateurs que chaque centre établit dans le cadre de son *reporting*. Quant aux analyses d'écarts, on distingue souvent :

– les causes internes et les causes externes. Les causes externes ont comme origine une modification de l'environnement et les causes internes sont à rechercher au sein de la banque ;
– les écarts de volume et les écarts de prix qui recouvrent l'habituelle décomposition effet-prix et effet-quantité ;
– les écarts de prévision et les écarts d'exécution. Les écarts de prévision proviennent d'une erreur de prévision : le responsable de centre a été trop ou insuffisamment optimiste sur ses capacités à atteindre des objectifs commerciaux et les écarts d'exécution proviennent d'une mauvaise adéquation objectifs-moyens.

Le contrôle de réalisation et l'analyse d'écarts doivent être rapides afin de pouvoir mettre en œuvre dès que possible les actions correctives.

2.3 Les avantages de la gestion budgétaire

La gestion budgétaire, instrument de cohérence

Il y a tout d'abord une grande cohérence entre le découpage d'une banque en centres de responsabilité et la gestion budgétaire, le budget annuel étant le cadre approprié pour présenter sous une forme synthétique le chiffrage des objectifs et moyens d'un centre. On observera que les centres de profit sont plus habitués que les autres, notamment les centres de structure et de support dont les prestations sont difficilement quantifiables et qui ont tendance à demander systématiquement la reconduction de leurs moyens, à cette analyse volume-coûts-marges car ils sont très sensibilisés aux notions de production, de performance ou de concurrence. Les systèmes de facturations internes présentés précédemment facilitent toutefois l'adoption de la démarche budgétaire. Il y a ainsi une réelle complémentarité entre la démarche analytique de type contrôle de rentabilité et la gestion budgétaire.

La gestion budgétaire assure également la cohérence entre le plan stratégique et les budgets annuels dont parties prenantes, calendriers et problématiques diffèrent puisqu'il s'agit d'articuler des objectifs de moyen et court terme.

La gestion budgétaire et la clarification des responsabilités

Les domaines de responsabilité sont nettement séparés. Aux dirigeants revient la détermination des objectifs stratégiques et l'engagement de les mettre en œuvre.

Dans le cadre des budgets annuels, les responsables déterminent les objectifs des centres et s'engagent de même à les réaliser.

La gestion budgétaire et la concertation

Même si la préparation des budgets consomme beaucoup du temps des parties prenantes avec des réunions, des négociations ou des remises en cause, elle est néanmoins l'occasion de concertations entre les niveaux hiérarchiques supérieurs, les contrôleurs de gestion et les opérationnels au cours desquelles les qualités de dialogue, de force de conviction et de recherche de consensus sont indispensables.

3 Les indicateurs et tableaux de bord

Le pilotage stratégique implique obligatoirement de se doter d'outils pour réaliser le suivi des activités et résultats des différentes composantes de la firme bancaire. À cet égard, les tableaux de bord jouent un rôle essentiel tout d'abord en tant qu'instruments de suivi et d'analyse des performances mais aussi en tant qu'instruments propres à favoriser autant la concertation lors de la sélection des indicateurs pertinents et de leur analyse que la réactivité des utilisateurs. La conception de ces outils implique d'une part de choisir les indicateurs les plus représentatifs de l'activité et des résultats et de l'autre, de les présenter dans le cadre de tableaux de bord.

3.1 Les indicateurs de gestion

Comme on peut l'imaginer, les indicateurs permettant de mesurer l'activité et les résultats d'une banque sont innombrables. Il convient, pour éviter que les tâches de *reporting* occupent plus que nécessaire le temps des personnels concernés et ce au détriment des autres opérations, de repérer soigneusement les indicateurs dont le suivi sera réalisé.

Les indicateurs de volume permettent un suivi du déroulement de l'activité. Les volumes sont mesurés en opérations, en encours, en clients, en parts de marché. Ils sont cumulés ou différentiels et dans ce cas évaluent les productions nouvelles. *Les indicateurs de résultat*, ratios ou marges, sont centrés sur la rentabilité, la productivité, la qualité et le coût des risques.

Les indicateurs sont globaux ou spécifiques et se déclinent alors selon différents critères : centre de responsabilité, métier, produit, zone géographique, etc.

Les indicateurs font l'objet de comparaisons. D'une part, des comparaisons prévisions-réalisations assurent la cohérence de la gestion budgétaire et de la conception des outils de pilotage avec comme prolongement les analyses d'écart. D'autre part, des comparaisons avec des normes (coefficient d'exploitation, rentabilité écono-

© Dunod – Toute reproduction non autorisée est un délit.

mique, etc.) peuvent être introduites et dans un cas comme dans l'autre, les écarts jouent le rôle de clignotants mettant en évidence une anomalie.

3.2 Les tableaux de bord

Les tableaux de bord sont conçus par les contrôleurs de gestion pour fournir aux responsables un outil de pilotage synthétique et l'analogie avec le tableau de bord d'une automobile ou d'un avion est totale. Composé d'indicateurs en nombre limité, les tableaux de bord ont des contenus qui diffèrent en fonction de leurs utilisateurs. On distingue habituellement :

Le tableau de bord de la direction générale centré sur la performance globale de la banque, même si cette performance est décomposée par métiers, produits ou clients (et en tous les cas selon des critères cohérents avec l'analyse stratégique). Ce tableau de bord contient des indicateurs synthétiques à dimension économique et financière et à approche transversale. Il inclut souvent des éléments de comparaison avec les réalisations des principaux concurrents.

Le tableau de bord des services opérationnels destiné aux entités de gestion. En raison de la diversité de ces entités, le tableau de bord sera adapté à la nature de leur activité : indicateurs de volume pour les centres à activité commerciale, indicateurs de marges pour des centres de type gestion de trésorerie ou de bilan. Au demeurant, comme dans les tableaux de la direction générale, une cohérence avec les axes du plan stratégique doit être assurée.

4 Les actions qualité

À l'heure actuelle, la qualité, concept hérité de l'entreprise japonaise, n'est plus considérée comme une mode mais comme une nécessité pour toutes les entreprises, donc les banques.

4.1 La qualité, pourquoi ?

Les coûts de la non-qualité ainsi que certaines caractéristiques du secteur bancaire conduisent à faire de la qualité un outil de gestion.

La non-qualité

La banque est en relation directe avec sa clientèle. Aucun intermédiaire de type grossiste, concessionnaire ou détaillant ne s'intercale entre le banquier et ses clients. De ce fait, le client identifie totalement le point de vente – agence, plate-forme téléphonique, site Internet – à la banque et lui impute la non-qualité qu'il y constate. D'autre part, les produits bancaires relèvent de la prestation de services et étant immatériels, leur qualité ne peut être mesurée par des normes physiques. Ils impliquent de plus des chaînes de traitements administratifs souvent longues et complexes. Toute erreur, tout retard ou toute interruption de la chaîne détériore la qualité du service rendu et ce, l'activité bancaire étant particulièrement répétitive, à l'occasion de chaque prestation de service. Enfin, la non-qualité peut se manifester non seulement dans les chaînes de traitements administratifs avec les erreurs de saisie, les oublis, les retards en raison d'engorgements, etc. mais également dans les relations avec les clients : accueil, attente aux guichets, délais de réponse à une demande de crédit. Et la non-qualité est à l'évidence une source de :

– *coûts supplémentaires* car il faut réparer les erreurs et reprendre les opérations souvent selon des procédures inhabituelles ;
– *mécontentement* de la clientèle.

L'objectif de qualité

Définir la qualité de façon globale n'est pas aisé car elle n'est pas mesurable dans l'absolu et son image dépend pour beaucoup de facteurs subjectifs : pour certains, une attente de cinq minutes à un guichet est acceptable, pour d'autres elle est intolérable.

La qualité se définit par contre plus facilement par rapport au client : *un produit incorpore un niveau de qualité satisfaisant s'il répond à 100 % à l'attente du client.* La qualité s'inscrit alors dans des limites strictes : non-qualité et sur qualité qui l'une et l'autre sont sources de coûts. Satisfaire totalement le client, ainsi peut-on résumer l'objectif de qualité.

L'enjeu de la qualité

La qualité constitue un impératif de la gestion des établissements de crédit pour au moins trois raisons. La première est que la concurrence est très vive et les marchés sont proches de la saturation. De plus, la clientèle est de plus en plus exigeante et ne se contente plus de produits standard et de relations impersonnelles. Enfin, le mode de rémunération du personnel ainsi que la pyramide des âges et les investissements informatiques de plus en plus lourds accroissent les coûts. Dans ces conditions, la qualité est une réponse à ces défis puisque commercialement elle devient un élément de différenciation et sur le plan des performances elle réduit les coûts et permet de motiver les équipes.

© Dunod – Toute reproduction non autorisée est un délit.

4.2 La mise en œuvre de l'amélioration de la qualité

Les principes de base

Dans ce domaine, les plus importants sont :

- *la référence aux besoins de l'utilisateur.* Et ce terme, utilisateur, ne désigne pas uniquement le client mais aussi les différentes entités de gestion de la banque qui échangent entre elles des prestations ;
- *la quantification.* En l'occurrence, il s'agit de concilier qualitatif et quantitatif en intégrant des indicateurs de qualité dans les tableaux de bord ou en concevant un tableau de bord « qualité », l'objectif « 100 % de satisfaction de l'utilisateur » restant la norme à atteindre ;
- *une démarche préventive.* Le contrôle de la qualité doit intervenir *a priori* et non *a posteriori* car il est plus efficace de rechercher les causes de la non-qualité que d'en corriger ses effets ;
- *l'implication sans réserve de tous.* L'amélioration de la qualité ne peut être la préoccupation de quelques-uns. Tous les niveaux hiérarchiques, toutes les composantes de la banque sont concernées par la qualité.

Les modalités

Les actions qualité recouvrent tout un dispositif comprenant plusieurs éléments. Il convient d'identifier les zones de non-qualité par des enquêtes de terrain auprès des utilisateurs puis de prévoir avec les intéressés les actions correctrices qui doivent être mises en œuvre. Enfin, un suivi des réalisations s'impose, à la fois quantitatif par la mise au point d'indicateurs de qualité mais aussi qualitatif, la clientèle devant percevoir l'amélioration, sinon les efforts entrepris s'avèrent inutiles. Pour mener à bien ces actions, les banques françaises se sont dotées, sur le plan organisationnel, de comités ou de directions de la qualité.

La démarche qualité peut trouver son parachèvement dans la certification Iso 9 000 de l'Association française pour l'assurance qualité. L'obtention de la norme est une garantie pour la clientèle ainsi qu'un moyen de renforcer l'image de marque de la banque. Et l'expérience montre que ce sont les banques les plus performantes qui sont soucieuses de l'amélioration de la qualité.

L'ESSENTIEL

• Bien que la nature des produits bancaires – nombreux, immatériels, mettant en jeu des capitaux et des risques ainsi que des procédures administratives complexes – rende difficile la tâche des contrôleurs de gestion, la fonction contrôle de gestion dans un établissement de crédit est une obligation, conformément à la réglementation sur le contrôle interne.

• Les centres de responsabilité, cadres adéquats des analyses de rentabilité, comprennent non seulement des centres de profit mais aussi des centres de coûts et des centres opérationnels.

• L'un des objectifs du contrôle de gestion dans la banque est de déterminer la rentabilité des centres de profit, ce qui, lorsque ceux-ci collectent ou redistribuent des capitaux, implique de calculer le Produit net bancaire du centre ainsi que la quote-part de frais généraux qui peut lui être imputée.

• Dans ce cas, les flux internes de trésorerie sont valorisés par un taux de cession interne qui permet de distinguer marge commerciale et marge de transformation et un système de facturations internes transmet les coûts des centres de coûts et des centres opérationnels vers les centres de profit sur la base des prestations utilisées.

• Les outils du système de pilotage sont variés, à commencer par le système de contrôle interne, et sont conçus pour traduire le plan stratégique en budgets annuels avec la gestion budgétaire, et pour assurer le suivi des réalisations grâce aux tableaux de bord. Assurer la qualité des produits et procédures constitue à la fois un objectif et une contrainte de ces outils.

Chapitre 6

La gestion du risque

SOMMAIRE

Tout crédit est une anticipation de revenus futurs et tout crédit comporte le risque que ces revenus ne se produisent pas et qu'aucun remboursement ou bien seulement un remboursement partiel n'ait lieu à l'échéance. De même, chaque achat de titre fait peser sur la banque le risque que l'émetteur du titre soit dans l'incapacité de verser les revenus attachés à ce titre ou de le rembourser à l'échéance.

Ce risque appelé risque de contrepartie est essentiel dans l'activité bancaire d'intermédiation et sa bonne gestion est pour tout banquier une préoccupation majeure. Cette gestion comporte en fait trois dimensions, une fonction « distribution de crédit » bien intégrée dans l'organisation de la banque, l'évaluation du risque présenté par la contrepartie et la prévention du risque.

Section 1 LE CADRE GÉNÉRAL DE LA GESTION DU RISQUE DE CONTREPARTIE

Le risque de contrepartie comporte deux aspects : un aspect externe lié à l'insolvabilité de l'emprunteur et un aspect interne qui tient à la façon dont la banque organise la fonction distribution de crédit.

1 L'insolvabilité de l'emprunteur

Le bénéficiaire d'un crédit, quel qu'il soit, entreprise, particulier, établissement de crédit, collectivité territoriale ou État, n'est pas en mesure de rembourser les avances qui lui ont été consenties et l'insolvabilité de l'emprunteur entraîne pour le banquier une perte totale ou partielle de créance ainsi que des revenus qui s'y attachent. Les causes d'insolvabilité sont diverses et généralement recherchées dans trois directions.

1.1 Le risque général

L'insolvabilité de l'emprunteur découle de facteurs externes issus de la situation politique ou économique où il exerce son activité. Outre des événements catastrophiques de type inondations ou tremblements de terre, des crises politiques mais surtout économiques accroissent le risque de crédit. Les crises économiques sont une source fréquente d'insolvabilité dans les économies contemporaines, comme l'illustre la crise financière de 2007-2008.

1.2 Le risque professionnel

Il est lié à la conjoncture d'un secteur d'activité économique. Une surcapacité structurelle, des innovations modifiant les procédés de fabrication, la contraction de la demande ou la concurrence de produits à moindre coût menacent les entreprises d'un secteur et leur solvabilité. Les exemples de crises sectorielles sont nombreux : agriculture, immobilier, sidérurgie, etc.

1.3 Le risque propre à l'emprunteur

C'est le plus fréquent et le plus difficile à cerner. Pour des raisons aux origines multiples, un emprunteur ne peut honorer ses engagements. À ces motifs bien connus d'insolvabilité vient s'ajouter, depuis plusieurs années, un quatrième lié à la localisation géographique de l'emprunteur : le risque-pays.

1.4 Le risque-pays

Le risque-pays, appelé également risque souverain, s'est considérablement développé depuis le début des années quatre-vingt et il ne concerne plus seulement les pays en voie de développement à dette extérieure élevée comme l'illustre la situation grecque.

Il recouvre tout d'abord les composantes habituelles d'un risque de contrepartie : catastrophe naturelle, crise politique ou économique, insolvabilité propre de l'emprunteur. Il présente toutefois une composante supplémentaire, liée à la situation monétaire du pays où l'emprunteur est installé. Le bénéficiaire du crédit est solvable, mais son pays étant en étant de faillite monétaire, la Banque centrale n'est pas en mesure de transférer à l'étranger les sommes correspondant au service de la dette. La question du risque-pays est au centre des préoccupations d'institutions internationales comme le FMI, la Banque mondiale et les clubs de Londres et de Paris mais également des banques concernées. Elle a donné lieu à de nombreux plans de rééchelonnement de dettes et de plans d'ajustement structurel. Elle a conduit les banques à activité internationale à constituer des provisions suffisantes au vu des critères retenus par les autorités de tutelle.

Plusieurs méthodes sont utilisées pour évaluer la probabilité de défaut d'un emprunteur et elles seront présentées dans la section suivante.

2 Le risque de crédit et l'organisation de la banque

La distribution de crédit s'appliquant à des situations très variées et complexes, la banque doit concevoir une politique de crédit et prévoir des procédures appropriées de traitement des dossiers de crédit.

2.1 La politique de crédit

C'est la direction générale de la banque, s'appuyant le cas échéant sur un comité des engagements ou des risques, qui arrête les grandes orientations de la politique de crédit en indiquant :
- les objectifs poursuivis qui, en adéquation avec le plan stratégique, se formulent en termes de clientèles, de types de crédit, de zones géographiques ;
- les taux d'intérêt à facturer aux clients pour que des marges suffisantes permettent de couvrir les coûts engendrés par les crédits (ressources, gestion, risque et fonds propres) ainsi que les garanties qui doivent être prises ;
- les délégations de pouvoir qui, dans le cadre d'une décentralisation des prises de décision, précisent les montants maximum de crédit qu'un comité de crédit local ou un exploitant pourra accorder sous sa seule signature. Ces délégations peuvent d'ail-

© Dunod – Toute reproduction non autorisée est un délit.

leurs différer pour une même entité en fonction du risque présenté par le crédit. Par exemple, un directeur d'agence disposera d'une délégation de pouvoir de 100 000 euros pour un crédit immobilier garanti par une hypothèque et de 25 000 euros pour un découvert.

Des délégations de pouvoir informelles ou imprécises sont une source majeure de risque pour un établissement de crédit et les contrôleurs internes doivent vérifier soigneusement que tout octroi de crédit entre bien dans le cadre des pouvoirs de celui qui l'a décidé.

2.2 Les procédures de traitement

Des procédures formalisées doivent être mises au point et elles concernent l'étude de la demande de crédit, le suivi du dossier de crédit et le contrôle interne.

L'étude de la demande de crédit

D'une part, il convient que l'analyste-crédit rassemble toutes les informations nécessaires sur l'emprunteur et selon une liste préalablement établie en fonction de la qualité de l'emprunteur, particulier ou entreprise, et de la nature du crédit. De l'autre, ces informations sont reportées dans des dossiers de demande de crédit qui sont des formulaires uniformisés et qui ne peuvent être considérés comme complets s'ils ne sont pas totalement documentés. Le dossier est ensuite traité par le responsable compétent et une décision d'accord ou de refus est prise ; en cas d'accord, le montant, les conditions tarifaires, les modalités de remboursement ainsi que les garanties doivent être précisés.

D'un établissement de crédit à l'autre, la procédure de traitement d'un crédit diffère mais elle doit se plier aux exigences du contrôle interne. La séparation de la fonction commerciale d'entretien de la relation avec le client et de la fonction d'étude de la demande de crédit confiée à un analyste-crédit est nécessaire. L'analyste-crédit étudie le dossier et préconise une position. Quel que soit le décideur, exploitant ou comité des engagements, il est impératif qu'il soit habilité et dispose de la délégation adéquate arrêtée par les niveaux hiérarchiques supérieurs.

Focus

Quelques éléments de droit du crédit

Tant l'exploitant que l'analyste-crédit doivent avoir présent à l'esprit certains éléments de droit du crédit qui importent pour l'étude d'une demande de crédit. *Le droit au crédit n'existe pas*, un établissement de crédit qui estime le risque trop élevé peut toujours refuser d'accorder un crédit, de le renouveler ou d'en augmenter le montant. Ce pouvoir discrétionnaire s'exerce toutefois dans des limites définies par la loi et la jurisprudence.

La contrepartie est une entreprise

- *le soutien abusif :* le banquier doit faire preuve de vigilance en matière d'octroi de crédit ; il a un devoir de discernement et doit apprécier l'opportunité d'un crédit sans toutefois s'immiscer dans les affaires de son client. S'il accorde des concours à une entreprise dont la situation est irrémédiablement compromise, il crée une apparence de solvabilité et sa responsabilité peut être mise en cause pour soutien abusif. Sa responsabilité peut également être engagée s'il s'est comporté comme dirigeant de fait ou s'il a fourni des moyens ruineux à une entreprise en difficulté ;
- *la rupture intempestive :* tout concours à durée indéterminée ne peut être réduit ou interrompu que sur notification écrite et après un délai de préavis indiqué lors de l'octroi du concours. Le préavis ne s'applique pas en cas de comportement répréhensible ou si la situation de l'emprunteur se révèle irrémédiablement compromise.

La contrepartie est un particulier

- *la protection de l'emprunteur :* instaurée par les lois Scrivener de 1978 et 1979, elle repose sur une obligation d'information, le maintien de l'offre de crédit pendant une période suffisante, le respect d'un délai de réflexion, la possibilité de rétractation et l'interdiction d'exclure les remboursements par anticipation. En vertu d'un devoir de mise en garde des emprunteurs profanes, la jurisprudence impose également au banquier de ne pas leur accorder un prêt excessif au regard de leurs capacités financières ;
- *le traitement du surendettement :* une procédure collective de traitement du surendettement des ménages a été instituée en 1989. Modifiée à de nombreuses reprises, elle peut aboutir à une procédure de rétablissement personnel, équivalent à une faillite civile. Elle concerne le banquier qui, à l'occasion de la mise au point d'un plan de redressement par la commission de surendettement, peut être amené à abandonner des créances ou à en étaler le paiement des intérêts et le remboursement.

Le suivi du dossier de crédit

Une fois l'accord de crédit donné, un contrat de prêt est signé entre la banque et l'emprunteur, prévoyant très précisément les obligations respectives des deux parties, notamment les échéanciers de remboursement, ainsi que les conditions tarifaires. Il est ensuite nécessaire d'organiser le suivi du crédit jusqu'à son remboursement intégral et de prévoir le traitement à appliquer en cas de non respect de ses

© Dunod – Toute reproduction non autorisée est un délit.

engagements par l'emprunteur. Le personnel en charge du suivi doit disposer de la liste des démarches à accomplir et des délais à respecter pour pouvoir ainsi détecter le plus rapidement possible l'insolvabilité de la contrepartie et déclencher le traitement adéquat.

Des difficultés peuvent surgir dans le suivi du risque lorsque les exploitants au contact de la clientèle sont les premiers alertés sur la dégradation de la situation financière du client et qu'ils tardent à informer leur hiérarchie redoutant qu'on leur attribue la mauvaise évaluation du risque ou parce qu'ils entretiennent de bonnes relations commerciales (ou personnelles) avec le client. Le contrôle interne doit veiller à éviter ces situations.

Le contrôle du risque de contrepartie

Le règlement 97-02 modifié prévoit que la mesure, la surveillance et la maîtrise des risques relève de la filière « risques » dotée d'un responsable qui rend compte à l'organe exécutif de la banque. Quant à l'organisation, les établissements français se sont dotés de directions des risques.

Le contrôle du risque de contrepartie en tant qu'aspect du contrôle interne de la banque s'appuie sur les mêmes principes : indépendance des contrôleurs et des contrôlés et deux degrés de contrôle, exhaustivité des contrôles, vérification de la cohérence des dossiers de crédit avec la politique de crédit de la banque, vérification du respect des procédures lors de l'étude de la demande de crédit puis du suivi du dossier de crédit. À cet égard, il faut insister à nouveau sur la nécessaire rapidité de la remontée des informations sur les risques de contrepartie vers la direction générale ou le comité des risques grâce à un *reporting* adapté afin que les organes dirigeants puissent, avec cette centralisation, avoir une vision d'ensemble de ce qui est assumé par leur établissement et être informés en temps réel sur les risques qui évoluent de façon préoccupante. La banque à nombreuses agences et implantations internationales est particulièrement concernée par cette centralisation. Le contrôle s'attache également à vérifier que la réglementation bancaire relative aux opérations de crédit est respectée : division des risques, tarification engendrant des marges suffisantes, taux de provisionnement des crédits non performants.

Section 2 L'ÉVALUATION DU RISQUE DE CONTREPARTIE

Dans le domaine de l'évaluation du risque de contrepartie, les banques détiennent une véritable expertise qui leur confère d'ailleurs un avantage concurrentiel par rapport à la finance directe. L'asymétrie d'information est en effet caractéristique de la relation banque – emprunteur. Non seulement ce dernier est le mieux placé pour juger du risque du projet qu'il finance par de la dette bancaire, mais de plus, il peut être tenté de dissimuler certaines informations qui provoqueraient le rejet de la demande de crédit ou encore, une fois le crédit obtenu, de l'utiliser pour un projet plus risqué que celui indiqué dans la demande initiale mais à espérance de gain plus élevée. L'évaluation du risque implique donc un savoir-faire adapté à la qualité de la contrepartie, particulier ou entreprise. Elle requiert également de savoir développer des méthodes d'évaluation conformes aux nouvelles exigences des régulateurs dans le cadre du nouveau ratio de solvabilité présenté dans le chapitre 2.

1 L'évaluation du risque des particuliers

Les crédits aux particuliers sont pour le secteur bancaire un domaine d'activité à part entière. Pendant longtemps, l'endettement des ménages, notamment à court terme, a paru suspect et symptôme de précarité financière. Aujourd'hui, ces réticences ont disparu, les particuliers s'endettent fréquemment à court comme à long terme et le marché des crédits aux particuliers est un marché en expansion régulière qui supplée parfois opportunément le ralentissement de la demande de crédit des entreprises. C'est également un marché comportant de nombreux produits avec tous les crédits à la consommation à court terme de type prêts personnels, crédits *revolving* jumelés avec les cartes bancaires, financements de biens d'équipement domestiques y compris l'achat de véhicules automobiles et les crédits immobiliers à plus long terme. L'évaluation du risque des crédits aux particuliers s'opère soit par une approche traditionnelle soit par une approche statistique, le *credit scoring*.

1.1 L'approche traditionnelle

L'approche traditionnelle du risque des particuliers utilise le jugement de l'analyste-crédit sur la capacité et la volonté de l'emprunteur de rembourser son crédit. L'analyse de risque est menée différemment en fonction de la nature du crédit, à la consommation ou immobilier.

Les crédits à la consommation

Ces crédits, généralement à court terme, sont demandés pour financer l'achat d'un bien d'équipement déterminé (automobile, appareil électroménager) ou pour financer un besoin que l'emprunteur ne précise pas. Comment évaluer le risque de ces crédits ?

• En premier lieu, il convient de collecter toutes les informations nécessaires sur l'emprunteur (situation de famille, revenus, ancienneté dans sa profession…) et

© Dunod – Toute reproduction non autorisée est un délit.

sur ses antécédents en matière d'endettement et de solvabilité. À cet égard, le banquier utilise les fichiers existants, que l'on peut classer en fichiers négatifs et fichiers positifs.

Les fichiers négatifs sont des fichiers composés d'emprunteurs ayant connu des difficultés de trésorerie dans un passé récent. Deux fichiers négatifs tenus par la Banque de France doivent être consultés avant toute offre de crédit :

- *le Fichier central des chèques* qui recense les incidents de paiement des chèques (défaut ou insuffisance de provision), les interdictions bancaires qui en découlent et les décisions de retrait de cartes bancaires ;
- *le Fichier national des incidents de remboursement des crédits aux particuliers* qui recense tous les emprunteurs en défaut de paiement ainsi que ceux qui font l'objet de la procédure collective de traitement du surendettement.

Les fichiers positifs visent à recenser tous les emprunteurs, même ceux exempts d'incidents de paiement ou de remboursement, afin que le prêteur puisse avoir une vue d'ensemble de la totalité de l'endettement de l'emprunteur et de ses caractéristiques. Les fichiers positifs sont de pratique courante dans les pays anglo-saxons et dans certains pays européens comme l'Allemagne ou l'Italie car ils permettent de mieux cerner le profil de risque présenté par un emprunteur grâce à des exploitations statistiques. En France, l'introduction d'un tel fichier est une question discutée depuis plusieurs années. En décembre 2012, le gouvernement a annoncé l'objectif de création d'un tel registre, ce qui implique de prévoir un texte conciliant les intérêts légitimes des établissements de crédit concernés qui redoutent l'exploitation commerciale du fichier par leurs concurrents et des associations de consommateurs soucieuses de la protection des libertés individuelles.

• L'évaluation du risque de crédit s'appuie alors sur les trois éléments suivants : le crédit demandé représente un montant raisonnable des revenus (deux à trois mois de revenus, en général) de l'emprunteur, ces revenus ont un caractère récurrent et l'emprunteur n'est ni surendetté ni sujet aux incidents de paiements. La prise de garanties est demandée lorsque le profil de risque de l'emprunteur est à la limite des critères appliqués par l'établissement de crédit.

Les crédits immobiliers

À plus long terme que les crédits à la consommation, ils ont aussi un montant plus élevé. L'évaluation de leur risque s'effectue selon une même démarche, collecte d'informations et prise en compte des trois éléments basiques mais adaptées au cas de crédits à long terme. Ainsi, le montant du crédit est fonction de la valeur du bien immobilier financé et de la capacité de remboursement de l'emprunteur et il ne paraît pas souhaitable que les charges de remboursement, intérêts et amortissement de l'emprunt, excèdent 25 à 30 % de ses revenus. Une assurance-crédit est systématiquement demandée afin de garantir la banque en cas de disparition des revenus quelle qu'en soit la cause, décès, chômage ou incapacité. Le bien immobilier fait également l'objet d'une hypothèque au profit du prêteur.

Au total, l'approche traditionnelle du risque des crédits aux particuliers repose sur l'aptitude de la banque à obtenir des informations précises sur l'emprunteur et sur l'expérience de l'analyste-crédit dans l'application de critères empiriques. Lorsque le nombre de dossiers à traiter est élevé et que les montants unitaires sont faibles, l'établissement supporte des coûts de traitement importants d'où l'automatisation du traitement de ces crédits.

1.2 Le *credit scoring*

Les premières recherches entreprises pour automatiser l'étude des demandes de crédit ont été menées aux États-Unis dans les années trente lorsqu'un vendeur de voitures d'occasion constata que les clients qui avaient acheté à crédit une voiture et qui remboursaient avec difficulté, présentaient de nombreux points communs. Elles se sont développées parallèlement à l'accroissement du crédit à la consommation grâce aux méthodes statistiques de classement des éléments d'une population. Elles ont été introduites en France dans le courant des années soixante-dix et à l'heure actuelle tous les établissements de crédit utilisent le *credit scoring* pour analyser le risque des crédits aux particuliers d'où l'intérêt de présenter l'objectif, la méthode et la portée de cet outil d'analyse du risque.

L'objectif du credit scoring

Le *credit scoring* est une technique qui s'efforce de synthétiser le risque de contrepartie au moyen d'une note *(score)* en affectant à chaque information représentative de la solvabilité de l'emprunteur une pondération. Le total des pondérations, comparé à une note limite préalablement établie, permet de prendre immédiatement une décision d'accord ou de refus de la demande de crédit. Le *credit scoring* relève des méthodes de notation interne du risque sur lesquelles on reviendra plus loin. À ce titre, le *credit scoring* accélère la prise de décision qui se doit d'être rapide pour un crédit à la consommation d'un montant modéré.

Pour que la technique du *credit scoring*, telle qu'elle vient d'être brièvement définie, soit performante, deux conditions sont nécessaires : les emprunteurs doivent présenter une certaine homogénéité de comportement afin que les critères décisionnels soient valables pour tous ; le crédit doit présenter également une certaine identité de montant, de durée et d'objet pour que les risques encourus soient comparables. Ceci explique alors que le *credit scoring* s'applique tout particulièrement aux crédits à la consommation et à l'analyse du risque présenté par un particulier lors de l'ouverture d'un compte ou de la vente d'une carte bancaire.

© Dunod – Toute reproduction non autorisée est un délit.

La méthode du credit scoring

Pour construire un modèle de *credit scoring*, on utilise principalement des modèles économétriques (modèles Logit et Probit) ou statistiques d'analyse de données, comme par exemple l'analyse discriminante. L'analyse discriminante permet, à partir d'un ensemble d'attributs caractérisant chaque élément d'une population, de distinguer plusieurs classes homogènes vis-à-vis d'un critère préétabli et d'affecter tout nouvel élément à la classe à laquelle il a toutes chances d'appartenir. De ce fait, le *credit scoring* comporte deux étapes, la détermination d'une note limite et l'utilisation de cette note pour tout nouveau dossier de crédit.

L'analyse discriminante d'un échantillon de dossiers

L'analyse discriminante s'effectue à partir d'une population constituée par un échantillon des dossiers de demande de crédit déjà traités par la banque. Dans cet échantillon, deux classes peuvent être aisément distinguées puisqu'il s'agit de dossiers archivés : les bons clients qui ont remboursé leur crédit sans incident et les mauvais clients qui ne les ont pas remboursés ou qui ont connu des incidents de remboursement. Il s'agit alors de repérer les attributs qui caractérisent le mieux les bons et les mauvais clients et de leur affecter une note :

– *les attributs de solvabilité :* sur chaque emprunteur, le banquier dispose d'informations variées comme l'adresse, la profession, l'âge, le revenu ou la situation de famille. Ces informations sont mises en relation avec le fait d'être bon ou mauvais payeur et l'analyse discriminante permet de repérer les informations les plus significatives et de leur affecter une pondération car certaines sont plus influentes que d'autres, ce qui revient à établir une liste d'attributs pondérés de solvabilité (voir tableau 6.1). En additionnant pour tout élément de l'échantillon la note affectée à chaque attribut, on obtient une note totale (le score) et si l'analyse discriminante a été correctement menée, les deux classes apparaissent clairement au sein de l'échantillon de départ, ce qui peut être visualisé sur un graphique (figure 6.1) où la courbe des notes obtenues par les mauvais clients est distincte de celle des bons clients car ces derniers ont obtenu une meilleure note ;

– *la détermination de la note limite :* il s'agit à présent de déterminer une note limite, en dessous de laquelle la probabilité que l'emprunteur se révèle insolvable est élevée. Cette étape est cruciale dans la technique du *credit scoring* car malgré tout le soin apporté à la discrimination de l'échantillon, de bons clients obtiennent de mauvaises notes et inversement : plus les deux courbes du graphique ont une surface commune, donc plus l'écart entre n1 et n2 est important, plus la détermination de la note limite sera délicate. Fixée à proximité de n1, elle implique l'acceptation de nombreux mauvais clients (la surface hachurée) ; fixée à proximité de n2, elle élimine de nombreux bons clients (la surface grisée).

L'utilisation du credit scoring

Toute nouvelle demande de crédit sera traitée à partir d'une grille d'analyse comprenant les attributs de solvabilité ainsi que leurs pondérations selon le modèle du tableau 6.1.

Tableau 6.1 – Une grille d'analyse du risque de crédit

– Logement :		– Âge :	
a. Propriétaire ou en cours d'accession	40	a. Moins de 45 ans	20
b. Locataire	25	b. Plus de 45 ans	4
c. Pas de réponse	8	– Situation de famille :	
d. Autre cas	15	a. Célibataire homme	10
– Durée de résidence à la même adresse :		b. Célibataire femme	15
a. Moins de 6 mois	12	c. Marié (e) ou concubinage	25
b. 6 mois – 2 ans	15	– Nombre de personnes à charge :	
c. 2 ans – 7 ans	22	a. 0	10
d. Plus de 7 ans	35	b. 1	20
e. Pas de réponse	12	c. 2	30
– Profession :		d. Plus de 2	10
a. Chômeur ou assisté social	25	– Revenus mensuels :	
b. Retraité	48	a. Moins de 800 €	5
c. Cadre moyen ou supérieur, profession libérale	45	b. 800 – 1 200 €	15
d. Commerçant, artisan	35	c. 1 200 – 1 800 €	30
e. Technicien, agent de maîtrise	40	d. Plus de 1 800 €	50
f. Ouvrier spécialisé, agent de bureau	35	– Références bancaires :	
g. Travailleur saisonnier ou intérimaire	30	a. Aucune	10
– Ancienneté dans son emploi :		b. Compte chèques	40
a. Moins d'1 an	12	c. Comptes chèques et d'épargne	60
b. 1 – 3 ans	15		
c. 3 – 5 ans	25		
d. Plus de 5 ans	48		

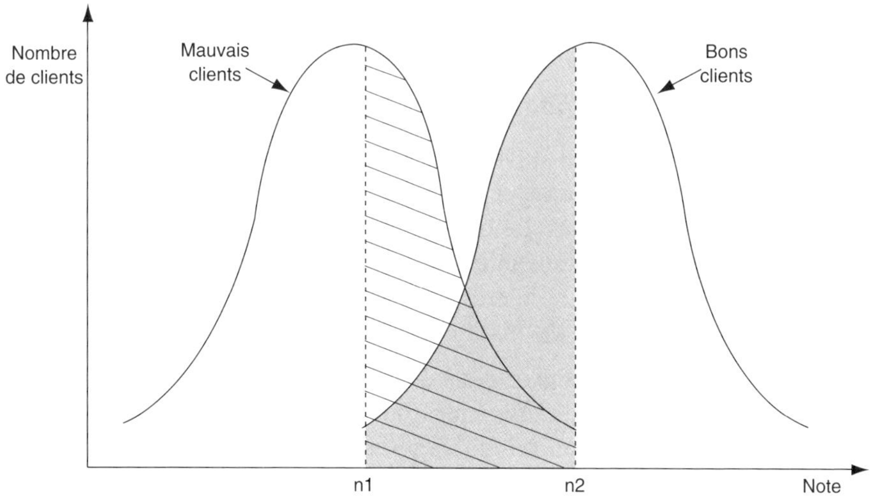

Figure 6.1 – Discrimination en deux classes d'un échantillon de clients

© Dunod – Toute reproduction non autorisée est un délit.

Dans cette grille, neuf attributs de solvabilité ont été retenus et pondérés selon leur influence ; leur énoncé est simple et facile à vérifier. La grille est mise à disposition de l'analyste-crédit ou de l'exploitant qui calcule la note du demandeur de crédit, la compare avec la note limite et peut ainsi évaluer le risque et prendre une décision rapide.

2 L'évaluation du risque des entreprises

Les crédits destinés aux entreprises sont plus variés que les crédits aux particuliers et leur montant est beaucoup plus élevé. L'étude de ce risque a été longtemps considérée comme une fonction noble dans la banque, fonction qui permet au banquier de faire la preuve de son sens des affaires, de son flair et cela selon une approche traditionnelle complétée parfois par des méthodes de type *credit scoring*.

2.1 L'approche traditionnelle

Elle repose sur le diagnostic financier de l'entreprise avec ses trois étapes habituelles dont la dernière, la prise de décision, a déjà été traitée dans la section 1.

La collecte d'informations sur l'emprunteur

Cette collecte ne se limite pas aux comptes annuels ; elle inclut également la connaissance des marchés et produits sur lesquels le client opère et la compréhension de la stratégie qu'il développe. Et il faut à nouveau insister sur l'avantage de la relation de long terme dans la collecte de ces informations qui permet notamment au banquier d'apprécier les qualités de compétence et de moralité des dirigeants de l'entreprise.

L'analyse de la situation financière de l'emprunteur

L'analyste-crédit utilise à ce stade tous les instruments nécessaires de l'analyse financière qui sont fort nombreux et qui dépassent le cadre de cet ouvrage[1]. On se limitera à quelques observations. Le banquier étant créancier, l'analyse du risque de contrepartie est centrée sur la solvabilité de l'emprunteur c'est-à-dire son aptitude à rembourser ses dettes exigibles avec ses actifs. Cette analyse de la solvabilité va différer selon que la demande de crédit concerne l'exploitation ou l'investissement.

• S'il s'agit d'un besoin de trésorerie à court terme, il convient de vérifier la solvabilité de l'entreprise dans les semaines ou les mois à venir : encaissera-t-elle suffisamment de recettes pour rembourser les crédits ? L'analyse financière se

1. Voir entre autres H. de La Bruslerie, *Analyse financière,* Dunod, Paris, 2002.

concentre alors sur la liquidité, la qualité des actifs et l'échéancier dépenses – recettes.

• S'il s'agit d'un besoin de financement issu du cycle d'investissement, l'analyse financière portera sur les perspectives de développement : l'activité nouvelle engendrée par l'investissement dégagera-t-elle une marge suffisante pour permettre le remboursement des crédits et le maintien de l'équilibre financier ?

2.2 Les fonctions score dans le cas du crédit aux entreprises

Utilisé pour les particuliers, le *credit scoring* peut l'être également pour les entreprises qui sont classées en deux catégories, les entreprises saines et les entreprises vulnérables. L'analyse discriminante d'un échantillon d'entreprises dont on connaît l'historique conduit à sélectionner comme attributs de solvabilité des ratios financiers pondérés en fonction de leur aptitude à séparer nettement les deux catégories d'entreprises, puis à déterminer une note limite. Pour toute nouvelle entreprise demandant un crédit, on calcule alors sa note et l'entreprise est classée dans l'une des deux catégories.

La fonction score de la Centrale de bilans de la Banque de France[1] est sans doute la fonction score la plus élaborée et la note attribuée figure dans le dossier individuel d'analyse financière que la Centrale de bilans communique aux entreprises adhérentes. Toutefois, cette approche a été, jusqu'à présent, peu utilisée par les établissements de crédit pour évaluer le risque présenté par une entreprise en raison du côté un peu sommaire de la méthode qui résume l'analyse de risque au calcul de quelques ratios et de son incapacité à discriminer des notes moyennes qui reflètent davantage des comportements financiers différents que des risques de défaillance. Elle est par contre fréquemment utilisée à titre de complément de l'approche traditionnelle. Les banques appliquant la méthode des notations internes du nouveau ratio de solvabilité sont amenées à développer les fonctions score pour évaluer la probabilité de défaut des contreparties.

3 Les nouvelles approches d'évaluation du risque de contrepartie : notations externes et internes

Les règles prudentielles élaborées par le Comité de Bâle obligent les établissements de crédit à se doter de systèmes d'évaluation du risque de contrepartie fondés sur l'une des trois méthodes proposées, la méthode standard, la méthode IRB de base et la méthode IRB avancée. Ces méthodes évaluent, selon des approches différentes, la probabilité de défaillance d'une contrepartie prise isolément ou d'un por-

1. Banque de France, *Les scores de la Banque de France. Méthodes, Résultats, Applications, 2004.*

© Dunod – Toute reproduction non autorisée est un délit.

tefeuille de crédits, ainsi que les pertes, (figure 6.2) avec comme objectif que les fonds propres soient suffisants pour couvrir les pertes inattendues, les pertes attendues étant couvertes par une tarification suffisante de crédits (prime de risque) et par des provisions.

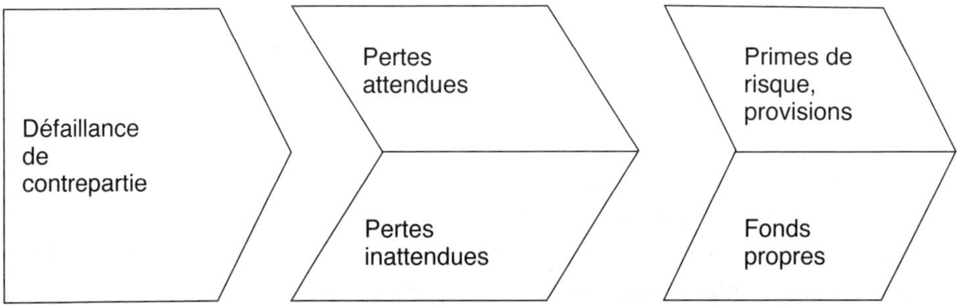

Figure 6.2 – Évaluation et couverture du risque de contrepartie

3.1 Les notations externes (méthode standard)

Dans le ratio de solvabilité, le recours à des notations externes est appelé *méthode standard* et cette méthode consiste à utiliser les notes indiquées par des organismes spécialisés dans la notation financière pour évaluer le risque de contrepartie. Avec la méthode standard, *l'évaluation de la probabilité de défaillance s'appuie sur des classifications de risques établies par des spécialistes du traitement des informations financières extérieurs à la banque,* comme par exemple la Banque de France, les agences de notation ou les sociétés d'assurance crédit.

La cotation des entreprises de la Banque de France

Le fichier FIBEN (fichier bancaire des entreprises), accessible uniquement à certains utilisateurs dont les banques, recense de nombreuses informations concernant les entreprises comme par exemple les comptes annuels, les concours bancaires et l'identité des dirigeants. Ce fichier sert de base à la cotation des entreprises par la Banque de France (encadré ci-contre).

© Dunod – Toute reproduction non autorisée est un délit.

Focus

La cotation des entreprises de la Banque de France

La cotation Banque de France attribuée aux entreprises permet de les situer en fonction de leur niveau d'activité, de la qualité de leur situation financière, de leur environnement économique et financier ainsi que de la régularité de leurs paiements. Elle conditionne également la possibilité de refinancement des établissements de crédit auprès de la Banque de France. Réservée à l'usage de la profession bancaire, la cotation est couverte par le secret professionnel.

La cotation est composée depuis 2009 de deux éléments : – une cote d'activité (lettre) indiquant le niveau d'activité (chiffre d'affaires hors-taxe consolidé du groupe pour les activités holdings), – une cote de crédit (chiffre) traduisant l'appréciation portée sur l'entreprise.

Cote d'activité (lettre)	Cote de crédit (chiffre)
Elle indique le niveau d'activité selon la grille ci-après :	0 Pas de documentation comptable récente ou documentation non exploitable.
A Égal ou supérieur à 750 M€	3++ Capacité de l'entreprise à honorer ses engagements jugée excellente.
B compris entre 150 et 750 M€	3+ Capacité jugée très forte.
C compris entre 50 et 150 M€	3+ Capacité jugée forte.
D compris entre 30 et 50 M€	4+ Capacité jugée assez forte. Absence de déséquilibres financiers importants, malgré des éléments modérés d'incertitude ou de fragilité.
E compris entre 15 et 30 M€	4 Capacité jugée acceptable. Entreprise présentant des signes de difficultés relatives à la capacité bénéficiaire, à l'autonomie financière ou à la solvabilité.
F compris entre 7,5 et 15 M€	
G compris entre 1,5 et 7,5 M€	5+ Capacité jugée assez faible.
H compris entre 0,75 et 1,5 M€	5 Capacité jugée faible.
J compris entre 0,50 et 0,75 M€	6 Capacité jugée très faible.
K compris entre 0,25 et 0,50 M€	7 Au moins un incident de paiement significatif déclaré.
L compris entre 0,10 et 0,25 M€	8 Capacité jugée menacée compte tenu des incidents de paiement.
M inférieur à 0,10 M€	9 Capacité jugée compromise, les incidents de paiement dénotant une trésorerie obérée.
N non significatif (holding sans comptes consolidés, sociétés supports juridiques de programmes immobiliers, etc.)	P L'entreprise est en procédure collective.
X niveau d'activité inconnu ou trop ancien	

Source : Banque de France.

Les notations des agences de notation (le rating)

Les agences de notation sont des sociétés spécialisées dans l'évaluation du risque présenté par un émetteur d'instruments financiers, qu'il s'agisse d'une société, d'un État, d'une collectivité territoriale ou encore d'un établissement de crédit. Elles diffusent publiquement leur évaluation, synthétisée par une note attribuée soit à une émission donnée d'instruments financiers soit à l'émetteur lui - même. Les principales agences de notation sont Standard & Poor's, Moody's et Fitch – IBCA.

Les systèmes de notation de ces agences sont bien connus. Les notes sont échelonnées de la meilleure, réservée aux émetteurs à solvabilité indiscutable (AAA de Standard & Poor's ou Aaa de Moody's), à la plus mauvaise dans les cas où la défaillance est établie. Les émissions à court comme à long terme sont notées et les agences annoncent publiquement la mise sous surveillance (avec implication positive ou négative) et le changement de note attribué à l'émetteur. De plus, les agences de notation, dans la mesure où elles disposent du fait de la nature de leur activité de séries historiques longues sur les défaillances, diffusent également des statistiques sur la corrélation entre le risque de défaillance et la notation de la contrepartie.

Le tableau 6.2, appelé matrice de transition, établit que plus une note est élevée, plus la probabilité de la conserver est élevée puisqu'une contrepartie notée AAA a une probabilité de 73,61 % de garder cette note d'ici un an alors qu'une contrepartie notée BB a une probabilité de 81,74 % de la conserver et aucune chance d'obtenir un AAA.

Tableau 6.2 – Matrice de transition des notes sur un an (en ligne, notes initiales – en colonnes, probabilité de note dans un an)

	AAA	AA	A	BBB	BB	B	CCC	D	NN
AAA	73,61	25,00	0,00	1,39	0,00	0,00	0,00	0,00	0,00
AA	1,33	82,76	10,08	0,00	0,00	0,37	0,00	0,00	5,84
A	0,07	1,11	92,32	3,54	0,00	0,07	0,00	0,00	2,88
BBB	0,00	0,00	2,86	90,34	1,90	0,14	0,00	0,00	4,76
BB	0,00	0,00	0,19	5,61	81,74	3,85	0,11	0,55	8,14
B	0,00	0,00	0,09	0,00	6,26	81,32	2,06	0,80	9,47
CCC	0,00	0,00	0,00	0,00	0,45	29,55	33,64	22,27	14,09

NN : non noté.

Source : Standard & Poor's, 2010.

Le Comité de Bâle établit une classification des actifs à risque de crédit selon la qualité de la contrepartie (États, banques, entreprises etc.) et fixe une pondération en fonction des notes attribuées par l'évaluateur externe, celles de Standard & Poor's servant d'exemple dans les documents du Comité de Bâle, et le tableau 6.4 indique la correspondance note-pondération des risques dans le cas des entreprises. Les techniques de réduction des risques (sûretés, dérivés de crédit) peuvent donner lieu à une diminution de l'exigence en fonds propres.

La méthode standard présente toutefois une limite évidente : comment évaluer les clients qui ne sont pas notés ? Indépendamment des particuliers et des très petites entreprises qui ne le sont jamais et pour lesquels une pondération uniforme (sauf dans le cas de crédits hypothécaires) de 75 % est prévue, de nombreuses entreprises ne font pas l'objet de notation car elles n'empruntent pas sur les marchés de capitaux. Il s'agit de PME ou d'entreprises familiales dont certaines peuvent être de grande taille. Ces entreprises exercent leur activité dans des économies où l'endettement bancaire prédomine, comme c'est le cas dans les pays émergents, ou dans des économies où les marchés de capitaux se sont développés récemment comme en France ou en Allemagne.

Par ailleurs, comme les tableaux 2.1 et 6.3 l'indiquent clairement, les exigences en fonds propres étant plus importantes dans la méthode standard, en raison de pondérations de risques plus élevées, que dans les méthodes de notations internes, les banques ne sont pas incitées à l'utiliser. D'où le recours à des systèmes internes il n'est pas possible de revenir à la méthode standard.

Tableau 6.3 – La pondération des risques des crédits aux entreprises : méthode standard et notations internes

Catégorie de notation externe	Probabilité de défaillance (%)(1)	Pondération des risques	
		Approche standardisée	Approche NI(2)
Plancher	0,03	20	14
AAA à AA–	0,03 à 0,05	20	14 à 19
A+ à A–	0,06 à 0,11	50	21 à 31
BBB+ à BB–	0,12 à 1,33	100	33 à 149
B+ à CCC ou inférieur	1,34 à 20,00	150	150 à 625
Plafond	20,00	150	625
Pas de notation		100	

(1) Selon des données de KMV Corporation.
(2) Sur la base d'une hypothèse de durée de trois ans (le modèle « défaillance » produit le même résultat que le modèle « valorisation au prix du marché »), d'une perte en cas de défaillance de 50 % et une exposittion en cas de défaillance de 100 % (« hypothèses de référence »).

Source : Bulletin de la Banque centrale européenne, mai 2001.

3.2 Les notations internes selon la méthode de base (IRB de base)

Avec la notation interne, *la banque évalue elle-même le risque de défaillance de la contrepartie, exploitant ainsi les informations privées qu'elle détient sur l'emprunteur* du fait de la relation de long terme ; elle détermine ensuite les fonds propres à constituer. Le Comité de Bâle prévoit deux méthodes de notations internes, l'une dite de base et l'autre dite avancée qui débouche sur les modèles internes de

© Dunod – Toute reproduction non autorisée est un délit.

risque de crédit. Ces deux méthodes impliquent la maîtrise de procédures parfaitement balisées et validées par la tutelle que le Comité de Bâle désigne sous le nom d'exigences minimales, d'où la nécessité pour les banques, à l'occasion de l'application de cette nouvelle réglementation, de mettre en adéquation leurs procédures d'évaluation des risques et celles requises par la tutelle.

La décomposition du risque de contrepartie

La manifestation du risque de contrepartie est la résultante des paramètres suivants :

- *la probabilité de défaut* (PD) qui est la probabilité qu'une contrepartie soit défaillante dans un horizon temporel déterminé, un an en général ;
- *l'exposition en cas de défaut* (EAD) qui représente le montant des risques sur une contrepartie au moment de la défaillance ;
- *la perte en cas de défaut* (LGD) qui tient compte du taux de recouvrement de la créance et des garanties qui lui sont attachées.

D'où une perte attendue (EL) qui se calcule ainsi :

$$EL = PD \times EAD \times LGD$$

Dans la méthode de base, la banque n'évalue que la probabilité de défaut grâce à ses notations internes, les autres paramètres ainsi que les maturités et les effets de diversification étant fixés par le superviseur.

La classification des contreparties

Le portefeuille de la banque est classé en cinq catégories d'actifs selon la contrepartie pour lesquelles des évaluations spécifiques de risques sont prévues : les États, les banques, les entreprises, la banque de détail (particuliers et petites entreprises sur lesquels les engagements ne doivent pas excéder 1 million d'euro) appelée également petite clientèle et les actions n'appartenant pas au portefeuille de négociation qui relève des risques de marché. Les catégories entreprises et petite clientèle sont de surcroît déclinées en sous catégories. Les opérations de titrisation font l'objet d'un traitement spécifique indiqué à la section 3, paragraphe 2.2 de ce chapitre.

L'estimation de la probabilité de défaut

Pour estimer la probabilité moyenne de défaut à un an sur une contrepartie, la banque va adopter une démarche identique à celle des agences de *rating* ou des fonctions score.

S'appuyant sur des historiques à antériorité variant selon les paramètres mais d'au moins trois ans, elle conçoit un système de notations internes qui affecte la contrepartie à une classe de risque à laquelle une probabilité de défaut est rattachée. Dès lors, une fonction réglementaire de calcul des pondérations transforme les paramètres de risque en actifs pondérés puis en exigences en fonds propres. À titre d'exemple, on indique qu'un crédit à une petite entreprise d'un montant inférieur à 1 million d'euros, avec une probabilité de défaut de 3 %, une perte en cas de défaut de 45 % et une maturité de 1 an, donne lieu à des exigences en fonds propres de 5 % du montant du crédit.

3.3 Les notations internes selon la méthode avancée (IRB avancée) : les modèles internes de risque de crédit

Un modèle interne de risque de crédit est un modèle dont l'objectif est d'évaluer les probabilités de pertes engendrées par la détention d'encours de crédits. La méthode avancée est un prolongement de la méthode de base. En effet, l'évaluation du risque s'effectue à partir d'un portefeuille, et non de contreparties individualisées, d'où la prise en compte d'effets de diversification et de corrélations de détérioration de situation financière entre contreparties. De surcroît, la probabilité de défaut est considérée comme une variable aléatoire dont il convient de déterminer la fonction de densité des pertes.

Depuis le début des années quatre-vingt-dix, les banques construisent des modèles pour évaluer les risques de marché. Il s'agit de transposer ces méthodologies au risque de contrepartie non seulement, selon le futur ratio de solvabilité, pour déterminer les fonds propres couvrant le risque de crédit mais également pour favoriser l'allocation optimale des fonds propres économiques à tous les risques assumés par la banque dans le cadre de sa gestion des actifs et passifs selon la démarche présentée dans le chapitre 7.

La modélisation du risque de crédit

L'objectif d'un modèle interne de risque de crédit est d'évaluer à horizon donné, un an en général, et avec un intervalle de confiance donné, 99 % par exemple, la perte maximale que la détention d'un portefeuille de crédit peut engendrer.

L'événement de crédit

Trois événements concrétisent le risque de contrepartie :
- la défaillance de l'emprunteur qui correspond à toutes les situations où le crédit n'est pas remboursé, du retard de remboursement à la faillite ;
- le risque de changement de *rating* de l'emprunteur. Ce risque, appelé risque de transition de *rating*, s'apprécie grâce aux matrices de transition établies par les agences de notation (tableau 6.3). Sa survenance provoque une dégradation du *spread* de signature de l'emprunteur avec la hausse des conditions de crédit qui lui sont appliquées ;
- le risque de recouvrement qui correspond au taux et à la durée de récupération des créances.

© Dunod – Toute reproduction non autorisée est un délit.

Focus

Les modèles actuels de risque de crédit

Les modèles utilisés actuellement par les grandes banques ont été mis au point à partir de 1995. On peut distinguer deux types de modèles.

• ***Les modèles de valeur de marché*** qui s'efforcent d'évaluer les différentes valeurs, à horizon donné d'un an en général, d'un portefeuille de crédits compte tenu des probabilités de pertes sur ce portefeuille issues de la détérioration de la situation financière des emprunteurs, analysée comme le changement de classe de risque de l'emprunteur et pouvant aller jusqu'à sa défaillance. Ces modèles reposent sur la méthode de la *Value at risk* (VAR) des modèles de risque de marché. À cette catégorie, appartiennent le modèle Creditmetrics proposé en 1997 par la banque américaine JP Morgan ou encore le modèle proposé par le cabinet de conseil KMV.

• ***Les modèles de défaillance*** pour lesquels l'événement de crédit ne prend que la forme de la faillite de l'emprunteur et qui évaluent, à horizon donné, la valeur d'un portefeuille de crédits compte tenu de la probabilité de faillite de la contrepartie. Les modèles Credit Risk+ proposés par la banque Crédit Suisse Financial Products en 1997 ou CreditPortofolioView proposé également en 1997 par le cabinet de conseil Mac Kinsey relèvent de cette catégorie.

Tous ces modèles reposent sur l'hypothèse que les variations tant de taux d'intérêt que de défaut sont des variables aléatoires dont il est possible d'estimer la distribution de probabilité. Cette hypothèse est acceptable pour des portefeuilles composés de crédits ; elle l'est beaucoup moins dans le cas de portefeuilles composés de dérivés de crédit pour lesquels il faut recourir à l'hypothèse de variations de taux d'intérêt non probabilisables et de pertes estimées dépendant de différents états de l'économie.

D'un type de modèle à l'autre, la définition de l'événement de crédit diffère (voir encadré).

La démarche du modèle

La construction d'un modèle de risque de crédit comprend deux étapes. En premier lieu, il s'agit de déterminer pour toutes les lignes qui composent le portefeuille de crédit les trois variables définies précédemment : la probabilité de défaut (y compris la probabilité de migration vers une classe de risque plus élevée pour les modèles en valeur de marché), l'exposition en cas de défaut et la perte en cas de défaut. On note une différence avec la méthode de base où seule la probabilité de défaut est évaluée par la banque.

La seconde étape de la modélisation consiste à déterminer la fonction de densité des pertes futures, attendues et couvertes par des provisions ou une tarification suffisante et non attendues et devant être compensées par des fonds propres (figure 6.2), non plus ligne par ligne mais pour tout le portefeuille en introduisant les corrélations entre les crédits qui composent le portefeuille (plus le risque des crédits varie dans le même sens, plus le risque de portefeuille est élevé), sachant toutefois que la prise en compte des corrélations est encadrée par le superviseur. La distribution de probabilité des pertes futures ne suit pas une loi normale comme dans le cas du risque de marché. La courbe représentative de cette distribution est dissymétrique et dite avec « queue épaisse » car la plupart des prêteurs encourent un faible risque de pertes élevées (défaillance de l'emprunteur) mais en revanche ont une forte probabilité de gains faibles (les intérêts des crédits).

Les limites des modèles internes de risque de crédit

En dépit des nombreux modèles internes de risque de crédit mis au point par les établissements de crédit et de leur application dans le cadre de la méthode avancée du futur ratio de solvabilité, il ne faut pas cacher que ces modèles présentent de nombreuses limites.

En premier lieu, on constate qu'en matière de risque de contrepartie, *les séries historiques sont beaucoup moins longues que pour les risques de marchés* où quotidiennement des cours sont déterminés. De ce fait, pour estimer les distributions de probabilités des différents paramètres du modèle, on ne dispose que de données ponctuelles. C'est ainsi que la valeur de n'importe quel instrument financier négocié sur un marché est calculée 250 fois par an alors que la valeur d'un crédit ne l'est qu'une fois par an et on rappelle que les modèles internes ont un horizon annuel. De plus, la brièveté des antécédents historiques ne permet pas de couvrir plusieurs cycles conjoncturels et de tester la robustesse des modèles en cas de crise.

D'autres difficultés surgissent lorsqu'il s'agit d'estimer la distribution de probabilité de certains paramètres comme la perte en cas de défaut qui tient compte des taux de recouvrement ou encore lorsque l'on constate que certains risques sont laissés à l'écart (le risque de taux d'intérêt lorsque l'événement de crédit est un changement de *spread*) et que des corrélations entre certaines catégories de risques sont ignorées. On comprend aisément alors pourquoi la validation des modèles internes de risque de crédit par le superviseur soit nécessaire.

Au total, ce qui peut être retenu de ces nouvelles méthodes d'évaluation du risque de contrepartie est que les banques sont vivement incitées à développer les notations internes de type méthode de base ou avancée lorsqu'elles ont une clientèle de qualité supérieure et à adopter la méthode standard si leur clientèle est moins bien notée. Quant à la construction d'un modèle interne d'évaluation de risque de crédit, elle présente l'avantage d'une démarche identique pour allouer les fonds propres aux différents risques.

© Dunod – Toute reproduction non autorisée est un délit.

Section 3 LA PRÉVENTION DU RISQUE DE CONTREPARTIE

La prévention du risque de contrepartie emprunte des voies différentes selon que le risque est pris en considération individuellement ou de façon globale.

1 La prévention individuelle du risque de contrepartie

Dans ce cas, il s'agit de rendre acceptable le risque présenté par une contrepartie déterminée grâce à un certain nombre de mesures adoptées soit lors de la mise en place du crédit soit ultérieurement et qui ne sont pas exclusives les unes des autres. Il ne faut pas les confondre avec le provisionnement qui intervient lorsque le risque s'est concrétisé.

1.1 La prise de garanties

Une banque requiert des garanties afin de se protéger en cas de défaillance de l'emprunteur et selon des modalités diverses.

Les garanties réelles

Elles portent sur des biens et prennent la forme d'hypothèques lorsqu'un immeuble est affecté à l'acquittement d'une obligation, de gages lorsque des biens meubles sont donnés en garantie avec ou sans dépossession du débiteur, ou de nantissements qui portent sur des biens incorporels (créances, comptes d'instruments financiers…).

Le banquier peut également chercher à devenir propriétaire d'un bien à titre de garantie, la fiducie ayant été introduite en droit français par une loi du 19 février 2007.

Les garanties personnelles

Elles sont données par un tiers dans le cadre de cautionnement ou d'aval. Il est très fréquent dans le cas de crédits à des PME que le banquier demande la caution solidaire du ou des dirigeants de l'entreprise afin d'éviter de se voir opposer une responsabilité financière limitée aux apports et d'inciter les dirigeants à gérer l'entreprise dans l'objectif de rembourser les créanciers. Sont également nées de la pratique des affaires, les garanties à première demande ou les lettres d'intention souscrites par les sociétés mères pour soutenir leurs filiales.

Les règles en matière de prise de garanties doivent être clairement formalisées : contrats assurant la sécurité juridique de l'opération, la définition des cas où les garanties sont obligatoires, les taux de couverture. Et il est bien entendu que la prise de garanties ne supprime pas le risque de non remboursement notamment en raison de la complexité des procédures collectives.

1.2 Le partage des risques

Pour réduire son exposition au risque sur une contrepartie, une banque peut souhaiter partager l'octroi des crédits avec d'autres établissements de crédit, là encore selon des modalités différentes.

Le cofinancement

Avec le cofinancement, plusieurs banques se mettent d'accord pour financer une contrepartie et cet accord peut donner lieu, mais cela n'est nullement obligatoire, à la constitution d'un pool bancaire. *Un pool, également dénommé tour de table ou syndicat bancaire est un accord par lequel plusieurs banques s'entendent pour consentir un concours ou accorder une garantie à une contrepartie.* Une clef de répartition assigne à chaque membre du pool une quote-part dans la masse des crédits distribués et une ou deux banques du pool, ayant en général les quotes-parts les plus élevées, sont dites chefs de file et assurent la gestion et le suivi des concours.

L'inconvénient du pool est de diluer la responsabilité de chacun et d'inciter parfois les banques membres à surenchérir entre elles. Le pool présente par contre l'avantage, outre la division des risques, de permettre à de petites banques de prendre part au financement de l'activité de plus grandes entreprises. De plus, en cas de difficultés, un pool unanime a plus de poids pour obliger une firme à mettre en œuvre un plan de redressement.

Les engagements de garanties

Dans ce cas, la banque prêteuse bénéficie d'une garantie délivrée par un tiers spécialisé dans ce type d'intervention comme par exemple une société de caution mutuelle ou Oséo Garantie intégrée dans la banque publique d'investissement. Le tiers n'intervient pas en financement.

1.3 Les clauses contractuelles

Ces clauses figurent dans les contrats de crédit et leur objectif est d'éviter que le comportement de l'emprunteur accroisse le risque tel qu'il a été analysé lors de la demande de crédit. Ces clauses, les *covenants* des contrats de crédit des pays anglo-saxons, peuvent être qualifiées de garanties positives ou négatives. Elles sont positives lorsqu'elles obligent l'emprunteur à respecter un certain nombre d'obligations comme l'établissement régulier de comptes audités, le respect de ratios financiers ou

© Dunod – Toute reproduction non autorisée est un délit.

la souscription d'une assurance crédit. Négatives, elles interdisent à l'emprunteur d'effectuer des opérations comme des cessions d'actifs, des paiements de dividendes ou des remboursements de comptes courants d'associés.

D'autres clauses, les *credit triggers*, prévoient le remboursement anticipé de tout ou partie des crédits lorsque la note de crédit est dégradée ou si le cours de l'action passe sous un certain seuil.

1.4 Les dérivés de crédit

Innovation financière majeure des années quatre-vingt-dix, les dérivés de crédit permettent à une banque de vendre le risque attaché à une créance tout en la conservant à l'actif de son bilan.

Diversité des dérivés de crédit

Plusieurs catégories de dérivés de crédit peuvent être distinguées à partir du mécanisme de transfert de risque mis en œuvre.

Les instruments liés à un événement de crédit

Avec ces instruments, l'obligation de paiement du vendeur de garantie découle de la survenance d'un événement de crédit de type défaut ou dégradation de la créance sous-jacente et c'est par la conclusion d'un contrat de *swap* que le risque a été transféré. Cette catégorie de dérivés de crédit est principalement constituée de *credit default swaps* qui représentent plus de la moitié de l'encours total des dérivés de crédit et dont la crise financière a bien montré l'importance et le rôle.

Les instruments sur spread de signature

Dans ce cas, l'obligation de paiement à la charge du vendeur de garantie naît de l'évolution de l'écart de rendement entre la créance sous-jacente et celui d'une dette de référence. Les *forward spreads* et les options sur *spreads* appartiennent à cette catégorie de dérivés de crédit.

Les total return swaps

Cette troisième catégorie est constituée de produits reposant sur un mécanisme de transfert du risque total (capital et intérêts) attaché à une créance sous-jacente. Ces instruments permettent d'échanger grâce à un *swap* le rendement d'une créance contre celui d'une dette de référence, un emprunt d'État, par exemple, donc sans risque.

À partir de ces mécanismes de base, des dérivés de crédit, dits de deuxième génération, plus sophistiqués, ont été mis au point, comme par exemple les options exotiques.

Utilité des dérivés de crédit

Les dérivés de crédit permettent une véritable gestion du risque de contrepartie puisqu'ils rendent possible la dissociation du coût du risque de contrepartie et du coût de financement de la créance à laquelle il est attaché. Un établissement de crédit peut ainsi :
– vendre des risques existants tout en conservant les créances à son bilan ;
– acheter des risques et diversifier son exposition.

Et ces deux opérations qui bien entendu peuvent s'insérer dans des stratégies d'arbitrage ou de spéculation favorisent la gestion dynamique du risque de contrepartie en donnant aux établissements de crédit l'accès à des risques de contrepartie que commercialement ils ne sont pas en mesure de prendre. Les banques sont également très actives en matière de dérivés de crédit comme teneurs de marché et assurent ainsi la liquidité de ces produits.

2 La prévention globale du risque de contrepartie

Indépendamment de son destinataire, tout concours supplémentaire accroît le risque de contrepartie total de la banque et nécessite une approche globale qui constitue un aspect de la politique de crédit définie précédemment.

2.1 Division et plafonnement du risque de contrepartie

La division des risques

Il est périlleux pour une banque, sauf si elle a été créée dans ce dessein, de concentrer ses crédits sur quelques gros bénéficiaires et la réglementation a fixé des limites à la concentration des risques. De même, le financement exclusif d'un secteur de l'activité économique ou d'une zone géographique accroît l'exposition au risque en cas de récession dans ce secteur ou cette zone. Plus les risques sont répartis entre un grand nombre de contreparties, plus la probabilité de perte est faible car à la différence des risques de marché, les risques de contrepartie sont faiblement corrélés entre eux d'où le fait que la division des risques constitue un des fondements de la finance indirecte.

Le plafonnement des risques

Il est mis en œuvre avec la fixation de plafonds qui conduisent à une allocation des risques par catégorie de contrepartie. Compte tenu du niveau de risque total qu'elle est disposée à assumer, niveau déterminé par les actionnaires, et des fonds propres dont elle est dotée, une banque fixe une limite maximale au montant de ses actifs à

© Dunod – Toute reproduction non autorisée est un délit.

risque de contrepartie et décline ensuite cette limite sous forme de plafonds définis par emprunteurs ou groupes d'emprunteurs, par types de crédit ou par zones géographiques. Les nouvelles méthodes d'évaluation du risque, notations externes et internes, facilitent cette modalité de prévention puisque les contreparties sont rattachées à une catégorie de probabilité de défaillance et qu'il est alors loisible de plafonner les encours à partir de ces catégories de risques.

Une des principales limites de l'allocation des crédits par catégorie de contrepartie est la rigidité qu'elle engendre : une fois le crédit accordé dans le cadre du plafond défini, si le risque s'accroît, la banque n'a d'autre solution que la demande de garanties supplémentaires ou de provisionner les créances. La banque doit rechercher d'autres modes de gestion du risque de contrepartie permettant un transfert du risque attaché à des créances nées, grâce à un dérivé de crédit par exemple.

2.2 La titrisation

La titrisation est une technique financière qui permet à une banque de diminuer ses actifs à risque mais, à la différence des dérivés de crédit, elle opère une sortie de la créance de l'actif du bilan de la banque. Le marché de la titrisation a joué un rôle essentiel lors de la crise financière de 2007-2008.

Mécanisme de la titrisation

Elle consiste, pour un établissement de crédit, à céder en bloc, donc à recevoir en contrepartie des liquidités, certains de ses actifs, à une entité juridique ad hoc, le *Special Purpose Vehicule*, qui lui-même en finance l'achat en émettant des parts sur le marché des capitaux (figure 6.3). Ce faisant, l'établissement de crédit cède également le risque attaché à ces actifs. Le montage de cette opération de titrisation est conçu par une banque spécialiste de cette technique financière, en général une banque de financement et d'investissement, dénommée arrangeur.

- La titrisation traditionnelle est un procédé originaire des États-Unis, datant des années 1970, qui fut d'abord utilisé par les banques pour céder leurs créances issues des crédits immobiliers hypothécaires. Cette technique a, par la suite, été utilisée de plus en plus largement. Tout d'abord, des créances de plus en plus diverses ont été cédées, les banques ayant pu se défaire de leurs créances liées aux crédits automobiles, aux crédits de cartes bancaires ou à d'autres formes de crédit. Ensuite, des acteurs autres que les banques ont eu recours à la titrisation, à l'instar des assureurs. Enfin, la titrisation a concerné non seulement des créances s'est également étendue à différents types d'actifs.
- Le véhicule de titrisation est souvent constitué sous la forme d'un trust sous l'empire des droits de Common Law ou d'une société implantée off-shore. Il se finance en émettant sur les marchés de capitaux des titres de propriété (parts) ou des titres de créances (obligations et billets de trésorerie). Ces titres peuvent avoir des profils de

rendement et de risques différents en vertu d'un mécanisme de compartimentation qui repose généralement sur un « tranchage » en trois classes : la dette senior, qui comprend des titres qui seront remboursés en premier, la dette subordonnée et la dette junior qui sera remboursée en dernière, après les titres séniors ou subordonnés. Ce découpage permet au véhicule de titrisation de proposer des titres bénéficiant d'une meilleure cotation par les agences de notation.

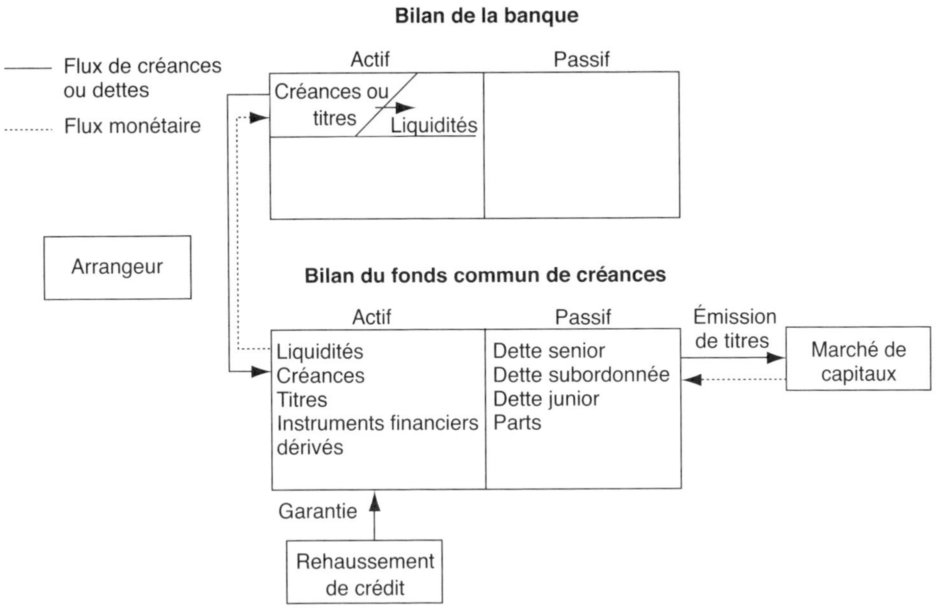

Figure 6.3 – La titrisation des créances bancaires

- Enfin, le véhicule de titrisation peut diminuer le risque présenté par les actifs grâce à différents mécanismes comme le surdimensionnement (les flux attendus du recouvrement des créances étant largement supérieurs aux flux de remboursement des titres émis) ou en contractant une assurance, ce que l'on dénomme rehaussement du crédit.
- Le législateur français est intervenu afin d'éviter que les banques et entreprises françaises ne recourent à des montages off-shore et afin d'élargir la gamme des produits financiers présents sur la place financière française. La loi du 23 décembre 1988 a donc institué un véhicule spécifique de titrisation : le fonds commun de créances (FCC) et a institué un mode simplifié de transmission des actifs. Cette loi a été régulièrement assouplie et, depuis une ordonnance du 13 juin 2008, il existe désormais deux instruments possibles de titrisation : le premier instrument, qui s'est substitué aux FCC, est le fonds commun de titrisation. Le second instrument possible est la société de titrisation.

© Dunod – Toute reproduction non autorisée est un délit.

Titrisation synthétique

• La titrisation synthétique est une technique financière, souvent désignée sous le nom de CDO pour *collateralized debt obligations*. Elle repose sur un découplage du risque de contrepartie et des risques de liquidité et taux attachés aux créances bancaires ou aux titres. *Très proche des dérivés de crédit, elle s'est développée parallèlement et ses encours dépassent aujourd'hui ceux de la titrisation traditionnelle.*

Une opération de titrisation synthétique consiste pour une banque à céder à une entité *ad hoc* le risque de contrepartie d'un portefeuille de créances (l'opération est alors dénommée CLO pour *collateralized loans obligations*) ou de titres (CBO, *collateralized bonds obligations*), tout en conservant les actifs dans son bilan. On note qu'à la différence des dérivés de crédit le transfert de risque porte sur un portefeuille de créances et non sur une créance isolée. Le portefeuille concerné est d'ailleurs configuré pour permettre l'émission de titres (dette senior, junior ou subordonnée) répondant aux attentes du marché et les CDO appartiennent à la catégorie des produits structurés. Le produit de l'émission est alors investi par le véhicule de titrisation en titres, appelés collatéral, qui garantissent les risques et dont les flux permettent la rémunération des investisseurs.

La titrisation synthétique présente les avantages suivants :

- par rapport à la titrisation traditionnelle, la banque qui n'a pas de besoin de liquidité (banque de détail, par exemple) transfère uniquement le risque de contrepartie et n'ayant pas à notifier un transfert de créances à l'emprunteur, elle conserve l'intégrité de la relation commerciale ;
- par rapport aux dérivés de crédits, la titrisation synthétique permet la couverture du risque d'un portefeuille pris dans son ensemble et non plus une gestion ligne par ligne. Elle offre aux investisseurs qui n'auraient pas souhaité se porter directement contrepartie d'un dérivé de crédit des supports adaptés.

• Le traitement de la titrisation par la réglementation prudentielle

La titrisation traditionnelle, comme synthétique, donne lieu pour les banques à des économies de fonds propres avec la sortie de risques de l'actif du bilan. Pour éviter tout opportunisme réglementaire, l'accord Bâle II prévoit que des fonds propres doivent être constitués au regard des créances titrisées comme si les risques avaient été conservés dans le bilan. La méthode standard et celle des notations internes comportent des modalités spécifiques non reprises ici.

Utilité et risques de la titrisation

Si la titrisation présente l'avantage d'accroître les crédits consentis à l'économie et de contribuer à répartir les risques au sein du système financier mondial, la crise financière de 2007-2008 a bien montré les dangers du recours excessif et incontrôlé à cette technique. À partir des années 2000, nombre de banques, et notamment celles qui étaient engagées en crédits *subprimes*, ont intensifié les opérations de titrisation passant du modèle *originate and hold* à celui de qualifié *originate and distribute*. Le retournement du marché de l'immobilier aux États-Unis et l'insolvabilité des emprunteurs qui en a découlé ont cristallisé brutalement le risque de contrepartie tout en lui conférant une dimension internationale comme nous l'avons vu dans le chapitre 2.

De plus, l'engouement des investisseurs pour les produits structurés a entraîné une accélération des opérations de titrisation synthétique. Les arrangeurs ont multiplié et superposé les montages titrisants grâce aux SIV (*Special Investment Vehicles*) financés par des crédits bancaires à court terme et investis dans des produits structurés auxquels les agences de notation ont attribué les meilleures notes, prenant en compte la qualité des informations fournies et du montage financier, notamment l'adéquation entre les garanties issues de l'actif du véhicule de titrisation et la subordination des tranches de parts émises, évacuant totalement le risque de liquidité. En effet, les produits structurés étant configurés pour répondre aux attentes d'un investisseur donné ne sont pas liquides et de surcroît lorsqu'ils incorporent des instruments dérivés, l'assèchement des marchés de négociation de ces instruments empêche leur valorisation.

Enfin, comme les véhicules de titrisation étaient financés par des lignes de crédit, les banques ont été tenues, réputation oblige, de les reconsolider, récupérant alors les risques dont elles s'étaient défaites. La crise financière de 2007-2008 a ainsi montré la nécessité de renforcer pour l'avenir la transparence de ces montages.

© Dunod – Toute reproduction non autorisée est un délit.

L'ESSENTIEL

- Pour une banque, le risque de contrepartie est celui de ne pas être remboursée du fait de l'insolvabilité de l'emprunteur, donc de subir une perte tant en capital, la créance, qu'en revenus, les intérêts.
- Le risque de contrepartie présente un aspect externe découlant de l'insolvabilité de l'emprunteur et un aspect interne lié à la façon dont la banque organise la distribution de crédit qui doit être encadrée par des procédures formalisées.
- Les établissements de crédit détiennent une véritable expertise en matière d'évaluation du risque de contrepartie. Les outils mis au point tiennent compte de la qualité de la contrepartie, particulier ou entreprise, État, autre établissement de crédit.
- Ces outils s'adaptent aux méthodes prévues dans le ratio de solvabilité qui affine l'évaluation du risque de contrepartie en généralisant la notation des emprunteurs : notation externe qui s'appuie sur les notes attribuées par des organismes spécialisés dans l'analyse du risque comme les agences de notation ; notation interne avec laquelle la banque évalue elle-même la probabilité de défaillance de la contrepartie selon différentes approches dont certaines impliquent la mise au point de modèles internes d'évaluation des risques de crédit, à l'instar des modèles d'évaluation des risques de marché.
- La prévention du risque de contrepartie s'effectue de façon individualisée avec la prise de garanties, le partage du risque et les dérivés de crédit. Quant à la prévention globale qui s'applique au portefeuille d'actifs à risque de contrepartie, elle conduit la banque à utiliser des techniques financières comme la titrisation dont la crise financière de 2007-2008 a montré qu'elles n'étaient cependant pas sans danger.

Chapitre 7

La gestion des actifs et passifs

SOMMAIRE

La gestion des actifs et passifs (GAP) – souvent dénommée ALM (*asset liabilty management*) – consiste à optimiser le couple rentabilité-risque, c'est-à-dire les deux dimensions essentielles de toute décision financière. Les risques pris en compte par la GAP sont le risque de liquidité et les risques de marché, et non le risque de contrepartie dont la gestion fait l'objet d'une approche spécifique.

Plus précisément :

- chaque banque possède une fonction d'utilité qui reflète ses préférences en matière de rentabilité et de risque ;
- chaque combinaison d'actifs et de passifs engendre un certain niveau de rentabilité et de risque ;
- parmi ces combinaisons, la banque choisit celle qui correspond à ses préférences et la GAP consiste à atteindre cette structure de bilan conforme aux exigences de la banque en la matière.

Cette définition montre bien le rôle central de la GAP dans la gestion de l'établissement de crédit. Après avoir présenté plus en détail son domaine et sa démarche, on examinera l'évaluation des risques, puis le rôle de la GAP dans l'optimisation de la rentabilité et du risque ainsi que dans la stratégie financière.

Section 1 DOMAINE ET DÉMARCHE DE LA GESTION DES ACTIFS ET PASSIFS

1 Le domaine de la gestion des actifs et passifs

Centrée sur la composition du bilan et du hors bilan qui enregistrent les opérations de banque ayant une incidence sur la situation active et passive, la GAP recouvre plusieurs tâches et se situe au confluent de plusieurs fonctions.

1.1 Les missions de la GAP

Première mission de la GAP, veiller aux équilibres bilantiels en assurant la cohérence entre les grandes masses du bilan. La stratégie de développement commande la nature des emplois et ressources, la politique d'investissement détermine le montant des immobilisations, les ratios prudentiels contraignent la structure de bilan en imposant des fonds propres minimum et le maintien de la liquidité. La GAP consiste donc en un pilotage de la structure de bilan sur un horizon pluriannuel.

En second lieu, afin d'assurer que les risques assumés sont conformes aux préférences de la banque en la matière, il est indispensable de les évaluer en se dotant d'instruments de mesure adaptés aux métiers donc aux opérations accomplies par la banque. À cet égard, la GAP contribue de façon éminente à l'optimisation du couple rentabilité – risque en procédant à des simulations de situations adverses permettant de tester la fragilité de la banque par la comparaison des fonds propres et des pertes estimées.

Enfin, la GAP s'efforce de réaliser cette structure de bilan et de la maintenir conforme aux exigences de la banque en gérant les risques et en leur affectant suffisamment de fonds propres, tout en préservant la rentabilité tant des actifs que des fonds propres.

1.2 La GAP au confluent de plusieurs fonctionnalités de l'entreprise bancaire

Depuis que les banques françaises ont reconnu à la GAP un rôle majeur au cours des années quatre-vingt avec le développement des opérations de marché et la montée des risques, des organes spécialisés ont été dévolus à la GAP dont les missions interfèrent avec la détermination du taux de cession interne des capitaux.

La place de la GAP dans l'organigramme de la banque

Deux niveaux peuvent être distingués. Les organes exécutif et délibérant sont au premier chef concernés par l'optimisation de la rentabilité et du risque car étant en charge des grandes orientations stratégiques, ce sont eux qui explicitent les préférences de la banque par rapport à ces deux critères. *Les dirigeants proposent ainsi une politique en matière d'équilibres des bilans, de couverture de risques, d'allocation de fonds propres qui doit être approuvée par les actionnaires.* Pour concevoir cette politique, la direction générale est fréquemment secondée par un comité spécialisé, appelé *comité GAP* dont le rôle est de mettre en cohérence la stratégie de développement et la stratégie financière en procédant à des analyses prospectives et à des simulations mais aussi, à plus court terme, en assurant le suivi de la situation.

Au niveau opérationnel, le *département GAP* au sein de la direction financière est chargé de la mise en œuvre de la politique arrêtée par les organes dirigeants. À cette fin, il est l'interlocuteur habituel des décideurs dont les opérations influencent le bilan, exploitants commerciaux en agence ou dans le service des engagements, exploitants financiers en salle de marché. Le département GAP est également en relation avec les contrôleurs de gestion et tous les responsables du suivi des risques.

GAP et taux de cession interne

La marge de transformation, définie dans le chapitre 5 consacré au contrôle de gestion, est égale à la différence entre les taux de marché correspondant à la maturité moyenne des actifs et des passifs de la banque. Elle est fonction des conditions d'accès de la banque aux marchés de capitaux ainsi que de la courbe des taux. Elle a vocation à couvrir le risque de liquidité et de taux. Cette marge est gérée par la cellule GAP et elle sert de référence à la détermination des taux de cession interne qui sont ainsi fixés par la direction générale à partir des propositions tant du comité GAP que du responsable du contrôle de gestion.

© Dunod – Toute reproduction non autorisée est un délit.

2 La démarche de la gestion des actifs et passifs

2.1 Une démarche globale

L'énoncé des missions de la GAP montre clairement qu'elle procède d'une démarche globale concernant toutes les composantes de la firme bancaire. Elle ne doit donc pas être confondue avec la gestion de trésorerie qui gère pour compte propre ou pour compte de tiers des positions de liquidité, taux ou change. Il montre également que la GAP qui se concentre sur la marge d'intérêts est responsable des risques de liquidité, de taux et de change et que le risque de contrepartie qui pourtant fournit l'explication la plus fréquente de la rentabilité bancaire ne peut lui être imputé.

2.2 Une démarche prévisionnelle

Elle peut être figurée comme dans la figure 7.1 qui met en évidence une démarche selon plusieurs étapes.

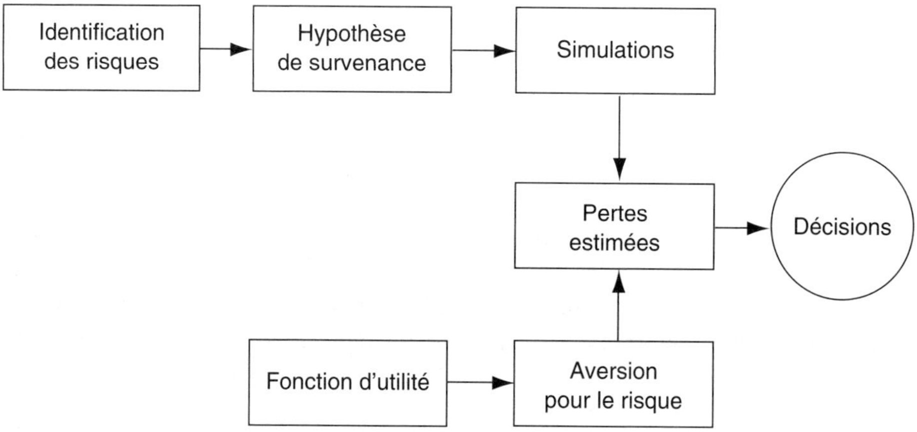

Figure 7.1 – La GAP, une démarche prévisionnelle

– *1re étape : l'identification et la mesure des risques.* Les positions de liquidité, taux et change fournissent une mesure de l'exposition de la banque aux différents risques. Cette mesure s'applique à un horizon temporel déterminé qui couvre au minimum 3 à 6 mois mais qui peut fort bien s'étendre jusqu'à 1 an en synchronisation avec la gestion budgétaire ;

– *2e étape : les prévisions de taux d'intérêt et de change.* Différentes hypothèses sur les évolutions futures des taux d'intérêt et de change sont effectuées. Ces hypothèses peuvent soit refléter les opinions les plus répandues des conjoncturistes et économistes de banque, soit envisager des évolutions très défavorables afin de tester la fragilité de la banque ;

– *3e étape : les simulations.* Les positions et prix étant déterminés, on calcule la marge d'intérêt prévisionnelle selon les différentes hypothèses envisagées. Dans le cas du scénario le plus adverse, le montant estimé des pertes est comparé aux fonds propres de la banque et ainsi, l'organe délibérant peut juger si le montant des risques assumés est acceptable compte tenu des préférences manifestées par les actionnaires ;

– *4e étape : les décisions.* Alors que les trois précédentes étapes revêtent un caractère un peu mécanique, le choix de la bonne stratégie fera toute la différence car il s'agit de choisir parmi les différentes simulations non seulement la plus réaliste mais aussi celle qui engendrera la rentabilité la plus élevée pour un niveau de risque donné et celle qui est le plus en adéquation avec les options stratégiques de la banque en matière de métiers, de produits et de taille. Et, afin que les décisions puissent être suivies d'effet, la flexibilité du bilan est nécessaire.

Section 2 L'ÉVALUATION DES RISQUES

Deux approches peuvent être utilisées pour évaluer les risques de liquidité, de taux et de change : l'une, dite comptable, conduit à déterminer des impasses ; l'autre, économique, recourt aux valeurs de marché des actifs et passifs bancaires.

1 La mesure des risques de liquidité, de taux et de change par les impasses

1.1 Le risque de liquidité

Le risque de liquidité est issu du rôle de transformation d'une banque dont le terme des emplois est généralement supérieur à celui des ressources. La transformation étant inhérente à l'activité bancaire, il s'agit d'évaluer, en cas de décalage important entre entrées et sorties de fonds, en combien de temps et à quel prix la banque pourra respecter ses engagements et éviter le manque de liquidité, équivalent de la cessation de paiements.

L'enjeu du risque de liquidité

La liquidité joue un rôle majeur dans la gestion d'un établissement de crédit. En premier lieu, la réglementation bancaire impose aux établissements de crédit le détention d'un minimum d'actifs liquides. Cette obligation prend la forme de réserves obligatoires qui représentent un pourcentage des dépôts collectés mais aussi du coefficient de liquidité qui établit un certain équilibre entre le montant des passifs les plus exigibles et celui des passifs les plus liquides.

Mais outre les obligations réglementaires, les banques doivent également détenir des liquidités suffisantes pour faire face aux demandes de retrait de la part des déposants qui peuvent intervenir à tout moment dans le cas de dépôts à vue. Enfin, les clients emprunteurs alimentent la demande de liquidité en sollicitant de nouveaux crédits qui tôt ou tard se retrouveront au passif de la banque sous forme de dépôts.

© Dunod – Toute reproduction non autorisée est un délit.

La manifestation du risque de liquidité est la crise de liquidité (voir le chapitre 2), situation dans laquelle la banque est dans l'incapacité de faire face à une demande massive et imprévue de retraits de la part de ses déposants. Cette situation est exceptionnelle mais doit rester constamment à l'esprit du banquier. Pour être en mesure de faire face à ses obligations en matière de liquidité, une banque doit détenir des actifs liquides c'est-à-dire des actifs monétaires ou des actifs pouvant être convertis en monnaie rapidement et sans perte en capital excessive. Les actifs liquides étant moins rémunérateurs que les actifs à maturité plus longue, *la gestion du risque de liquidité consiste à trouver un équilibre entre le respect des engagements réglementaires ainsi que vis-à-vis de la clientèle et l'objectif de maximisation de la marge d'intérêts.*

D'un métier à l'autre, le risque de liquidité revêt des profils différents. La banque de détail collecte une large part de ses ressources à partir de très nombreux supports et la loi des grands nombres aidant, ces ressources, dont certaines sont à vue, font preuve d'une grande stabilité. La banque de financement et d'investissement, se finançant sur les marchés et ayant vocation à apurer les besoins de financement de grandes entreprises, est sujette à des flux de fonds beaucoup plus instables.

Les impasses de liquidité

Il existe plusieurs méthodes pour mesurer le risque de liquidité. La méthode des impasses est présentée ici car elle est en général retenue par les autorités de tutelle.

• Le profil d'échéances est un tableau qui classe les actifs et passifs selon leur durée restant à courir (tableaux 7.1) selon la méthodologie suivante :

– les classes d'échéances sont plus fines pour les maturités proches, car c'est le risque de liquidité immédiate qui est mesuré ;

– les actifs et passifs sans stipulation de terme comme les dépôts à vue, les fonds propres ou les immobilisations corporelles font l'objet d'un traitement adapté. La date d'exigibilité des fonds propres est inconnue et les dépôts à vue sont très stables. C'est pourquoi, la Commission bancaire proposait dans l'un de ses modes de traitement des dépôts à vue l'échéancier suivant : 20 % à moins d'un mois, 20 % d'un mois à trois mois, 10 % de trois à six mois, 10 % de six mois à un an et 40 % de un an à cinq ans ;

– les actifs et passifs à échéance juridique différant de leur échéance pratique sont difficiles à positionner : certains crédits comme les découverts ont une maturité courte mais étant régulièrement renouvelés ils engagent les banques autant que des crédits à maturité plus longue ; d'autres crédits comportent des clauses de remboursement anticipé. De même, la Commission bancaire répartissait ainsi les comptes ordinaires débiteurs de la clientèle : 10 % seront remboursés entre un mois et trois mois, 15 % entre trois et six mois, 20 % entre six mois et un an et 55 % entre un an et cinq ans. C'est donc l'expérience acquise qui permet d'établir le profil d'échéances le plus fiable ;

– les engagements de hors bilan sont subordonnés à la survenance d'un événement futur et souvent incertain. Il est néanmoins nécessaire d'estimer les flux découlant de ces opérations à partir d'estimations sur la base des constatations passées ;

– le profil d'échéances est mis à jour régulièrement.

Tableau 7.1 – Les impasses de liquidités

I – Profil d'échéances et calcul d'impasses successives (en millions d'€)

Période D	Passifs	Actifs	Impasses
1 semaine	4 800	4 200	600
8 jours ≤ D < 1 mois	6 400	5 000	1 400
1 mois ≤ D < 3 mois	8 600	5 400	3 200
3 mois ≤ D < 6 mois	5 800	4 200	1 600
6 mois ≤ D < 1 an	2 000	2 400	– 400
1 an ≤ D < 2 ans	1 000	3 400	– 2 400
2 ans ≤ D < 5 ans	1 400	2 900	– 1 500
Plus de 5 ans	1 500	4 000	– 2 500
TOTAL	31 500	31 500	

II – Les impasses cumulées

Période	Passifs	Actifs	Impasses cumulées
Moins d'1 semaine	4 800	4 200	600
Moins d'1 mois	11 200	9 200	2 000
Moins de 3 mois	19 800	14 600	5 200
Moins de 6 mois	25 600	18 800	6 800
Moins d'1 an	27 600	21 200	6 400
Moins de 2 ans	28 600	24 600	4 000
Moins de 5 ans	30 000	27 500	2 500

III – La méthode des nombres

Période D	Passifs	Actifs	Pondération (en durée annuelle)	Passifs pondérés	Actifs pondérés
1 semaine	4 800	4 200	0,01	48	42
8 jours ≤ D < 1 mois	6 400	5 000	0,05	320	250
1 mois ≤ D < 3 mois	8 600	5 400	0,16	1 376	864
3 mois ≤ D < 6 mois	5 800	4 200	0,37	2 146	1 554
6 mois ≤ D < 1 an	2 000	2 400	0,75	1 500	1 800
1 an ≤ D < 2 ans	1 000	3 400	1,5'	1 500	5 100
2 ans ≤ D < 5 ans	1 400	5 400	3,5	4 900	18 900
Plus de 5 ans	1 500	4 000	7,5(1)	11 250	30 000
TOTAL	31 500	31 500		23 040	58 510

1. Durée forfaitaire des échéances supérieures à 5 ans : 7 ans et demi.

Indice de liquidité $= \frac{23\,040}{58\,510} \approx 0{,}39$

© Dunod – Toute reproduction non autorisée est un délit.

• La détermination de l'impasse de liquidité : pour une maturité donnée, l'impasse de liquidité, appelée également position de liquidité, est égale à la différence entre les passifs et les actifs. Ainsi, selon le tableau 7.1.I, en raison de discordances d'échéances, la banque a une impasse de 600 d'ici à une semaine qu'il lui faudra couvrir pour rester liquide. Cette impasse de liquidité engendre un coût qui peut être évalué au taux du marché interbancaire pour les échéances à 7 jours.

Il est également possible de cumuler les impasses de chaque classe pour obtenir le montant et la période de survenance du besoin de trésorerie maximum (6 800 dans notre exemple du tableau 7.1.II, d'ici à 6 mois).

On peut enfin préférer la méthode des nombres (tableau 7.1.III), utilisée par la Commission bancaire, qui consiste à pondérer les actifs et passifs par la durée moyenne de chaque classe puis à calculer un indice de liquidité égal à :

$$\frac{\Sigma \text{ des passifs pondérés}}{\Sigma \text{ des actifs pondérés}}$$

Un indice supérieur à 1 signifie que la banque emprunte plus long qu'elle ne prête et plus l'indice est faible, plus la banque transforme des passifs courts en actifs longs.

• Au sein des groupes bancaires, les impasses de liquidité peuvent être segmentées entre les différents métiers et entre les différentes entités juridiques de la banque. Une *analyse dynamique* prenant en compte des hypothèses d'évolution de la production des crédits et de la collecte des ressources, notamment des dépôts, peut également être menée.

1.2 Le risque de taux

Le risque de taux est celui où une variation des taux d'intérêt a un effet adverse sur la situation patrimoniale et le résultat de la banque. Son origine se trouve dans la présence dans un bilan bancaire d'éléments de montants et de conditions de rémunération différentes entre taux fixe et taux variable ou entre des taux variables à indexations non identiques.

La manifestation du risque de taux

Comme indiqué dans le chapitre 4, le risque de taux se manifeste par un effet – prix, la liaison inverse entre les taux d'intérêt et les éléments à taux fixe du bilan, et par un effet – revenu en raison des nouvelles conditions de rémunération des éléments du bilan à taux variable ; d'où des profils de risque de taux différents.

• Les profils de risque de taux

On distingue, selon la figure 7.2, deux positions de taux correspondant à deux profils différents.

Certains actifs ou passifs bancaires sont plus sensibles que d'autres aux modifications de taux d'intérêt et cela en fonction de la date à laquelle le taux qui leur est attaché se modifie. Les actifs et passifs sont alors classés en fonction de la date à laquelle de nouvelles conditions de rémunération seront déterminées (les Anglo-Saxons utilisent le terme de *repricing*).

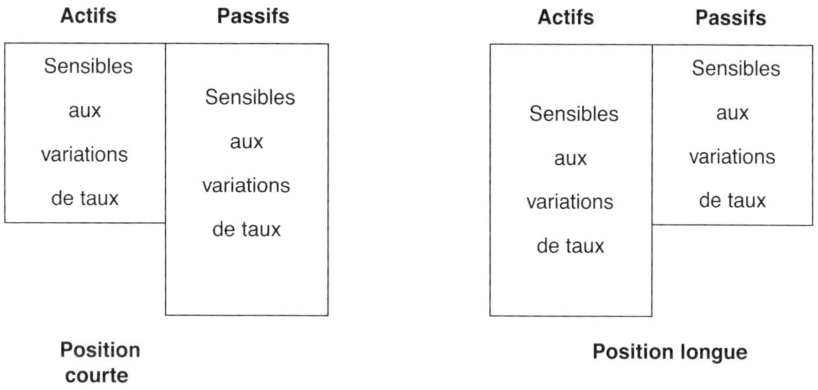

Figure 7.2 – Les positions de taux

Une banque est en position courte lorsqu'elle détient, pour une échéance donnée, moins d'actifs que de passifs sensibles aux variations de taux. Cette position est :

– défavorable en cas de hausse des taux d'intérêt ;

– favorable en cas de baisse des taux d'intérêt.

Une banque est en position longue lorsqu'elle détient, pour une échéance donnée, plus d'actifs que de passifs sensibles aux variations de taux. Cette position est :

– défavorable en cas de baisse des taux d'intérêt ;

– favorable en cas de hausse des taux d'intérêt.

• Les options cachées : dans la mesure où les emprunteurs disposent de la possibilité de rembourser par anticipation leurs crédits en cas de baisse des taux d'intérêts et les déposants de retirer leurs dépôts afin de bénéficier de la hausse des taux d'intérêt, les banques sont soumises à des risques de modification de leur marge d'intérêts liée à ces mouvements de fonds. Cette éventualité qui constitue un autre aspect du risque de taux est souvent dénommé « risque d'options cachées ».

Les impasses de taux

• Le profil d'échéances est un tableau qui classe les actifs et les passifs selon la date à laquelle les conditions de rémunération sont modifiées et non pas selon leur maturité comme dans le cas des impasses de liquidité (tableau 7.2).

© Dunod – Toute reproduction non autorisée est un délit.

Tableau 7.2 – Les impasses de taux (en millions d'euros)

Date de nouvelle détermination des taux d'intérêt	Passifs	Actifs	Écart cumulatif de taux d'intérêt
1 semaine ou moins	5 100	4 600	– 500
8 jours à 1 mois	4 500	4 200	– 800
1 à 3 mois	2 100	2 000	– 900
3 à 6 mois	1 700	1 900	– 700
6 à 12 mois	300	1 400	+ 400
1 an à 3 ans	200	700	+ 900
plus de 3 ans	1 100	200	0

Source : Harrington, La gestion par les banques de leurs actifs de leurs passifs, OCDE, Paris, 1987.

– il y a autant de classes d'échéances que de dates de révision de taux ;
– les actifs et passifs sans stipulation de taux comme les dépôts à vue sont soit exclus du profil d'échéances si on considère que leurs mouvements sont insensibles à la variation des taux ou au contraire pris en compte dans le cas inverse. Les fonds propres peuvent être analysés comme des passifs à taux fixe selon le taux requis par les actionnaires ;
– il est difficile de prendre en compte les options cachées dans le cadre d'un profil d'échéances, sauf si la banque peut estimer convenablement les encours concernés ;
– le profil d'échéances est mis à jour régulièrement.

• La détermination de l'impasse de taux : pour une classe d'échéance donnée, on calcule par différence entre les passifs et actifs une impasse qui met en évidence les défauts de concordance (*mismatching*) des échéances. Le profil d'échéances permet également de calculer :
– un ratio de sensibilité aux variations de taux, qui, pour une échéance donnée est égal à :

$$\text{RST} = \frac{\text{Actifs sensibles aux variations de taux}}{\text{Passifs sensibles aux variations de taux}}$$

Un RST égal à 1 indique pour l'échéance en question un parfait adossement (*matching)* des actifs et passifs. Un RST inférieur à 1 correspond à une position courte et un RST supérieur à 1 à une position longue ;
– le coût d'une variation adverse des taux sur la marge d'intérêt et on peut prévoir une variation différente pour la rémunération des actifs et des passifs.

Ainsi, selon le tableau 7.2, la banque est en position courte sur les échéances inférieures à trois mois et sur celle supérieure à trois ans. Son RST à trois mois est :

$$\frac{4\,600 + 4\,200 + 2\,000}{5\,100 + 4\,500 + 2\,100} = \frac{10\,800}{11\,700} = 0{,}92$$

Si les taux des actifs comme des passifs augmentent de 1 % en points de base, le coût annualisé de cette hausse peut être évalué à 5 millions d'euros pour la première semaine, puis 8 millions d'euros pour le premier mois et ainsi de suite.

1.3 Le risque de change

Le risque de change provient de la détention d'actifs et de passifs libellés en devises dont les cours sont fluctuants, ce qui engendre des gains ou des pertes.

La manifestation du risque de change

L'adoption par 12 pays de l'Union européenne d'une monnaie commune, l'euro, a sensiblement diminué l'exposition au risque de change de tous ceux qui détiennent des créances et dettes en monnaie étrangère. Le risque de change demeure présent principalement sur le dollar, la monnaie dominante des transactions internationales tant commerciales que financières et accessoirement sur des monnaies comme la livre sterling ou le yen. Toute banque à activité internationale sait que les variations des cours de change peuvent être source de pertes élevées qu'il convient d'estimer.

La mesure du risque de change

Elle s'effectue devise par devise en prenant garde à l'imbrication risque de change et risque de taux puisque les actifs et passifs libellés en devise ont des maturités variées. Aussi, pour une devise et pour une échéance donnée :

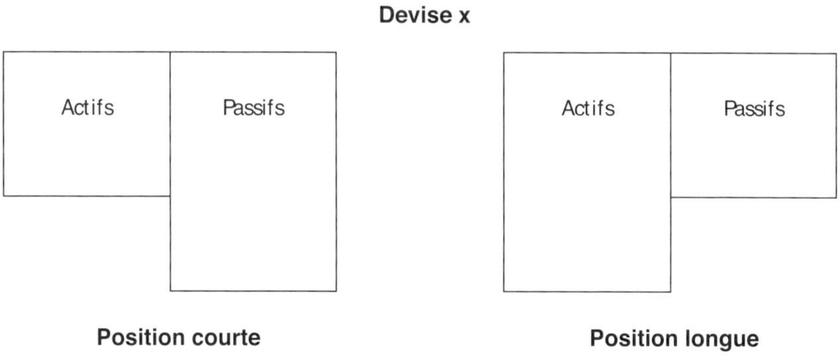

Figure 7.3 – Les positions de change

– *une banque est en position courte* lorsque ses passifs sont supérieurs aux actifs. La position courte est favorable en cas de baisse du cours de change et défavorable en cas de hausse ;
– *une banque est en position longue* lorsque les actifs sont supérieurs aux passifs. La position longue est favorable en cas de hausse du cours de change et défavorable en cas de baisse.

© Dunod – Toute reproduction non autorisée est un délit.

Le coût d'une variation adverse d'un cours de change est calculé à partir des hypothèses d'évolution des cours. Par exemple, une banque en position courte à 1 mois de 300 millions de dollars peut redouter une perte de 3 millions d'euros si dans un mois le cours du dollar s'est apprécié d'une valeur correspondant à 1 centime d'euro.

2 Les évaluations en valeur de marché

Le principal inconvénient du calcul des impasses tel qu'il vient d'être exposé, est qu'il est centré sur la sensibilité de la marge d'intérêts aux modifications de taux et qu'il ne tient pas compte des variations de valeur des actifs et passifs bancaires induites par les modifications de taux d'intérêt. L'approche économique introduit la sensibilité de la valeur de marché des actifs et passifs bancaires en utilisant le concept de duration. Elle introduit également l'incertitude dans l'évaluation des risques avec le concept de VAR, *Value At Risk*.

2.1 Duration et mesure du risque de taux

La duration fournit une mesure de la maturité réelle d'un actif financier car elle tient compte des dates et montants d'encaissements des flux (les intérêts, par exemple) avant le remboursement du principal. La duration permet également d'évaluer la sensibilité de la valeur d'un actif financier aux variations de taux d'intérêt. Elle est donc bien adaptée à la mesure du risque de taux.

Duration des actifs et passifs bancaires

La duration étant additive, on calcule la duration de l'actif d'un bilan de banque en additionnant la duration des différents actifs pondérée par leur importance respective dans le total de l'actif et de la même façon la duration du passif. On calcule ensuite l'*écart de duration* du bilan bancaire :

$$\text{Écart de Duration} = ED = (DA - \lambda\ DP)$$

avec :

DA, duration de l'actif ;

DP, duration du passif ;

l, coefficient représentatif de la part des passifs sensibles au risque de taux dans le total de bilan.

Focus

À propos de la duration

- La duration correspond à la valeur actuelle, pondérée par la durée, de tous les flux engendrés par un actif financier ou encore à la maturité moyenne de tous les flux, pondérés par leur valeur actuelle, engendrés par cet actif.

$$\text{Duration} = D = \frac{\sum_{n=1}^{N} \frac{nFn}{(1+i)^n}}{\sum_{n=1}^{N} \frac{Fn}{(1+i)^n}}$$

avec n : durée de vie en année ;
Fn : valeur du flux financier à l'année n ;
i : taux d'intérêt

- La sensibilité de la valeur de marché d'un actif financier, Po, à la variation du taux d'intérêt est une fonction de la duration et le signe moins reflète la liaison inverse taux – prix de l'actif.

$$\frac{\Delta Po}{Po} = \frac{D[\Delta i]}{(1+i)}$$

- Exemple : Calcul de la duration et de la sensibilité d'un crédit d'un montant de 1 000 €, au taux d'intérêt de 8 %, remboursable *in fine* dans 5 ans.

n	F	Valeur actuelle de F au taux de 8 %	Valeur actuelle de F pondérée par n
1	80	74,07	74,07
2	80	68,5	137,16
3	80	63,50	190,50
4	80	58,80	235,20
5	1 080	735,05	3 675,25
		1 000,00	4 312,18

– duration = $\frac{4\,312,18}{1\,000}$ = 4,31 années, ce qui signifie que compte tenu des intérêts perçus, la banque récupère sa mise de fonds au bout de 4,31 années au lieu des 5 années indiquées ;

– sensibilité dans le cas d'une augmentation du taux d'intérêt de 8 % à 8,5 % :

$$\frac{-4,31\ (0,005)}{1,08} \approx -1,99\ \%$$

La valeur de marché du crédit diminue de 1,99 % et passe à 980,1 €.

© Dunod – Toute reproduction non autorisée est un délit.

Trois cas de figure peuvent alors être distingués, présentés dans le tableau 7.3.

Tableau 7.3 – Écart de duration et exposition au risque de taux

	Situation en cas de :	
	hausse des taux	**baisse des taux**
– Écart de duration > 0	défavorable	favorable
– Écart de duration < 0	favorable	défavorable
– Écart de duration = 0	neutre	neutre

– la baisse des taux est une situation favorable pour la banque à écart de duration positif car l'actif s'apprécie davantage que le passif et inversement en cas de hausse de taux ;
– la hausse des taux est une situation favorable pour la banque à écart de duration négatif car l'actif se déprécie moins que le passif ;
– un écart de duration égal à 0 neutralise le risque de taux puisque la valeur des actifs et passifs évolue dans les mêmes proportions. Cette égalité est appelée *immunisation* contre le risque de taux.

La simplicité de ce raisonnement ne doit pas masquer les difficultés pratiques dans le calcul des durations. Ainsi, pour les dépôts à vue, faut-il considérer que leur duration est nulle ou au contraire les affecter d'une duration égale à leur durée moyenne ? De même, toute variation dans la structure des taux d'intérêt modifie également la duration. Comme dans le cas des impasses, des mises à jour fréquentes sont nécessaires.

L'estimation des pertes

Comme tout actif financier, les fonds propres de la banque ont une valeur de marché sensible à la variation des taux et fonction de l'écart de duration du bilan selon la formule :

$$\frac{\Delta \text{FP}}{\text{Total de bilan}} = -\,\text{ED}\,\frac{[\Delta \text{i}]}{(1+\text{i})}$$

La cellule GAP peut procéder à des simulations afin de déterminer les pertes selon plusieurs hypothèses de variation de taux.

EXEMPLE – Le cas de la banque ABC

La banque ABC présente la structure de bilan suivante (en milliers d'euros) et compte tenu des taux d'intérêt et maturités, la duration des actifs et passifs a été calculée comme suit :

- duration de l'actif : (4,31 × 0,5) + (0,5 × 0,4) = 2,355 années
- duration du passif : (1 × 0,555) = 0,555 année
- écart de duration : 2,355 – (0,9 × 0,555) = 1,856 année
- rendement moyen des actifs, 6,4 %

• marge d'intérêts : (40 000 + 24 000) – 30 000 = 34 000 milliers d'euros

Actif		Passif	
– liquidités (0,0) 1	100 000	– dépôts à vue (0,0)	400 000
– crédits (8 % ; 4,31)	500 000	– certificats de dépôts (6 % ; 1)	500 000
– titres (6 % ; 0,5)	400 000	– fonds propres	100 000
	1 000 000		1 000 000

(1) (Taux d'intérêt, duration)

Si les taux d'intérêt s'accroissent de 1 % en points de base, la valeur des fonds propres de la banque ABC diminuera de :

$$-1{,}856\,\frac{(0{,}01)}{1{,}064} = -1{,}74\ \%$$

ce qui induit une perte de 1 740 milliers d'euros pour une nouvelle valeur des fonds propres de 98 260 milliers d'euros.

2.2 *Value At Risk* (VAR) et mesure des risques de marché

La méthodologie de la VAR développée par la banque JP Morgan sous le nom de *Riskmetrics* au début des années quatre-vingt-dix a été mise au point dans un premier temps pour mesurer l'exposition aux risques de marché, c'est-à-dire taux, change et variation du cours des actions, du portefeuille de négociation d'une banque. La réglementation bancaire l'a retenue pour la surveillance de ces risques. De ce fait, la VAR s'est intégrée dans la gestion des risques des établissements de crédit et elle est utilisée par ces mêmes établissements pour déterminer les exigences en fonds propres couvrant les risques de marché sur le portefeuille de négociation.

La méthode VAR

Elle apporte une réponse à la question : « Si le prix des actifs qui composent le portefeuille de négociation baisse, quelles pertes maximales la banque va-t-elle supporter ? ». Plus précisément :

– pour un horizon donné, par exemple de 24 heures ou 10 jours, et le choix de cet horizon doit correspondre au laps de temps nécessaire pour vendre les titres, délai très bref sur les marchés réglementés mais qui est plus long sur les marchés de gré à gré ;
– dans un intervalle de confiance donné, dans la pratique entre 90 % et 99 %, mais rien n'empêche un intervalle plus faible ;
– on estime les pertes maximales sur le portefeuille.

Ainsi, si la VAR d'un portefeuille est estimée à 50 millions d'euros à horizon de 10 jours et avec un intervalle de confiance de 99 %, cela signifie que d'ici 10 jours, le titulaire de ce portefeuille ne perdra pas plus de 50 millions d'euros dans 99 % des cas. À l'inverse, dans 1 % des cas, la perte peut être supérieure à 50 millions d'euros.

© Dunod – Toute reproduction non autorisée est un délit.

Pour parvenir à ce résultat, une méthode complexe doit être appliquée dont on indiquera les principaux aspects. En premier lieu, la banque doit disposer de séries historiques suffisamment longues sur le prix des actifs composant le portefeuille ainsi que sur les taux constatés sur les marchés. Ces données sont indispensables pour estimer des paramètres comme la volatilité d'un actif ou sa sensibilité. Il en découle que la VAR indique la perte anticipée maximale dans les conditions habituelles de fonctionnement des marchés et non en période de crise.

On procède ensuite à un repérage (*mapping)* des positions qui composent le portefeuille pour mettre en évidence les facteurs de risque, c'est-à-dire les variables de marché auxquelles les actifs sont sensibles. Par exemple, s'il y a dans le portefeuille une obligation libellée en dollars et à duration de 5 ans, cette position est décomposée en deux sous-positions : une position en devise donc soumise au risque de change sur le dollar et une position en monnaie nationale sensible au variation de taux d'intérêt dans le cas d'une duration de 5 ans.

Enfin, pour estimer les prix et taux futurs du marché, on s'appuie sur des hypothèses concernant la distribution de probabilité de ces paramètres : la distribution de probabilité suit soit une loi normale (la méthode est alors dite des variances – covariances), soit elle reproduit les mouvements passés constatés (méthode de VAR historique), soit elle reproduit des nombres au hasard (méthode de Monte Carlo).

Malgré sa complexité, cette méthode présente de nombreux avantages. Sur le plan théorique, elle s'appuie sur des concepts empruntés à la finance de marché dont la robustesse n'est plus à démontrer et sur le plan pratique, elle apporte une réponse simple à la question du risque de perte que tout décideur, même ignorant les bases de la théorie du portefeuille, peut comprendre. Et les calculs de VAR alimentent les réflexions du comité GAP.

Applications et limites de la méthode VAR

• La méthodologie VAR est retenue par la réglementation bancaire pour la surveillance des risques de marché dans le cadre de modèles internes de risque de marché comme indiqué dans le chapitre 2. Les banques concernées évaluent quotidiennement les pertes sur leur portefeuille de négociation, à horizon de 10 jours et avec un intervalle de confiance de 99 %.

Les exigences en fonds propres se calculent à partir des pertes estimées multipliées par un coefficient au moins égal à 3. De plus, comme on l'a indiqué dans le chapitre 6, les modèles internes de risque de crédit procèdent d'une même démarche, ce qui en renforce l'intérêt car ainsi, les banques recourent à une approche identique, la distribution de probabilité d'un rendement futur, pour évaluer les risques de marché comme de contrepartie, ce qui donne de la cohérence à la gestion des risques.

• Les scénarios de crise : s'appuyant sur des historiques, les calculs de VAR correspondent au fonctionnement normal des marchés. Il est donc utile de compléter les estimations par des simulations de situations de crise (*stress testing*) afin d'estimer les pertes en cas de survenance de perturbations majeures sur les marchés, ainsi la crise russe d'août 1998, les conséquences des événements de septembre 2001 ou, plus encore, la crise financière de 2007-2008. Les superviseurs incitent d'ailleurs les banques à ces simulations car ils ne valident les modèles internes de risque de marché pour le calcul des exigences en fonds propres que si la banque peut attester qu'elle a également envisagé les scénarios de crise.

Section 3 DE L'OPTIMISATION RENTABILITÉ-RISQUE À LA STRATÉGIE FINANCIÈRE

Les pertes ayant été estimées, la banque peut les considérer comme incompatibles avec sa fonction d'utilité. La GAP consiste alors à agir sur les risques comme sur les fonds propres afin de parvenir à une bonne adéquation rentabilité – risque. Dans une perspective plus large, elle s'attache aussi à l'accompagnement financier du projet de développement de l'établissement de crédit, c'est-à-dire à sa stratégie financière.

1 La gestion des risques

À partir d'une analyse du niveau de risque que la banque souhaite supporter, la gestion des risques de liquidité, de taux et de change se met en place.

1.1 L'analyse du niveau de risques

Elle est effectuée par les organes dirigeant et délibérant qui prennent en considération plusieurs éléments :

- les préférences des actionnaires en matière de risque et leur aptitude, en cas de survenance des pertes estimées, à assurer le sauvetage de la banque ;
- le montant des fonds propres dont la banque est dotée ;
- les facilités d'accès de la banque aux différents marchés de capitaux ;
- la taille de l'établissement car en raison de l'adage *too big to fail*, les petites banques ont un risque de faillite plus élevé que les grandes.

Cette analyse donne lieu à la détermination du plafond maximum de pertes que la banque désire assumer et ce plafond est comparé aux estimations découlant des différentes simulations de survenance de situations adverses. Dans le cas où les pertes estimées sont supérieures au plafond, des décisions à même de contenir les risques de liquidité et de taux dans les limites acceptables doivent être prises.

© Dunod – Toute reproduction non autorisée est un délit.

1.2 La gestion du risque de liquidité

Elle consiste, rappelons-le, à concilier le risque d'illiquidité et l'objectif de maximisation de la marge d'intérêts, sachant que les actifs liquides ont une rémunération faible ou nulle s'ils s'agit d'actifs monétaires.

Les deux aspects de la gestion du risque de liquidité : liquidité stockée et liquidité empruntée

• *Par liquidité stockée, on entend cession d'actifs* pour obtenir des liquidités, décisions qui concernent l'actif du bilan. Le portefeuille - titres de la banque constitue la première source de liquidité stockée, et plus précisément les titres de transaction qui peuvent être cédés rapidement et sans encourir par trop de moins-value s'il s'agit de titres courts de la catégorie des titres de créance négociables. La titrisation d'actifs à plus long terme non cotés sur des marchés, outre le transfert du risque de contrepartie, permet non seulement de reconstituer les liquidités de la banque mais aussi de modifier les impasses de liquidité sur les maturités éloignées.

• *La banque peut alternativement emprunter de la liquidité soit auprès de la banque centrale soit sur les marchés.* En répondant aux appels d'offre de la banque centrale dont les modalités ne sont pas développées ici, l'établissement de crédit comblera des déficits temporaires de liquidité et en se présentant sur les différents marchés de capitaux, il obtiendra également de la trésorerie. La diversité des supports (lignes de refinancement, certificats de dépôts, bons à moyen terme négociables, etc.) ainsi que l'existence d'un portefeuille – titres indispensable pour pouvoir fournir du collatéral, c'est-à-dire des garanties, donne tout son sens à la gestion des passifs.

Les facteurs influençant la gestion du risque de liquidité

Liquidité stockée et liquidité empruntée ne sont pas exclusives l'une de l'autre et sont généralement combinées. Toutefois un certain nombre de facteurs entrent en ligne de compte dans les choix opérés. Emprunter sur les marchés est en effet une option plus risquée que la vente d'actifs : toutes les banques n'ont pas la même facilité d'accès aux marchés de capitaux. Cette facilité d'accès dépend d'éléments comme la taille de la banque, sa solidité financière, la qualité de son actionnariat, éléments dont les apporteurs de capitaux tiennent le plus grand compte et qui sont résumés par la note attribuée par les agences de notation. Aussi les petites banques non adossées à des groupes financiers doivent être particulièrement attentives à la gestion de leur risque de liquidité, d'autant plus que leur petite taille n'incitera pas le prêteur en dernier ressort à intervenir ; elles privilégient la détention d'actifs aisément transformables en liquidités. Dans leur cas, l'objectif de réduction du risque prime sur celui de rentabilité.

1.3 La gestion du risque de taux

Tout d'abord, on observera que la banque désireuse de ne pas être exposée au risque de taux doit réaliser l'égalité de la duration de ses actifs et passifs, c'est-à-dire une immunisation totale, ce qui est un objectif peu conciliable avec les fonctions de l'intermédiation financière. Aussi, pour gérer le risque de taux, les dirigeants s'efforcent d'améliorer l'immunisation de la banque en fonction de leurs prévisions d'évolution des taux d'intérêt ou bien ils couvrent les positions de taux sur les marchés dérivés.

La recherche de l'immunisation

Le tableau 7.3 montre clairement que selon qu'une hausse ou une baisse des taux d'intérêt est anticipée, il convient d'agir sur la duration respective de l'actif et du passif.

Exemple

Reprenons le cas de la banque ABC qui, ayant une duration de l'actif supérieure à celle du passif, redoute la hausse des taux. Elle doit réduire son écart de duration et pour ce faire elle peut envisager d'allonger la duration de son passif en émettant des titres à plus longue échéance (des obligations, par exemple) ou de raccourcir la duration de son actif en proposant à sa clientèle des crédits à plus court terme ou des crédits à taux variable. Dans un cas comme dans l'autre, ces décisions ont un coût car avec une courbe des taux à pente positive le coût des ressources augmente et le rendement des crédits diminue. Dans le cas de crédits à taux variable, si les emprunteurs effectuent les mêmes anticipations de la banque, ils n'accepteront un endettement à taux variable que sur une base plus faible.

En faisant l'hypothèse que la banque ABC décide d'augmenter la duration de son passif, son bilan devient :

Actif		Passif	
– liquidités (0,0)	100 000	– dépôts à vue (0,0)	400 000
– crédits (8 % ; 4,31)	500 000	– obligations (7 %, 6)	500 000
– titres (6 % ; 0,5)	400 000	– fonds propres	100 000
	1 000 000		1 000 000

- duration de l'actif, inchangée = 2,355 années ;
- duration du passif : (6 × 0,555) = 3,33 années ;
- écart de duration : 2,355 – (0,9 × 3,33) = – 0,642 année ;
- marge d'intérêts : 64 000 – 35 000 = 29 000 milliers d'euros.

Et le coût de la prévention du risque de taux est égal à la baisse de la marge d'intérêts issue de l'augmentation de la duration du passif, soit 5 000 milliers d'euros (34 000 – 29 000).

Si à présent on suppose qu'une hausse des taux de 1 % se produit, la valeur des fonds propres de la banque ABC s'accroîtra de :

$$0{,}642 \frac{(0{,}01)}{1{,}064} = 0{,}6\ \%$$

pour une nouvelle valeur des fonds propres de 106 000 milliers d'euros dont l'appréciation compense le coût de gestion du risque de taux.

© Dunod – Toute reproduction non autorisée est un délit.

L'analyse précédente, pour instructive qu'elle soit, présente une limite importante : elle n'envisage pas les options cachées avec des réactions de la clientèle de type remboursements anticipés des crédits en cas de baisse des taux ou recherche de dépôts rémunérateurs en cas de hausse. De plus, la GAP peut également donner lieu à des titrisations d'actifs dont la sensibilité au risque de taux n'est pas conforme aux objectifs recherchés. C'est pourquoi, des simulations à partir d'hypothèses de modifications des structures de bilan constituent d'utiles prolon-gements.

La couverture du risque de taux sur les marchés dérivés

Comme on le sait, et il n'est pas dans l'objet de cet ouvrage de les présenter, les marchés dérivés fournissent de nombreux instruments financiers pour couvrir le risque de taux : contrats à terme ou conditionnels, *swaps*… et on peut distinguer la macro-couverture et les micro-couvertures.

• *La macro-couverture* vise à compenser la position de taux globale d'une banque mesurée par son écart de duration grâce à une prise de position inverse sur les marchés dérivés. Ainsi, la banque ABC plutôt que de modifier la duration de son passif peut préférer vendre des contrats à terme sur bons du Trésor ou obligations car elle réalisera une plus value si ses prévisions de hausse de taux se concrétisent.

• *Les micro-couvertures* sont constituées ligne par ligne et la protection contre le risque de taux est construite en prévoyant pour chaque élément du bilan une couverture adaptée.

1.4 La gestion du risque de change

Elle repose sur une même approche que la gestion du risque de liquidité et de taux. D'une part, les positions de change susceptibles d'engendrer des pertes trop élevées sont modifiées par la recherche d'adossements. Ainsi la banque en position courte à 1 mois sur le dollar et qui redoute une hausse du cours peut acheter des titres calés sur cette échéance et libellés en dollars. Elle peut alternativement recourir aux instruments de couverture du risque de change, qui à l'instar de ceux de couverture du risque de taux sont variés, et par exemple acheter des dollars à terme livrables dans 1 mois.

2 L'allocation des fonds propres

Des fonds propres en quantité suffisante étant la contrepartie de la prise de risques, la GAP, comme elle agit sur les risques, agit également sur les fonds propres. L'allocation des fonds propres est une démarche qui, à partir de la distinction fonds propres réglementaires/fonds propres économiques, donne de la cohérence à la compatibilité du couple rentabilité–risque car elle repose sur le constat que plus une activité est risquée, plus elle consomme de fonds propres, donc plus elle doit dégager une rentabilité élevée.

2.1 Fonds propres réglementaires et fonds propres économiques

Les fonds propres réglementaires

Le chapitre 2 a présenté de façon détaillée la définition réglementaire des fonds propres qui est une définition extensive ; il a aussi indiqué comment se déterminent les exigences minimales en fonds propres qui non seulement permettent de calculer le montant minimum de fonds propres à constituer mais qui, dans le cadre des règles du Comité de Bâle, peut être adapté par les autorités de tutelle.

Pour autant, dans la mesure où les fonds propres minimum sont calculés sur une base consolidée pour un groupe bancaire et que l'activité bancaire s'exerce par métier, la question de l'allocation des fonds propres se pose : la banque doit-elle allouer à chaque activité une dotation uniforme de fonds propres ou, au contraire, doit-elle tenir compte des risques assumés ?

Les fonds propres économiques

Ce sont ceux affectés aux différentes activités ou métiers bancaires en fonction des pertes estimées. En diffusant au début des années quatre-vingt-dix la méthode RAROC™ (*Risk Adjusted Return On Capital)* d'allocation des fonds propres aux risques, Bankers Trust, établissement de crédit américain faisant aujourd'hui partie du groupe Deutsche Bank, a ouvert la voie à une gestion globale des risques.

Pour déterminer les fonds propres économiques, il convient de classer les différentes activités ou métiers d'une banque par niveau de risque. À nouveau, le recours aux séries historiques qui indiquent les activités ou métiers à résultat particulièrement instable facilite cette classification et on peut souligner la grande similitude entre les approches de type allocation des fonds propres et VAR. Une allocation modulée des fonds propres en fonction des risques est ainsi opérée, d'où deux conséquences pratiques : les calculs de rentabilité par métier ou produit se font à partir des fonds propres économiques ; les prix facturés doivent incorporer des primes de risque pour assurer la rémunération des fonds propres économiques.

© Dunod – Toute reproduction non autorisée est un délit.

Exemple

Une banque exerce le métier de banque de financement et d'investissement ainsi que celui de gestion d'actifs qui a été filialisé. La banque de financement et d'investissement dégage un résultat de 900 millions d'euros pour des fonds propres de 5 milliards d'euros, soit un *ROE* de 18 %. La société de gestion d'actifs dégage un résultat de 240 millions d'euros pour des fonds propres de 2 milliards d'euros, soit un ROE de 12 %.

En examinant l'évolution de ces résultats sur les dix dernières années, on constate que le résultat de la banque d'investissement est assez instable et a un écart type de 800 millions d'euros alors que celui de la société de gestion d'actifs a un écart type de 300 millions d'euros. En faisant l'hypothèse que les résultats suivent une loi normale, ce qui permet de penser que dans 95 % des cas le résultat sera compris entre le résultat moyen ± 2σ, l'an prochain, il y a 2,5 % de chances que :

- le résultat de la banque de financement et d'investissement soit une perte supérieure à 540 millions d'euros (900 – 1,6 × 900 = – 540) ;
- le résultat de la société de gestion d'actifs soit un bénéfice inférieur à 96 millions d'euros (240 – 0,6 × 240 = 96).

Le métier de banque de financement et d'investissement est plus risqué que celui de gestion d'actifs, on doit lui allouer davantage de fonds propres pour absorber les pertes éventuelles et il doit être plus rentable afin de les rémunérer. Et si l'on souhaite comparer la rentabilité dégagée par les deux métiers, il faut se référer aux fonds propres économiques.

2.2 L'allocation des fonds propres en tant qu'approche globale de gestion des risques

Les démarches d'allocation des fonds propres aux risques sont tout à fait cohérentes avec celles de création de valeur ainsi qu'avec celles du contrôle de gestion.

Allocation des fonds propres et création de valeur

La création de valeur a été présentée dans le chapitre 4 comme critère de diagnostic financier. Rappelons qu'une entreprise crée de la valeur pour ses actionnaires si la rentabilité de ses actifs excède le coût des capitaux qui les financent, en y incluant un coût des fonds propres conforme aux attentes des actionnaires. Création de valeur et allocation des fonds propres sont en fait deux façons de formaliser un même critère de décision :

- le critère de création de valeur indique que toute activité ou tout métier doit être développé si sa rentabilité est supérieure au coût du capital ;
- l'allocation des fonds propres conduit à développer toute activité ou tout métier dont la rentabilité ajustée par le risque est supérieure au coût des fonds propres économiques.

Dans un cas comme dans l'autre, pour rendre acceptable tout projet ne satisfaisant pas les conditions précédentes, il convient soit de le facturer plus cher aux clients ou d'en minorer le risque. Les dirigeants disposent ainsi d'outils d'identification, de mesure et de tarification des risques adaptés à la détermination de stratégies de développement.

Allocation des fonds propres et contrôle de gestion

• Une des missions du contrôle de gestion est de calculer la rentabilité sous plusieurs aspects : centres de responsabilité, produits, métiers, etc. afin de procéder à des comparaisons et classements selon ce critère. Ces comparaisons ne sont véritablement pertinentes que si elles tiennent compte des risques présentés par les différentes entités et des fonds propres à allouer à ces risques.

• Dans sa politique de tarification, la banque doit facturer à ses clients le coût des fonds propres économiques. Si on se reporte à la figure 5.7, la marge prévue pour rémunérer les fonds propres doit être modulée en fonction du risque de contrepartie.

Exemple

Supposons que dans une banque qui s'est fixé 15 % comme objectif de rémunération de ses fonds propres, on cherche à déterminer la marge à appliquer à des crédits dont on sait historiquement que la probabilité de défaut est de 4 % et la perte en cas de défaut est de 70 %. La marge à prévoir pour couvrir le risque de contrepartie et satisfaire les exigences de rémunération des fonds propres est :

$$0{,}15 = \frac{\text{Marge}}{0{,}04 \times 0{,}7} \times 100$$

$$\text{Marge} = 0{,}42\ \%$$

Cette marge, bien entendu, ne couvre pas les frais fixes ni les options cachées comme figuré dans la figure 5.7.

3 La GAP au service de la stratégie financière

Au-delà de la couverture des risques ou de l'allocation des fonds propres, la GAP (gestion des actifs et passifs) doit aussi permettre la traduction financière de décisions stratégiques majeures comme la réalisation d'un plan de redressement ou la prise de contrôle d'un autre établissement de crédit. On le soulignera une fois encore, la qualité de la GAP dépend de la facilité d'accès d'une banque aux différents marchés de capitaux ; elle est confortée par l'existence de techniques financières comme la titrisation ainsi que par un souci constant de l'adéquation des fonds propres qui tous deux favorisent la flexibilité du bilan.

3.1 Titrisation et gestion globale de bilan

Si la titrisation est un mode de gestion du risque de contrepartie, elle peut également constituer un instrument de la GAP pour gérer les risques de liquidité et de taux.

© Dunod – Toute reproduction non autorisée est un délit.

Le développement des opérations de titrisation

Rappelons que la titrisation traditionnelle consiste à faire sortir de l'actif d'un bilan bancaire des avoirs ou créances en les cédant à une entité ad hoc qui finance cet achat par l'émission de titres sur les marchés de capitaux. La titrisation est apparue aux États-Unis au début des années soixante-dix pour gérer le risque de taux que ni les banques engagées sur des créances hypothécaires ni les emprunteurs ne souhaitaient supporter. Elle s'est par la suite étendue à l'ensemble des actifs d'un établissement de crédit et diversifiée en titrisation synthétique pour devenir aujourd'hui un mécanisme financier de gestion globale de bilan.

• Les actifs bancaires susceptibles de titrisation

Deux sortes d'actifs bancaires ont vocation à être titrisés : les crédits et les titres. Autant la titrisation des crédits se justifie dans la mesure où il n'existe pas de marché secondaire des créances bancaires, en revanche la titrisation de titres dont la plupart sont négociables sur des marchés peut étonner. En fait, cette opération prend place lorsque les titres n'ont pas une bonne liquidité et que leur cession engendrerait des moins-values.

• Titrisation et produits structurés : un produit structuré est un titre dont les caractéristiques de maturité, rémunération et risque sont configurées pour répondre à la demande d'investisseurs. Les titres sont alors adossés à des actifs soigneusement structurés pour permettre de proposer ces caractéristiques. Une banque achètera ainsi un portefeuille d'obligations avec une structure spécifique, le titrisera et l'entité *ad hoc* émettra les titres conformes aux attentes des investisseurs.

Dans le cadre du marché français de la titrisation, on appelle « fausse titrisation » les opérations par lesquelles des banques proposent à leur clientèle des titres dont la contrepartie finance la titrisation d'une créance créée pour l'occasion (un prêt entre deux établissements de crédit d'un même groupe, par exemple). Dans un cas comme dans l'autre, il y a bien une opération de titrisation mais en quelque sorte inversée par rapport à la technique de base puisque l'appel au marché est antérieur à la présence de l'actif dans le bilan de la banque.

La place de la titrisation dans la gestion globale de bilan

Les opérations de titrisation s'intègrent parfaitement dans une gestion globale de bilan.

• *La titrisation est une technique de reprofilage du risque de contrepartie.* Elle permet à un établissement de crédit non seulement de transférer des risques de contrepartie sur les FCC et autres véhicules *ad hoc* mais également d'en reprendre de nouveaux en souscrivant des parts de FCC portant des risques sur des contreparties qui ne figurent pas dans sa clientèle habituelle.

• *La titrisation est un mode de refinancement avantageux.* Lorsqu'elle se présente sur les marchés de capitaux, une banque emprunte à des conditions qui reflètent son risque, évalué par exemple par sa notation. Par contre, en cas de titrisation et en raison des garanties que le FCC peut mettre en œuvre, les émissions de parts se feront dans des conditions plus attractives que dans le cas de figure précédent.

• *La titrisation est un mode de gestion des risques de liquidité et de taux.* En titrisant des actifs, une banque récupère de la liquidité, allège son bilan en créances à maturité ou duration non conformes aux objectifs formulés en terme d'impasses.

• *La titrisation permet de réaliser des économies de fonds propres* donc d'améliorer leur rentabilité. En cédant des créances, la banque en cède également le risque et les exigences en fonds propres sont diminuées d'autant. D'un autre côté, même si la titrisation a un coût (la perte des intérêts sur les créances cédées), le ROE sera accru puisqu'il y aura moins de fonds propres à rémunérer. Mais, comme on l'a vu dans le chapitre 6, le ratio de solvabilité limite les arbitrages réglementaires.

Malgré ces avantages manifestes, des limites aux mécanismes de la titrisation existent. En effet, il convient de savoir qui en définitive porte le risque des actifs sortis du bilan. Et la réponse à cette question oblige à prendre en considération plusieurs points de vue. Il est fréquent, en effet, que le cédant accorde sa garantie, voire même finance dans le cas de défaisance l'entité *ad hoc* afin d'assurer la souscription des parts dans de bonnes conditions : le risque de contrepartie n'est donc pas transféré. Il convient également de mettre en perspective les opérations de titrisation avec les règles comptables de consolidation. La réglementation comptable bancaire et les normes IFRS ont encadré plus strictement le caractère déconsolidant des titrisations en précisant les critères d'inclusion dans un périmètre de consolidation des entités *ad hoc*, comme indiqué dans le chapitre 3. Les superviseurs réservent donc une attention particulière aux opérations de titrisation et maintiennent des exigences en fonds propres proportionnelles au transfert du risque de contrepartie. Au total, la titrisation apparaît comme une technique de redistribution de risques entre intermédiaires financiers devant être appréciée dans la perspective de la stabilité du système financier considéré dans sa totalité.

3.2 La gestion des fonds propres

La gestion des fonds propres d'un établissement de crédit présente de nombreuses similitudes avec celle de toute société commerciale lorsqu'elle s'attache à la politique de distribution de dividendes ou aux appels aux actionnaires. Elle s'en différencie pourtant sensiblement du fait des exigences réglementaires en fonds propres : *dans la banque, les fonds propres sont toujours comparés aux risques assumés car ils servent à amortir les pertes imprévues.* Ainsi les banques françaises ont-elles dû renforcer leurs fonds propres dans le contexte de la crise financière de 2007-2008 et poursuivre ce mouvement avec les nouvelles exigences prévues par Bâle III. Ils sont

© Dunod – Toute reproduction non autorisée est un délit.

un des éléments majeurs sur lequel repose la confiance qu'inspirent la banque et sa réputation. Toute banque doit donc proportionner le montant de ses fonds propres afin de satisfaire la réglementation, ses actionnaires, les marchés et ses clients.

Gestion des fonds propres et attentes des actionnaires et marchés

Vis-à-vis de ses actionnaires et des marchés, la banque doit convaincre du bien fondé de sa politique de distribution de dividendes qui dépend de sa rentabilité ainsi que du taux de mise en réserve. Comme toutes les sociétés cotées où niveau du ROE et création de valeur sont retenus comme critères de performance, les banques subissent une forte pression pour accorder à leurs actionnaires des rémunérations élevées.

Sur le long terme, l'établissement de relations de confiance avec les actionnaires est la condition de la réussite des augmentations de capital. Ces opérations ont été rares pour les banques françaises ces dernières années qui ont financé leur croissance externe par autofinancement ou par paiements en titres, plutôt qu'avec de la trésorerie. En revanche, en 2006, des augmentations de capital ont été réalisées pour financer des acquisitions en Italie par BNP Paribas et le Crédit Agricole et en Russie par la Société Générale.

Les réductions de capital au moyen de rachats d'actions relèvent également du souci de satisfaire actionnaires et marchés : en rachetant sur le marché ses propres actions, la banque restitue simultanément des liquidités à ses actionnaires, soutient le cours de ses actions et provoque un effet de relution sur le bénéfice. De nombreuses banques américaines et britanniques ont mis en œuvre au cours des années quatre-vingt-dix des programmes de rachat d'actions. La législation française a rendu possible depuis 1998 le rachat par une société de ses propres actions dans l'objectif d'optimiser la gestion de ses fonds propres. Cette possibilité a été exploitée par BNP Paribas ainsi que la Société Générale à plusieurs reprises.

La gestion des fonds propres des établissements de crédit qui n'ont pas le statut de société commerciale mais celui de banque mutualiste ou coopérative constitue un autre aspect de cette question. Ces banques ne sont pas cotées sur une bourse de valeurs mobilières et ne peuvent donc faire appel au marché pour accroître leurs fonds propres. Ceci ne constitue pas pour autant un handicap puisque l'on sait que leurs principaux concurrents, les banques, n'y font pas appel fréquemment. Par contre, ce statut juridique peut être un obstacle à la prise de contrôle d'autres établissements de crédit lorsque l'opération donne lieu à un paiement non pas en liquidités mais en titres, comme on a pu le constater dans les nombreuses opérations de restructurations intervenues ces dernières années sur les marchés bancaires européens et américains. Ceci explique pourquoi une banque comme le Crédit Agricole a, en 2001, introduit en bourse une société créée à cet effet, CA. SA, et portant un certain nombre d'actifs du groupe afin d'atténuer la contrainte issue de son statut juridique. Un échange de titres entre les actions de CA. SA et celles du Crédit

Lyonnais a été ensuite proposé en 2004 aux actionnaires du Crédit Lyonnais lors de la prise de contrôle de cet établissement par le Crédit Agricole.

Sous ce même angle des restructurations, les participations croisées conduisent à un accroissement des fonds propres des sociétés concernées. En pratique, l'opération se réalise par jeux d'écritures comptables donc sans incidence financière mais lorsque l'opération met en cause une banque et une non-banque (une compagnie d'assurances, par exemple, dans le cadre de stratégie de bancassurance), l'établissement de crédit accroît mécaniquement son ratio de solvabilité.

La gestion des fonds propres réglementaires

Les fonds propres réglementaires ayant une définition plus large que les fonds propres comptables, les établissements de crédit cherchent à optimiser le montant de ces fonds propres dont le coût est généralement plus faible que celui des fonds propres comptables. Les fonds pour risques bancaires généraux (FRBG) occupent une place particulière au sein de ces ressources. Inclus dans les fonds propres de base, les FRBG sont des provisions sans affectation à caractère discrétionnaire car dotés et repris par les dirigeants sans être votés par l'assemblée générale.

La loi sur la sécurité financière de 2003 a autorisé l'émission de titres dits « super-subordonnés » qui sont des titres de créance de tout dernier rang. Ainsi, les établissements de crédit français peuvent émettre eux-mêmes ces instruments financiers sans passer par l'intermédiaire de véhicules spécialisés de droit anglo-saxon comme ils le faisaient précédemment. De même, les banques françaises ont-elles la possibilité d'émettre des actions de préférence dont le régime juridique a été assoupli en 2008. De tels titres, dépourvus de droits de vote et non convertibles en actions ordinaires, ont été émis en 2009 par des établissements comme BNP Paribas ou la Société générale afin de renforcer leurs fonds propres et souscrits par la Société de prise de participation de l'État (SPPE). Bâle III renforce cependant la définition des fonds propres de base afin de limiter l'émission de titres hybrides innovants considérés comme insuffisamment stables pour les banques.

Quant aux fonds propres complémentaires, ils sont abondés par l'émission de titres subordonnés remboursables ou à durée indéterminée dont les caractéristiques financières évoluent en fonction de la reconnaissance par les autorités de tutelle de leur qualité de fonds propres et des exigences des investisseurs. On constate toutefois que sous la pression des marchés – les analystes financiers et les agences de notation ne prenant pas en compte les fonds propres réglementaires – les banques privilégient les fonds propres comptables et que les émissions de titres subordonnées se sont nettement ralenties dès le milieu des années quatre-vingt-dix.

© Dunod – Toute reproduction non autorisée est un délit.

L'ESSENTIEL

- La gestion des actifs et passifs (GAP) est une démarche globale au sein d'une firme bancaire qui vise à atteindre la structure de bilan optimisant la rentabilité et le risque engendrés par les opérations du bilan et du hors bilan.
- La mesure des risques et plus particulièrement ceux de liquidité, taux et change, constitue l'un des aspects majeurs de la GAP, l'objectif étant d'estimer les pertes potentielles d'une banque pour un horizon et un intervalle de confiance donnés.
- La duration et la méthode *Value At Risk* sont des instruments d'évaluation performants qui, une fois validés par le superviseur, servent au calcul des exigences en fonds propres destinés à couvrir les pertes estimées.
- La GAP agit sur les risques au niveau du bilan en réalisant un adossement des actifs par des passifs présentant les mêmes caractéristiques de maturité, taux et devise dans un souci d'immunisation face à des variations défavorables des prix de marché et, au niveau du hors bilan, par des couvertures sur les marchés dérivés. Elle veille également à ce que les différentes activités bancaires se voient allouer des fonds propres compatibles avec les risques qu'elles engendrent.
- La GAP contribue à l'accompagnement financier de la stratégie de croissance d'une banque. À cette fin, la titrisation est une technique financière bien adaptée. De même, toute banque doit parvenir à une bonne adéquation de ses fonds propres aux attentes des marchés et à ses projets de croissance externe.

Chapitre

8 Le marketing bancaire

SOMMAIRE

En raison de la très vive concurrence qui caractérise le secteur bancaire français, la fonction marketing occupe une place éminente dans la gestion des établissements de crédit. Par marketing, on entend l'ensemble des actions entreprises par les banques pour adapter leur offre à la demande de la clientèle et à cet égard, la démarche des banques est identique à celle de toute entreprise.

Il ne faut toutefois pas penser que le marketing bancaire consiste à transposer les méthodes du marketing des firmes non-bancaires. Il y a une spécificité du marketing bancaire et l'objet de ce chapitre est de la mettre en évidence plus que de présenter les objectifs et méthodes du marketing en général.

Ainsi, la question de la place de la fonction marketing au sein de l'organisation bancaire ne sera pas abordée. Mais, partant du constat que le marketing est totalement intégré dans la gestion d'une banque, on s'attachera dans un premier temps à la mise au point d'un plan de marketing bancaire puis à sa réalisation par la mise en œuvre de moyens, la politique de marketing.

Section 1 LA MISE AU POINT D'UN PLAN DE MARKETING BANCAIRE

Un plan de marketing bancaire se compose d'un enchaînement logique d'étapes qui doit être en adéquation avec le marché auquel il s'applique.

1 La spécificité du marché des produits bancaires

Cette spécificité peut s'appréhender à partir du binôme basique du marketing, le couple produits-clients.

1.1 Les produits bancaires

La banque, entreprise multiproductrice de services

• *La prestation de services* : la banque est sans équivoque un prestataire de services même si le support de cette prestation, « l'argent », peut parfois le masquer et même si les conditions de cette prestation qui requièrent une parfaite maîtrise de la technologie, font que l'on parle souvent de l'industrie des banquiers et de produits. La gamme de ces produits bancaires comprend les différents types de services habituellement distingués :

– les services purs, obtenus uniquement avec du travail comme toutes les activités de conseil ou l'ingénierie financière ;
– les services mixtes qui combinent travail et utilisation de biens d'équipement et qui dans la banque occupent une place croissante car à l'heure actuelle, la plupart des services bancaires incorporent un haut contenu de technologie, des plus simples comme les retraits d'espèces à partir de distributeurs automatiques aux plus sophistiqués comme la fourniture d'une garantie de change ou de taux.

• *La servuction* : ce terme désigne le processus de fabrication d'un service qui peut être représenté selon la figure 8.1 et qui résulte de l'interaction de trois éléments : un support physique, du personnel et un client.

La servuction implique de surcroît :

– la participation du client à la prestation du service avec par exemple la nécessité de remplir correctement une formule de chèque ou d'adresser à la société d'affacturage les bordereaux récapitulant les factures pour que le processus de servuction puisse s'accomplir ;

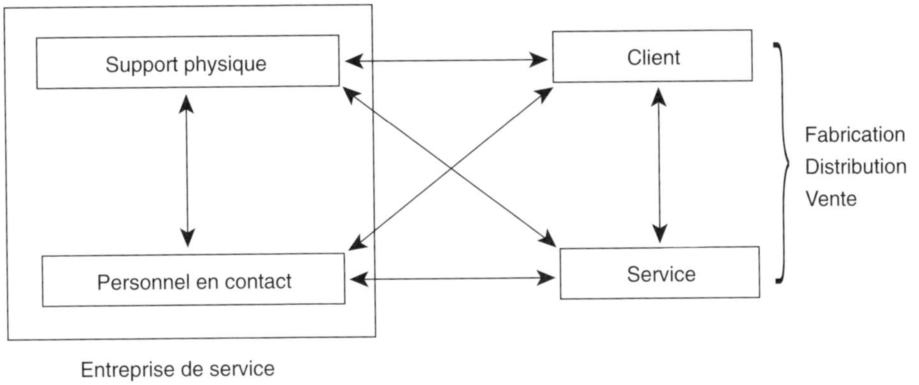

Source : d'après P. Eiglier, E. Langeard et V. Mathieu, « Marketing des services », in *Encyclopédie de Gestion*, Economica, Paris, 1997.

Figure 8.1 – Le système de servuction

– du personnel de contact qui sert d'interface entre le client et la banque, sauf dans le cas d'opérations traitées avec des automates bancaires ou par les canaux de la banque à distance ;
– un réseau de distribution qui assure le contact banque – client.

• *La multiproduction* : le nombre de produits offerts par une banque à sa clientèle n'a cessé de s'accroître depuis les années 1960 et est aujourd'hui très élevé, de plusieurs dizaines pour la banque de petite taille n'exerçant qu'un seul métier à plusieurs centaines pour la banque généraliste. Les nomenclatures mises au point par les contrôleurs de gestion pour dresser la liste de tous les produits offerts permettent de mesurer l'importance de la gamme.

Les caractéristiques des produits bancaires

On indiquera les plus déterminantes dans la perspective de la mise au point d'un plan de marketing bancaire.

• Les produits bancaires sont *immatériels*, c'est-à-dire sans tangibilité, ce qui induit plusieurs conséquences :
– ils ne sont pas sujets à l'usure et assez peu à l'obsolescence, *leur vieillissement est lent* ;
– ils *ne peuvent être stockés*, leur offre est limitée par les capacités de production existantes ;
– ils ne sont pas ou ne peuvent pas être protégés par des brevets, ils sont donc imitables ;
– ils sont très *uniformes* d'un établissement à l'autre et leur différenciation est une nécessité.

© Dunod – Toute reproduction non autorisée est un délit.

• Les produits bancaires sont très fréquemment *conditionnés par la réglementation bancaire ou fiscale* qui, s'imposant à tous, renforce l'uniformisation.

• Les produits bancaires sont *directement proposés à la clientèle* ; aucun intermédiaire de type grossiste, concessionnaire ou revendeur ne s'intercale dans la distribution. La banque doit ainsi entretenir des relations personnalisées avec tous ses clients, sachant que, quel que soit le canal de distribution, agence, plate - forme téléphonique, le client assimile totalement son interlocuteur et la banque.

1.2 La clientèle

Du côté de la clientèle, plusieurs données méritent d'être soulignées.

L'hétérogénéité de la clientèle

La demande de produits bancaires émane de clients très différents les uns des autres. Sont clients d'une banque un simple particulier mais aussi une entreprise multinationale, une collectivité territoriale ou une caisse de retraite. Les besoins de ces clients sont à l'évidence également différents. L'établissement de relations personnalisées avec chaque client doit tenir compte de cette hétérogénéité et la segmentation de clientèle revêt en marketing bancaire une place fondamentale.

L'atomicité de la clientèle

Dans l'exercice du métier de banque de détail, le banquier est confronté à une clientèle dispersée n'ayant pas un pouvoir de marchandage effectif vis-à-vis de sa banque. Par contre, dans les autres métiers, il est fréquent que les clients exercent une forte pression concurrentielle, notamment en matière de tarification.

La stabilité de la relation banque-client

Elle trouve sa principale explication dans l'avantage réciproque que banquiers et clients ont à entretenir des relations de long terme. Pour tous les produits de type crédit, l'établissement d'une relation stable entre les emprunteurs et leurs banquiers permet aux banquiers d'accumuler au fil de la relation des informations sur la solvabilité des emprunteurs : ont-ils toujours respecté leurs engagements ? Quelles compétences particulières détiennent-ils qui assurent le succès des projets d'investissements ? De leur côté, les emprunteurs bénéficient de la relation de long terme lorsqu'en cas de difficulté le banquier accepte de venir en aide à son client en raison de la confiance accumulée entre les deux parties. Pour les produits de type dépôts, les avantages de la relation de long terme se retrouvent. Connaissant les habitudes de paiement ou d'épargne de ses déposants, la banque peut proposer les produits les mieux adaptés et traiter de façon personnalisée les anomalies (insuffisance de provision, par exemple) dans le fonctionnement des comptes.

La stabilité de la demande est renforcée par d'autres facteurs comme la multiplicité de l'offre de produits qui incite un client, pour des raisons de commodité (*one stop shopping*), à n'avoir qu'un banquier ou encore, plus simplement, en observant qu'un emprunteur est client de sa banque tant qu'il ne l'a pas remboursée, ce qui justifie ce constat basique : *les meilleurs clients d'une banque sont ses propres clients.*

L'irrationalité de la demande

Presque tous les produits bancaires se rapportent à « l'argent » et le comportement des agents économiques est souvent irrationnel dans ce domaine. Le désir d'épargne ou le désir d'emprunt répond à des préoccupations complexes, pas toujours explicitées de façon claire dans l'esprit du client. Les enquêtes de motivation mettent souvent en évidence un décalage entre l'analyse rationnelle des besoins et motivations et l'irrationalité des comportements monétaires et financiers.

2 Les étapes d'un plan de marketing bancaire

Enchaînement logique d'étapes, un plan de marketing bancaire se présente selon la figure 8.2 (page suivante). Certaines étapes seront détaillées ; d'autres, comme l'analyse des données internes, ne le seront pas du tout.

2.1 L'analyse des données externes

L'analyse des données externes vise à connaître le marché et ses besoins. Elle recourt à différentes méthodes concurremment utilisées.

Du fichier de clientèle à la gestion de la relation client

Un fichier clientèle est une liste récapitulant les clients d'une banque ainsi qu'un certain nombre d'informations, concernant chaque client, orientées vers l'action commerciale. De longue date, les banques disposent de listes de clients mais ces listes sont souvent peu coordonnées et construites autour de critères comme les produits : fichier des titulaires de carte bancaire, fichier des titulaires d'un compte ou plan d'épargne logement, par exemple. Ces dernières années, deux phénomènes notables se sont conjugués pour faire évoluer le traditionnel fichier de clientèle vers une gestion de la relation client (GRC, souvent désignée par CRM pour *Customer Relationship Management*). Le premier découle des progrès technologiques qui permettent de disposer de systèmes d'information adaptés aux caractéristiques du

© Dunod – Toute reproduction non autorisée est un délit.

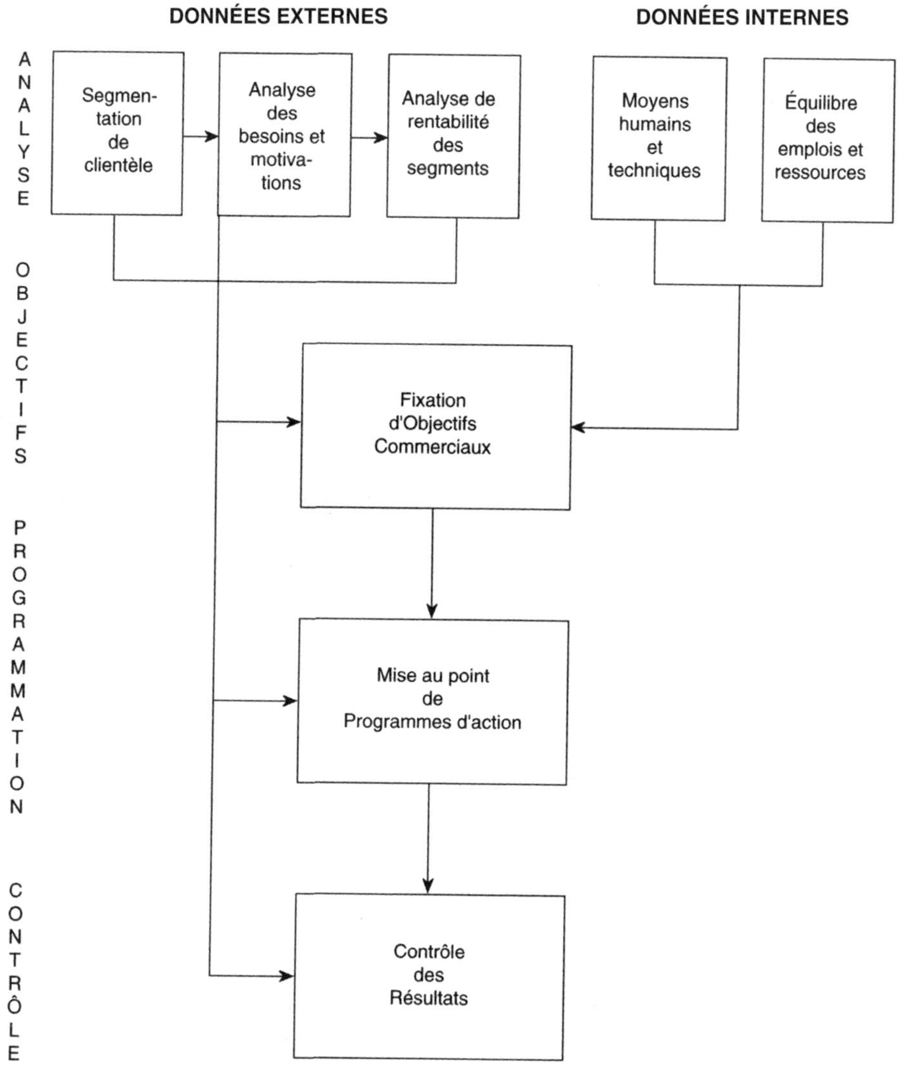

Figure 8.2 – Les étapes d'un plan de marketing bancaire

marché bancaire : une offre multiproduits, véhiculée par plusieurs canaux de distribution et s'adressant à une clientèle hétérogène. Le second traduit la volonté des établissements de crédit de personnaliser les relations avec la clientèle grâce à une action commerciale sur mesure, adaptée aux besoins et attente de chaque client et que chaque exploitant pourrait concevoir lui-même.

Les fichiers de clientèle ont donc été unifiés et structurés en base de données (*datawarehouse*) qui comprend, non seulement, des informations sur les clients, mais aussi des informations macroéconomiques et qui est également alimentée par des données externes, comme des études de marché ou de la concurrence. Des outils statistiques et informatiques complexes exploitent ces données (*datamining*) et fournissent les informations pertinentes pour alimenter l'étape analyse du plan de marketing ou pour mener des études plus ponctuelles sur la rentabilité, les risques présentés par des clients type ou des segments de clientèle.

Toutefois, la principale utilisation de la gestion de la relation client est que *chaque client fait l'objet d'une relation individualisée et d'une offre sur mesure* : l'exploitant bancaire, en agence ou à partir d'une plate-forme téléphonique, dispose sur son écran, au moment même de l'entretien, des données sur l'historique du client, son profil et des propositions commerciales accompagnées d'argumentaires pour développer une offre. La gestion de la relation client est également un outil de prospection. Grâce au *datamining*, les clients à démarcher sont sélectionnés, les prises de rendez-vous ainsi que les relances sont automatisées. La plupart des banques de détail françaises ont développé des systèmes de gestion de la relation client.

La gestion de la relation client constitue un des piliers du marketing bancaire, donnant naissance à un marketing interactif. Avec une base de données mise à jour régulièrement, la banque dispose en quelque sorte d'une étude de marché permanente lui permettant de mettre au point des actions commerciales ciblées, de réaliser le suivi de ces actions grâce aux informations sur le taux de succès des contacts ou la pénétration des produits. La gestion de la relation client intègre également la segmentation de clientèle.

La segmentation de clientèle

La segmentation de clientèle est présente dans toute analyse de marché très concurrentiel et composé de clients hétérogènes. C'est une technique qui permet de regrouper tous les éléments d'une population en catégories homogènes vis-à-vis d'un critère donné, dans le souci de faire apparaître au sein de la population considérée des différences significatives d'une catégorie à l'autre, différences qui rendront possibles l'application d'une politique commerciale spécifique.

• *Particuliers et entreprises* : il ne s'agit pas encore de segmentation car les critères d'identification sont sommaires mais cette distinction est fondamentale en matière de marketing bancaire. Les besoins et comportements de ces deux sous-ensembles sont trop éloignés pour donner lieu à une même politique commerciale. La clientèle des particuliers est le domaine privilégié de la segmentation car, nombreuse, diverse et atomisée, elle relève du marketing des produits de grande consommation alors que la clientèle des entreprises relèverait plutôt du marketing industriel.

Cette partition basique ne doit pas éluder le cas des clients intermédiaires que sont les professions libérales, les commerçants, les artisans et les toutes petites entreprises. D'une banque à l'autre, le traitement de ces clients, souvent dénommés pro-

© Dunod – Toute reproduction non autorisée est un délit.

fessionnels, diffère : ils sont soit rattachés à la clientèle des particuliers, soit ils constituent une clientèle à part entière.

• Soigneusement sélectionnés, *les critères de segmentation* doivent présenter la double qualité d'être : *discriminants*, d'où des segments de clientèle homogènes et différents les uns des autres ; *opérationnels*, les critères retenus devant être parfaitement corrélés avec l'objet de l'étude.

Le marketing bancaire utilise les grandes familles de critères de segmentation :

- *la segmentation sociodémographique* s'effectue à partir de variables faciles à définir et à utiliser car elles sont statistiques : âge, revenu, situation familiale, catégorie socioprofessionnelle pour les particuliers ; taille, secteur d'activité pour les entreprises. Les critères sociodémographiques présentent l'avantage d'être simples et objectifs. L'information pertinente figure dans la base de données clients et il est donc particulièrement aisé de segmenter la clientèle. Parmi ces critères, celui qui semble tenir un rôle important pour les particuliers est l'âge, donnée bien corrélée avec le revenu et le comportement d'achat ;
- *la segmentation événementielle* est souvent associée à la segmentation sociodémographique de la clientèle des particuliers. Elle consiste à repérer différents événements pouvant concerner les clients comme mariage, naissance ou départ à la retraite afin de les intégrer dans les comportements d'utilisation des produits bancaires et d'informer les exploitants de leur survenance éventuelle ;
- *la segmentation socioculturelle* et les styles de vie : l'objectif de cette segmentation est de relier le comportement de consommation d'un individu à des facteurs personnels, sociaux et culturels qui le conditionnent, dénommés « style de vie ». La mise en évidence de styles de vie a été développée en France par des instituts de sondages et d'enquêtes d'opinion. Ainsi dès les années soixante-dix, la COFREMCA classait la clientèle des particuliers d'une banque en deux segments, les « *accumulateurs* » et les « *jouisseurs* » et expliquait par les mentalités et références de ces segments leur comportement de demande de produits bancaires. Les études se sont ensuite affinées et orientées dans plusieurs directions. Certains organismes (le CCA) proposent une segmentation des consommateurs en différentes familles et socio-styles. Cette segmentation fait l'objet d'un suivi régulier et donne lieu à la publication d'un baromètre. Un comportement bancaire et financier est défini pour chaque segment. D'autres organismes (la SOFRES) approfondissent les relations de l'individu avec l'argent, relations toujours complexes et évoluant en même temps que la société. L'objectif est de cerner des comportements dont la rationalité est difficile à établir. Enfin, la clientèle des entreprises, et plus particulièrement les PME, fait également l'objet de segmentation en fonction du style de vie de leur dirigeant ;
- *la segmentation comportementale* : son objectif est de segmenter les clients en fonction de leur comportement d'utilisation des produits. La base de données clients fournit des informations sur le solde moyen des comptes, les encours de crédits mais aussi sur les rythmes d'utilisation de tel ou tel produit. La segmentation comportementale permet de mieux comprendre la demande et les attentes des clients car

croisée avec d'autres critères (l'âge ou un style de vie, par exemple), elle permet de réaliser des profils type de clients utilisant une gamme de produits spécifique. Elle est donc très utile pour procéder à une culture intensive de la clientèle existante et cibler les destinataires d'actions visant à accroître le taux d'utilisation d'un produit.

Focus

Un exemple de segmentation comportementale

Une grande banque française à réseau classe ses clients particuliers en quinze groupes selon leur comportement d'utilisation des produits :

- les patrimoniaux
- la trésorerie zéro
- les optimistes
- les pratiques
- les raisonnables
- les bons vivants
- les sereins
- les potentiels
- les modernes
- les accomplis
- les consommateurs
- les dynamiques
- les conservateurs
- les sans mouvement
- les basiques

Ainsi, à titre d'exemple, le comportement bancaire et financier de quelques groupes est présenté.

- *Les patrimoniaux* correspondent aux clients à patrimoine. Leur compte à vue enregistre des volumes élevés d'opérations laissant des soldes souvent importants. Non seulement ils détiennent des liquidités sur tous les produits d'épargne (compte sur livret, compte et plan d'épargne-logement), mais ils ont un portefeuille de valeurs mobilières et un contrat d'assurance-vie.
- *Les modernes* sont des clients aisés et dépensant souvent la totalité de leurs revenus. Ils utilisent intensément leur compte à vue qui enregistre un volume élevé d'opérations (chèques, factures carte bancaire, y compris carte bancaire internationale, retraits dans des distributeurs...). Ils n'hésitent pas à s'endetter : ils sont souvent débiteurs, titulaires de prêts personnels ou de crédits immobiliers. Ils s'intéressent à la constitution d'un patrimoine.
- *Les consommateurs* ont des revenus moyens et épargnent peu. Ils utilisent de manière intense leur compte à vue (chèques, avis de prélèvement). Ils sont souvent débiteurs mais évitent soigneusement les impayés. Ils détiennent quelques produits d'épargne mais avec de faibles montants.

Pour un ciblage plus fin de la clientèle, ces segments peuvent être croisés avec des critères sociodémographiques.

La pratique de la segmentation doit respecter le droit à la vie privée et les fichiers être conformes aux prescriptions de la CNIL. Plus précisément, l'affectation à un segment d'un client ne doit pas conduire à une décision automatique à son encontre, elle doit être justifiée et périodiquement réexaminée. De même, les « blocs-notes », c'est-à-dire des mentions plus personnelles relatives à un client mais sur support numérisé, sont assimilés à des fichiers informatiques et doivent être déclarés à la CNIL.

© Dunod – Toute reproduction non autorisée est un délit.

Les besoins et motivations

Une fois la clientèle segmentée, les besoins et motivations de chaque groupe sont analysés pour être mis en relation avec une offre. Les besoins des individus sont habituellement classés en besoins élémentaires de survie, communs à l'ensemble des consommateurs et en besoins plus spécifiques liés au désir de différenciation. Seuls les seconds se prêtent à une approche marketing et ils incluent les besoins en produits bancaires.

En première analyse, on peut dresser la liste des besoins d'un client de banque et y associer les produits concernés par leur satisfaction (tableau 8.1). L'offre est ainsi structurée autour de la notion de besoin, ce qui facilite les actions commerciales personnalisées.

Tableau 8.1 – Les besoins et motivations de la clientèle des particuliers

Besoin	Motivation	Produit
Transaction	Accès aux moyens de paiement	Chèques, cartes bancaires, virements...
Précaution	Épargne liquide disponible	Comptes sur livrets, SICAV de trésorerie
Patrimoine	Constitution et gestion d'un patrimoine	Gestion de portefeuille SICAV
Trésorerie	Décalage temporaire revenus-dépenses	Prêts personnels, crédits à la consommation
Financement	Achat d'un logement	Crédits immobiliers

En revanche, lorsque le besoin est relié aux variables socioculturelles, un affinement est nécessaire afin de tenir compte de la dimension psychologique de l'acte d'achat : recherche de sécurité, demande de prise en charge des questions financières, besoin en considération, recherche d'anonymat. Ainsi, le besoin de précaution peut découler du désir de profiter d'opportunités d'achat ou d'une crainte de l'avenir. Dans le premier cas, l'argument de vente mettra l'accent sur la disponibilité du produit, un compte sur livret par exemple, et dans l'autre sur sa sécurité avec une rémunération fixe et l'absence de toute perte en capital.

2.2 Les autres étapes du plan de marketing bancaire

L'étape Objectifs

Connaissant les besoins et attentes du marché et ayant évalué les moyens humains, financiers et techniques dont elle dispose, la banque sélectionne les *clientèles cibles* et formule des *objectifs commerciaux*.

• *Une clientèle cible est un segment de clientèle avec lequel la banque souhaite prioritairement entretenir des relations commerciales.* Les divers segments de clientèle ne présentent pas tous les mêmes attraits et dans le choix des cibles, plusieurs facteurs entrent en ligne de compte.

– *le métier exercé par la banque.* En fonction du ou des métiers qu'elle a choisi d'exercer, donc des ressources dont elle s'est dotée, une banque sélectionnera les clientèles cibles. La banque sans réseau ne retiendra pas les mêmes cibles que la banque à réseau ; une prestigieuse banque d'investissement étrangère démarchera plus aisément la clientèle des grandes entreprises multinationales (clientèle *corporate*) qu'une banque domestique ;
– *la taille et le potentiel de la clientèle cible.* Le segment de clientèle doit, en premier lieu, présenter une taille suffisante pour pouvoir y réaliser un chiffre d'affaires significatif mais, plus encore, le potentiel du segment, c'est-à-dire son aptitude à engendrer aujourd'hui ou demain une forte demande, importe. La relation banque client perdurant sur le long terme, tout client (étudiant, petite entreprise) peut au cours du temps devenir un important consommateur de produits bancaires ;
– *la rentabilité.* L'impératif de rentabilité est au cœur de tous les plans de marketing. Les clientèles cibles doivent être solvables, c'est-à-dire en mesure de payer le prix des services qu'elles demandent. Le contrôle de gestion joue un rôle majeur lorsqu'il est en mesure de déterminer la rentabilité d'un client donné ou d'un segment de clientèle ;
– *la situation concurrentielle du segment.* Les segments de clientèle à taille, potentiel et rentabilité élevés sont bien évidemment recherchés par tous et leur pénétration est difficile. De même, les forces concurrentielles exercées par des produits de substitution ou par certains clients peuvent limiter l'attraction d'un segment.

• La formulation des objectifs commerciaux : les objectifs d'un plan de marketing bancaire doivent être cohérents avec la stratégie de développement de la banque, formulée en terme de métiers donc de clientèles et de produits, de croissance, de parts de marché et de rentabilité. Une action commerciale spécifique se traduira par :
– *des objectifs précis.* Précis dans leurs montants, ils s'expriment en terme d'encours : développer de x % les encours de crédit à la consommation ou des comptes sur livret. Précis dans le temps, ils prévoient un calendrier de réalisation avec un horizon terminal mais aussi un cheminement des réalisations (objectif atteint à 20 % dans trois mois, à 50 % dans neuf mois, etc.) ;
– *des objectifs réalistes auxquels des moyens sont associés.* La gestion budgétaire est une démarche adaptée à la détermination d'objectifs commerciaux raisonnables et de moyens à mobiliser dans la mesure où ils sont proposés par les chargés de clientèle qui connaissent bien les clients actuels et les clients potentiels de leur zone de chalandise.

L'étape Programmation

Cette étape correspond à la définition des moyens de la politique de marketing en faisant entrer en ligne de compte les objectifs, l'environnement et les ressources de la banque. Elle sera développée dans la section suivante.

© Dunod – Toute reproduction non autorisée est un délit.

L'étape Contrôle des résultats

Le contrôle des résultats est l'étape ultime mais obligatoire d'un plan de marketing. Il s'agit en effet de s'assurer que le plan est réalisé dans les délais assignés, c'est-à-dire comparer à chaque phase du cheminement les objectifs et résultats. Toute divergence entre objectifs et réalisations doit être analysée afin de mettre en évidence les causes de l'écart :

- *cause externe* avec la modification d'éléments relevant de l'environnement comme la réglementation, les taux d'intérêt ou la conjoncture économique ;
- *cause interne* du fait d'une erreur d'appréciation sur les besoins du marché, sur les moyens à mettre en œuvre ou sur le calendrier retenu.

L' analyse d'écart conduit à un réexamen des objectifs et moyens. C'est une opération délicate s'il est nécessaire de modifier la politique marketing car les services opérationnels font toujours preuve d'une certaine inertie face à une réorientation de la politique commerciale.

Section 2 LA MISE AU POINT D'UNE POLITIQUE DE MARKETING

La politique de marketing d'un établissement de crédit résulte de la combinaison de quatre éléments : le produit, le prix, la communication et la commercialisation. Cette combinaison, appelée *marketing mix*, consiste à agir sur ces différents éléments afin de développer une offre à même de satisfaire les attentes des consommateurs. Même si *le marketing mix* est parfois critiqué en ce sens qu'il ne voit dans l'offre qu'une réponse aux attentes du marché sans intégrer la possibilité pour la firme d'influencer la demande ni la réaction des concurrents, il est bien adapté à une présentation des différents aspects d'une politique de marketing, notamment dans le cas de la banque de détail qui sera le métier de référence des développements qui suivent.

1 La politique du produit

Le rôle d'une politique du produit est de concevoir les produits à même de satisfaire les besoins du marché. La politique de produit consiste à créer de nouveaux produits, à mettre au point une gamme, à entretenir cette gamme en sachant éliminer les produits devenus obsolètes.

1.1 La création de nouveaux produits

La création de nouveaux produits bancaires se justifie à double titre : les besoins de la clientèle existante évoluent et il faut savoir anticiper et accompagner les évolutions ; de nouveaux produits sont susceptibles d'attirer une clientèle nouvelle. La mise au point de nouveaux produits bancaires relève de l'innovation financière et il est habituel de distinguer les innovations de produit et les innovations de processus.

Les innovations de produit

Elles ont comme origine une modification des caractéristiques intrinsèques de chaque produit. Un produit bancaire comporte plusieurs paramètres : montant, rendement ou coût, maturité, sécurité, fiscalité, etc. *Une innovation de produit consiste à changer un ou plusieurs de ces paramètres*, d'où une grande marge de manœuvre pour les banques dans la conception d'un nouveau produit qui présente parfois une différence mineure par rapport au produit déjà existant. Les innovations de produit sont fréquemment liées à la réglementation, directement ou indirectement.

• Dans le premier cas, ce sont les pouvoirs publics qui, en modifiant les paramètres, sont à l'origine du nouveau produit dont la création s'inscrit dans la politique de crédit ou de l'épargne. Les exemples de création réglementaire de produits bancaires sont nombreux. Dans le métier de la banque de détail, dans la catégorie des crédits, on trouve tous les crédits auxquels un avantage spécifique est attaché (ainsi les prêts à taux zéro pour financer les achats de logements) ; dans celle des produits d'épargne, les comptes et plans d'épargne logement, le plan d'épargne retraite populaire ou le plan d'épargne en actions fournissent de bons exemples. La caractéristique de ces innovations de produit est d'être banalisée, c'est-à-dire qu'ils sont diffusés par toutes les enseignes dans les mêmes conditions. Dans les métiers de banque d'affaires et de gestion d'actifs, le développement des marchés dérivés, des financements de type LBO ou de la titrisation a donné naissance à une panoplie de nouveaux produits comme ceux de gestion des risques, les produits structurés ou ceux relevant de l'ingénierie financière qui nécessitent une législation appropriée.

• La création de nouveaux produits bancaires peut également répondre au souci de contourner une réglementation jugée trop contraignante. Rappelons l'exemple de la création des SICAV et fonds communs de placement de trésorerie créés à partir de 1981 en réplique au plafonnement de la rémunération des dépôts à terme alors que les taux de marché étaient très élevés ou plus récemment les produits conçus pour contourner l'interdiction de rémunération des dépôts à vue en jumelant comptes à vue et comptes rémunérés.

Les établissements de crédit distinguent souvent les produits réglementés et les autres qui seuls peuvent faire l'objet d'une véritable innovation.

© Dunod – Toute reproduction non autorisée est un délit.

Les innovations de produits peuvent également découler du développement à l'international ou de contraintes sociétales. Il en va ainsi dans la gestion d'actifs et dans la banque de financement et d'investissement avec l'apparition de produits compatibles avec les principes de la finance islamique et des investissements socialement responsables.

Les innovations de processus

Elles découlent des technologies nouvelles qui donnent naissance à de nouveaux produits. Les progrès de l'informatique et de la télématique ont favorisé la création de nombreux produits bancaires : carte bancaire à piste magnétique puis à puce, porte monnaie électronique, par exemple. Les technologies nouvelles influencent très profondément le mode d'établissement des relations banque – clients avec le développement de la banque à distance ou de la banque en ligne ; de ce fait, il n'est pas toujours aisé de séparer clairement l'innovation de processus du canal de distribution lui-même.

1.2 La mise au point d'une gamme de produits bancaires

Le choix des clientèles cibles commande la gamme de produits offerts selon la démarche habituelle du marketing : segmentation, positionnement et différenciation.

L'adéquation clientèle cible – produits

La segmentation de clientèle constitue le point de départ de l'adéquation clientèle cible – produits selon l'enchaînement :

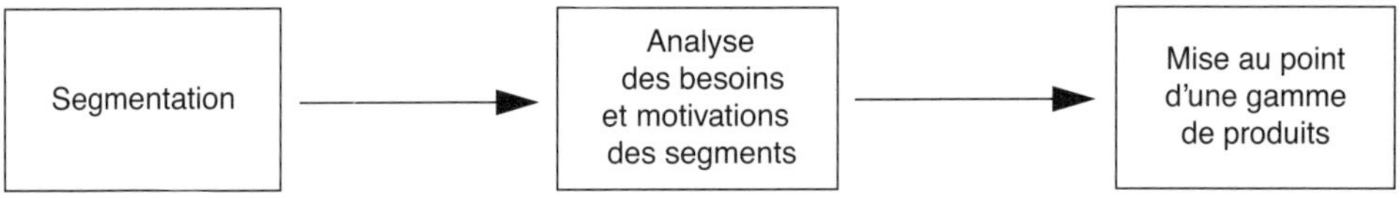

Parvenir à vendre à un client une gamme de produits découle de ce qu'on appelle les ventes croisées (*cross selling*) qui sont des actions commerciales auxquelles les banques sont particulièrement attentives lorsque les marchés sont proches de la saturation. Accroître le taux d'équipement en produits d'un client permet de développer les ventes et de fidéliser la clientèle. La gamme de produits doit être suffisamment large pour faciliter les ventes croisées et déborder vers des produits non bancaires : en finançant un véhicule automobile par location avec option d'achat, le client se voit proposer un forfait incluant une assurance automobile et la prise en charge des grosses réparations. À l'évidence, les outils de la gestion de la relation client sont tout à fait adaptés à ce genre d'actions commerciales.

Par exemple, une banque ayant sélectionné les étudiants parmi ses clientèles cibles offre à ce segment les produits suivants qui répondent tous à un besoin identifié :
– compte à vue + chéquier ;
– carte bancaire ;
– compte d'épargne de type livret A ou livret de développement durable ;
– crédit de trésorerie ;
– crédit pour financer les études ou crédit sur bourse d'études ;
– crédit de première installation ;
– assurance véhicule à moteur ou IARD.

Cette gamme standard ayant été associée au segment de clientèle « étudiants », elle est proposée à tout nouveau client appartenant au segment et tout client du segment n'utilisant pas un des produits de la gamme peut se le voir proposé à l'occasion de campagnes de relance.

Le choix d'un positionnement

Le positionnement d'un produit correspond à la place occupée par ce produit dans l'esprit du consommateur par rapport aux produits concurrents. Le positionnement résulte d'éléments subjectifs tenant principalement à la façon dont le consommateur perçoit le produit qui est soigneusement mis en relief selon plusieurs approches. La première porte sur le produit lui-même et s'efforce de mettre en évidence son avantage le plus attractif. Ainsi, la carte bancaire peut être présentée en insistant sur son attribut moyen de paiement, sur son attribut assemblage avec tous les services qui lui sont attachés ou sur son attribut facilité de trésorerie puisque les débits des cartes sont enregistrés une fois par mois.

Une autre façon de positionner un produit est de le destiner à certains segments de clientèle. Les cartes bancaires haut de gamme sont positionnées pour une clientèle d'hommes d'affaires, effectuant de fréquents déplacements à l'étranger.

Mais très fréquemment, les produits sont positionnés par rapport à ceux des concurrents en essayant de mettre en évidence les avantages concurrentiels comme la densité du réseau de guichets ou le professionnalisme du personnel.

La différenciation

Différencier un produit, c'est le rendre différent de ceux proposés par la concurrence. La différenciation est une réponse à la variété des besoins des consommateurs, la firme espérant se constituer, temporairement du moins, une sorte de monopole. La différenciation est indispensable en cas de produits uniformes comme les produits bancaires. Elle prolonge souvent le positionnement lorsque plusieurs banques adoptent un positionnement identique et qu'il convient de mettre en relief ses propres avantages concurrentiels.

© Dunod – Toute reproduction non autorisée est un délit.

Les produits bancaires étant immatériels, les techniques de différenciation reposant sur le produit lui-même (design, emballage) sont inutilisables. Par contre, les techniques plus subjectives sont possibles et la différentiation s'attachera :

– au produit en lui donnant une appellation spécifique. Ainsi, le Crédit Lyonnais, devenu LCL, recoure pour certains produits à la désinence « lion », par analogie avec son nom et son logo ou le Crédit Agricole qui décline sous les appellations de Carré Bleu, Vert ou Mauve différents produits d'épargne. La différenciation peut également s'appuyer sur la mise en évidence d'un attribut du produit comme son prix ou une qualité intrinsèque ;
– à l'image de la banque elle-même qui peut espérer que le consommateur l'associera à ses produits et les percevra différents de ceux des concurrents.

En matière de différenciation des produits bancaires, une place particulière doit être réservée à l'assemblage (*package*). *Un assemblage est un produit qui permet de satisfaire simultanément plusieurs besoins car il associe plusieurs services.* L'offre d'assemblage est très variée et ces produits présentent de nombreux avantages. Ils sont source de différenciation par leur appellation et par la combinaison retenue qui ne sera pas la même que celle des concurrents. Ils favorisent la vente de produits que le client n'aurait pas obligatoirement achetés mais surtout ils permettent de facturer des services, qui s'ils avaient été vendus individuellement, auraient été gratuits. Toutefois, en 2001, en ce qui concerne les assemblages destinés aux particuliers, la loi a étendu aux produits bancaires certaines dispositions du Code de la consommation relatives aux ventes groupées, donc aux assemblages. Désormais, les services composant un assemblage doivent pouvoir être achetés séparément lorsqu'ils ne sont pas indissociables. Les établissements ont fréquemment intégré cette évolution en présentant une offre de services aux particuliers personnalisée « à la carte ».

Focus

Les assemblages

Un assemblage se construit autour d'un produit ou pour une clientèle :

- L'assemblage autour d'un compte à vue. À ce produit basique qui comprend déjà plusieurs services comme la délivrance d'un chéquier, la banque adjoint, par exemple :
  – une carte bancaire ;
  – un transfert automatique vers des comptes rémunérés ;
  – une facilité de caisse ;
  – une assurance décès ;
  – un accès aux comptes par serveur vocal, minitel ou Internet ;
  – une assistance en cas de perte ou vol du chéquier.
- L'assemblage pour la clientèle des grandes entreprises. Les produits de *cash management* combinent des services comme :
  – la gestion des flux à partir d'un seul point, encaissements, décaissements, virements nationaux et internationaux ;
  – la centralisation des soldes ;
  – le *reporting* quotidien.

1.3 L'entretien des produits existants

Les questions d'entretien et de survie des produits bancaires constituent un aspect important de la politique de produit. Les produits bancaires ont en général comme toute prestation de service un vieillissement lent et leur uniformité peut induire un comportement de multibancarisation de la part de la clientèle, d'où la nécessité de fidéliser les clients et de maintenir un haut niveau de qualité tout au long de cette phase.

Un vieillissement lent

Les produits bancaires ont une durée de vie longue qui peut être caractérisée comme dans la figure 8.3 qui distingue trois phases, au lieu des quatre habituelles des produits de consommation courante.

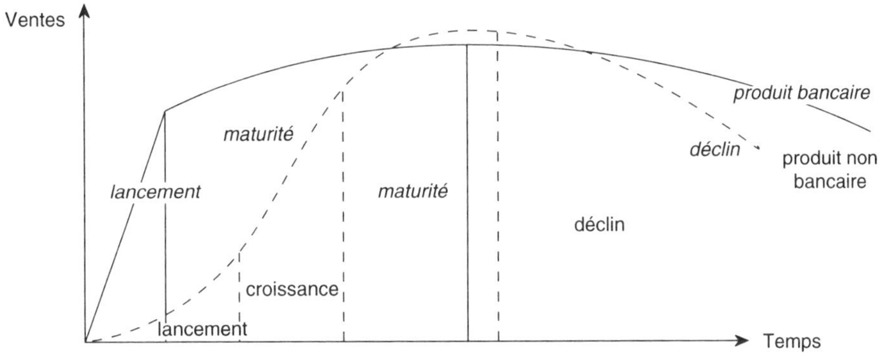

Figure 8.3 – Comparaison du cycle de vie d'un produit non bancaire et d'un produit bancaire

• *Phase de lancement.* Cette phase sera relativement brève dans le temps avec une notoriété et une demande croissant rapidement. En effet, si le nouveau produit introduit sur le marché procède d'une initiative des pouvoirs publics, il sera proposé par toutes les enseignes simultanément et bénéficie d'une large diffusion. Si le produit a été créé par une banque, il sera rapidement imité par les principaux concurrents.

• *Phase de maturité.* Cette phase est assez longue dans le temps. Le produit a acquis une notoriété suffisante. Son taux d'utilisation se stabilise ou croît légèrement par paliers en fonction des actions publicitaires de relance ou des habillages. Chaque enseigne lutte pour le maintien de sa part de marché car la demande est moins intense.

• *Phase de déclin.* Cette phase est la plus longue de toutes et peut s'étendre sur des dizaines d'années. L'obsolescence gagne progressivement le produit en raison de l'émergence d'un nouveau produit mais elle n'entraîne pas pour autant son élimination. La clientèle, habituée de longue date à l'utilisation de ce produit, manifeste de

© Dunod – Toute reproduction non autorisée est un délit.

la résistance à accepter sa disparition. Cette phase de déclin longue conduit à une sédimentation de l'offre de produits et renforce le caractère multiproducteur de la firme bancaire.

Le cycle de vie de produits comme l'escompte ou le chèque se présente tout à fait selon le profil du figure 8.3.

La fidélisation de la clientèle

Toutes les banques ont constaté qu'attirer un nouveau client est beaucoup plus coûteux que vendre de nouveaux produits à un client existant. Aussi la fidélisation apparaît comme une alternative à la conquête de nouveaux clients dans un contexte de multibancarisation et de nomadisme qui, malgré la stabilité de la relation banque – client, ont tendance à se développer. *Fidéliser un client consiste à établir une préférence et un attachement manifestes du client à sa banque.* Cette action s'appuie en premier lieu sur la parfaite connaissance des besoins, motivations et attentes du client. Les outils de la gestion de la relation client présentés précédemment facilitent cette connaissance, ils permettent de cibler les segments de clientèle les plus rentables qu'il convient de fidéliser prioritairement en leur adressant des offres personnalisées qui anticipent leurs demandes. Concurremment, la banque peut mettre en place les moyens habituels de la fidélisation : cadeaux, points accumulés donnant accès à des récompenses.

Le maintien de la qualité

L'impératif de qualité a déjà été développé dans le chapitre 5. Dans l'approche marketing, la qualité est plus qu'un argument commercial car, dans le domaine de la prestation de services, qualité et satisfaction du client sont indissociables. Chaque client manifeste des attentes en matière de qualité des produits bancaires mais ces attentes sont très variées : l'un sera sensible aux heures d'ouverture des agences, l'autre aux délais de réponse à ses demandes (de crédit, de chéquier, d'information sur un produit...), un autre privilégiera la bonne relation avec le personnel avec lequel il est en contact. Cette diversité rend difficile le maintien du niveau de qualité attendue tout au long de la durée de vie du produit et toute détérioration perçue par le client par rapport à ses exigences le conduit à interrompre la relation avec la banque qui n'a pas anticipé ce que le client analyse comme une baisse de qualité.

1.4 L'abandon de produits bancaires

La prolifération des produits est source de coûts pour toutes les entreprises : les ressources disponibles sont parcellisées, des produits non performants occupent le temps des responsables commerciaux. Il importe donc, surtout lorsque l'entreprise est multiproductrice, de gérer la gamme et d'éliminer les produits qui n'ont plus de raison d'y figurer.

• La modification de la réglementation est la principale cause d'abandon de produit, soit lorsqu'elle supprime le produit lui-même (le crédit à moyen terme mobilisable), soit lorsqu'elle altère l'un de ses paramètres (avantage fiscal, bonification de taux d'intérêt). Au demeurant, la modification réglementaire, si elle est cause de disparition de produits, en crée de nouveaux simultanément. Ainsi, les refontes périodiques de l'aide au logement suppriment certaines formes de crédit pour les remplacer par d'autres.

• Les innovations de processus sont également à l'origine de l'abandon de produits. La lettre de crédit, service autrefois très utilisé puisqu'il permettait à un voyageur d'obtenir des espèces lors de ses différentes étapes, est tombée en désuétude et est remplacée par des produits comme la carte bancaire donnant accès aux distributeurs de billets ou les chèques de voyage.

• L'abandon de produit peut être causé par des considérations de rentabilité. Lorsqu'un produit s'avère non rentable, il est supprimé. Ainsi, la plupart des banques ont renoncé au change manuel en agence, service dont la rentabilité n'est pas assurée, et ont laissé cette activité à des établissements spécialisés.

De même, le service de coffre-fort est-il progressivement abandonné, les banques ne conservant ce service qu'au sein de quelques agences centrales et revoyant également leur politique tarifaire.

2 La politique de prix

Un consommateur ne choisit pas uniquement un produit à cause de son design, de ses qualités ou de sa marque commerciale ; le consommateur a également une attitude vis-à-vis du prix du produit et la politique de prix, dans le cadre d'une stratégie de développement commercial, constitue l'un des aspects du *marketing mix*. En effet, le prix d'un produit doit être fixé par la firme entre une limite basse, le coût de revient, et une limite haute pour laquelle il n'y a plus de demande. Dans la banque, la variable prix a longtemps joué un rôle limité dans la politique de marketing :

- un certain nombre de taux d'intérêt sur crédits comme sur dépôts étaient fixés par les pouvoirs publics ;
- la fixation du taux de base bancaire a été cartellisée jusqu'au début des années quatre-vingt-dix ;
- la connaissance du coût de revient des produits bancaires s'est développée progressivement.

Deux phénomènes ont entraîné une modification radicale de cette situation : le développement de la concurrence qui a conduit les établissements de crédit à utiliser

© Dunod – Toute reproduction non autorisée est un délit.

l'arme des prix pour développer leurs parts de marché et la montée du consumérisme au sein de la clientèle des particuliers d'où une pression permanente pour une plus grande transparence en matière de tarification et pour un équilibrage de la relation banque – client jugée sur de nombreux plans comme trop favorable au banquier. Les pouvoirs publics se sont estimés très concernés par ces évolutions dont ils redoutaient des effets néfastes. Ils sont donc fréquemment intervenus ces dernières années tant par la voie législative que réglementaire. La politique de prix des banques en matière de taux d'intérêt et de commissions est enserrée dans des dispositifs qui s'étendent au fil des années.

2.1 Les taux d'intérêt sur crédits et dépôts

La fixation des taux d'intérêt est un moyen de se créer ou de défendre une part de marché dans les limites fixées par la réglementation bancaire.

La concurrence par les taux d'intérêt

Sur un marché en situation d'oligopole, les prix ont tendance à s'uniformiser vers le bas de la fourchette car chaque firme surveille les conditions appliquées par ses concurrents et s'aligne afin de maintenir ses positions commerciales. Aussi, *l'offre des banques en matière de taux de crédits comme de dépôts est peu différenciée* : des taux identiques se déclinant en taux fixes ou taux variables indexés sur de mêmes références pour les crédits et proches des rémunérations de marché pour les dépôts à terme ou d'épargne.

Dans ce contexte concurrentiel, certaines enseignes choisissent d'utiliser le prix comme moyen de pénétration d'un marché ou comme prix d'appel en espérant faire jouer une élasticité prix à son avantage. Après la modification du statut des Caisses d'épargne leur permettant d'effectuer toute opération de banque, ces dernières se sont constitué une part de marché en matière de crédit au logement par des offres à taux d'intérêt bas. De même, certaines banques étrangères, ainsi ING Direct au début de l'année 2001, désireuses de pénétrer le marché des particuliers, ont assis leur politique de développement sur un compte sur livret conçu comme un produit d'appel avec une rémunération de 5,30 % alors qu'à la même époque, le taux du livret A était 3 %. La suppression de l'interdiction de rémunération des dépôts à vue intervenue au début de l'année 2005 constitue une bonne illustration des choix que les banques doivent effectuer dans ce domaine.

EXEMPLE – La rémunération des dépôts à vue dans les banques françaises

Peu de banques proposent une rémunération des dépôts à vue. Il est aujourd'hui possible de mentionner des établissements comme Allianz Banque AGF, AXA Banque, la Banque Barclays, Groupama Banque, Boursorama Banque, la Banque privée européenne, les Caisses d'épargne, HSBC ou Monabanq).

Les enseignes qui proposent la rémunération des dépôts à vue sont principalement des banques en ligne, des établissements apparus il y a quelques années sur le marché français ou à l'occasion de stratégies d'assurbanque et dont la politique de prix est au cœur des actions marketing.
Deux explications à la réticence des grands réseaux à proposer une rémunération des dépôts à vue :
- le taux de rendement élevé des produits de substitution comme les comptes sur livret ou les dépôts à terme, et depuis 2009, les livrets A ;
- la préférence accordée à la concurrence par les taux pour les crédits au logement, sachant que la domiciliation des revenus de l'emprunteur est généralement liée à l'octroi du crédit.

Les banques doivent également prendre en considération l'exigence de transparence dans la connaissance des conditions de banque que manifestent tous les clients, particuliers et entreprises. Les clients attendent des barèmes clairs, détaillés où figurent les taux, nominaux et effectifs, les jours de valeur et les commissions. La loi bancaire a imposé la transparence dans les conditions de banque et d'autres mesures sont venues la compléter, comme par exemple le mode de calcul du taux effectif global d'un crédit (TEG) qui intègre en majoration de taux d'intérêt les commissions, les assurances et les frais de dossier attachés à l'opération de prêt.

Les limites à la concurrence par les taux

Ces limites sont fixées par la réglementation bancaire qui cherche à éviter une concurrence par les prix qui fragiliserait les établissements de crédit et à protéger les clients des banques. Plusieurs dispositions contraignent ainsi les banques dans la fixation des taux d'intérêt.

• L'interdiction de la vente à perte dans la distribution des crédits : comme il l'a été indiqué précédemment[1], le règlement relatif au contrôle interne impose aux établissements de fixer leur taux de crédit de façon à dégager une marge, ce qui signifie que le taux facturé à l'emprunteur doit impérativement couvrir le coût des ressources, les coûts de gestion et le coût du risque. Les péréquations tarifaires temporelles (attirer un client par une vente à perte dans la perspective de lui vendre ultérieurement des produits avec marge) ou sur un même client (la perte sur un crédit est compensée par une marge sur un autre produit) sont donc contraires à la réglementation.

• Les taux usuraires constituent des plafonds à la rémunération des crédits et ont été définis dans un précédent développement[2].

1. Cf. chapitre 2, section 2.
2. *Ibidem.*

© Dunod – Toute reproduction non autorisée est un délit.

2.2 La tarification des services bancaires

Avec les progrès en matière de connaissance du coût de revient de leurs produits, les banques s'efforcent de fixer les commissions à des niveaux dégageant une marge et de facturer les services comme les retraits d'espèces et surtout le paiement et l'encaissement des chèques qui traditionnellement sont gratuits dans les pratiques bancaires françaises, d'où l'aspect conflictuel revêtu par la poursuite de ce dernier objectif.

La clientèle des entreprises comme celle des particuliers est très sensible au montant des commissions et des études comparatives sont fréquemment publiées dans la presse grand public à ce sujet. Aussi, les banques tiennent le plus grand compte des prix pratiqués par leurs principaux concurrents mais n'hésitent pas pour autant à mettre en œuvre une politique tarifaire différenciée avec des péréquations d'où certains prix ne couvrant pas les coûts de revient et d'autres très élevés, justifiés par la qualité de la prestation de services et sa personnalisation.

Cette politique tarifaire doit également tenir compte des critiques que clients et associations de consommateurs adressent aux banques selon lesquelles les commissions facturées aux particuliers ont progressé ces dernières années beaucoup plus rapidement que l'indice des prix à la consommation. Les associations de consommateurs ont d'ailleurs demandé que l'Insee établisse un indice des prix du secteur bancaire.

Les développements précédents montrent bien que la politique des prix dans la banque est une question délicate avec des enjeux politiques et économiques évidents et des contraintes réglementaires croissantes ; elle est cependant une source de différenciation notable face à l'uniformité des services bancaires.

3 La politique de communication

La politique de communication recouvre toutes les actions d'une firme pour se faire connaître et apprécier, elle-même en tant qu'entreprise et pour faire connaître et apprécier ses produits. Son objectif est de déplacer vers la droite la courbe de demande à l'entreprise en établissant des relations autres que l'équilibre prix-quantité entre la firme et ses clients. La communication d'entreprise se caractérise à l'heure actuelle par une approche globale et par une extension des moyens mis en œuvre.

3.1 Le contenu d'une politique de communication

Communiquer, c'est envoyer des messages à des destinataires variés par différents media pour faire savoir qui on est et ce que l'on sait faire.

Communication interne et communication externe

• La communication interne est tournée vers le personnel et vise principalement à assurer une bonne circulation de l'information au sein de la banque. Les événements qui affectent l'établissement de crédit, ses salariés ou son environnement sont relatés sur différents media, presse d'entreprise ou de plus en plus fréquemment le réseau intranet. La communication interne doit également porter sur la stratégie de développement arrêtée par la direction générale ; cette stratégie ainsi que les moyens mis en œuvre doivent être clairement explicités afin que chacun puisse situer son action quotidienne par rapport à ces objectifs.

Mais il ne suffit pas d'informer, il faut de surcroît faire adhérer le personnel à cette stratégie. Chaque salarié doit avoir le sentiment d'appartenir à un groupe et de partager les mêmes valeurs avec les autres membres de ce groupe. Une véritable culture d'entreprise peut ainsi émerger qui renforce l'efficacité économique et la cohésion sociale au sein de la banque.

• La communication externe traite des relations de la banque avec les tiers, composés de groupes à besoins d'information très divers : clients, tutelle, marchés, concurrents, fournisseurs ; tous sont destinataires de messages qui doivent être adaptés à leurs attentes ou à leurs exigences.

Toutes les banques ont donc structuré la fonction communication dans les organigrammes. La direction de la communication est rattachée à un niveau hiérarchique élevé et participe aux instances de type comité stratégique. La symbiose direction générale-communication est d'ailleurs renforcée par la tendance à la personnalisation de la communication dans de nombreuses entreprises où le président s'implique totalement dans les relations avec le personnel (séminaires, voyages…) et avec les media (interviews, réunions avec les analystes financiers et participation à des émissions de télévision).

La communication externe est alors soit institutionnelle, soit informative.

Communication institutionnelle et communication informative

• La communication institutionnelle poursuit deux objectifs, la notoriété, c'est-à-dire la connaissance par le marché du nom de la banque, et l'image qui a trait à la façon dont les clients perçoivent la banque. La politique de marque est utilisée par l'établissement de crédit qui recherche une notoriété nationale ou internationale et, en raison des mouvements de concentration qui ont remodelé le paysage financier, elle occupe une place accrue dans les stratégies de communication selon des modalités différentes.

Certaines banques mettent en œuvre une stratégie d'harmonisation en imposant une marque unique à l'ensemble de leurs composantes. Ce sont en général des banques à dimension internationale qui, à l'instar de sociétés comme Nike ou Coca-

© Dunod – Toute reproduction non autorisée est un délit.

Cola, veulent conférer à leur dénomination une notoriété universelle. Citibank, ING, HSBC, entre autres, développent une stratégie de ce type et toute nouvelle acquisition fait l'objet d'un changement de marque comme dans le cas du remplacement des enseignes CCF, UBP ou Banque Hervet par HSBC.

Une autre approche de la politique de marque consiste à conserver tout un ensemble de dénominations pour les banques du groupe, comme dans le cas de BPCE (incluant les Banques populaires et les Caisses d'épargne, Natixis, la Banque Palatine ou le Crédit foncier) ou du groupe Crédit Agricole (comprenant notamment les Caisses régionales de crédit agricole et LCL pour les métiers de la banque de détail, Bforbank pour la banque en ligne ou CA Indosuez pour la banque privée). Il s'agit alors soit de maintenir des marques à fort enracinement régional ou historique, soit de permettre de bien identifier un métier. Mais ces deux stratégies ne sont pas exclusives et il est fréquent que des banques à dimension internationale combinent les deux approches : marque unique pour les activités à dimension internationale (banque de financement et d'investissement, banque privée) ou pour la conquête de nouveaux marchés (Chine, pays de l'Est) ; maintien des marques nationales ou régionales à bonne notoriété comme dans le cas du Crédit du Nord qui appartient lui-même au groupe Société Générale et qui conserve les appellations Banque Tarneaud et Société Marseillaise de Crédit. Dans ce cas, des logos uniques sont systématiquement utilisés pour faciliter l'identification de l'appartenance au groupe.

Signalons également, dans le domaine des cartes de paiement, l'apparition du comarquage dans le cadre de partenariats entre banques et entreprises du secteur industriel ou commercial.

La politique d'image est un outil de différenciation très utilisé par tous les établissements dans le contexte spécifique du déficit d'image que le public ressent à l'encontre des banques. En effet, la banque en général ne jouit pas d'une bonne perception par le marché, particuliers et entreprises. La première raison en est que les produits bancaires ont trait à « l'argent » qui revêt dans les sociétés contemporaines des dimensions complexes, à la fois symboliques et psychologiques ce qui fait que les relations que chacun entretient avec l'argent ne sont pas simples. La seconde est que plutôt que comme un partenaire, le banquier apparaît comme un juge voire même comme un inquisiteur dont les décisions (rejet d'un chèque, refus d'une demande de crédit) sont redoutées par leurs conséquences sur la vie quotidienne ou le devenir des clients concernés. De façon plus conjoncturelle, les crises bancaires et financières récentes ont pu accentuer ce sentiment de défiance.

Dans ces conditions, les banques, en recourant aux techniques habituelles de communication, cherchent à se construire une image positive en diffusant des messages centrés sur la proximité avec client, la qualité des prestations ou de l'accueil. Elles s'efforcent également de donner à cette image un contenu social en insistant sur l'utilité des banques dans les économies modernes et leur civisme. Nombre d'établissements mettent d'ailleurs aujourd'hui en avant leur volonté de s'insérer dans une démarche de développement durable.

Une image forte, cohérente avec le positionnement retenu pour les produits, est un moyen de différenciation. Elle imprègne les produits, sert de bouclier en cas de crise majeure (OPA, plan de redressement) et d'attrait pour le recrutement des cadres supérieurs.

• La communication informative vise à faire connaître les produits. Son principal support est l'action publicitaire.

3.2 Les moyens d'une politique de communication

Le sponsoring et le mécénat

Ces deux actions occupent aujourd'hui une place importante dans la politique de communication des banques.

• Définition des deux concepts : l*e sponsoring est une technique qui utilise un événement sportif ou culturel comme support d'une opération de communication* : la banque contribue financièrement à la réalisation de l'événement ; son nom y est directement associé (logotype ou nom directement apposé sur un bateau, un maillot sportif ou un programme de spectacle) ; une campagne de diffusion propre au sponsor peut accompagner l'opération.

Quant au mécénat, il consiste à financer une activité à caractère culturel ou scientifique sans pour autant accompagner l'aide d'une promotion commerciale intense. Et on distingue plusieurs types de mécénat : le mécénat promotion dont l'objectif est d'associer dans l'esprit du public le nom de la banque à une activité utile à la société ; le mécénat diffusion pour faciliter la diffusion d'œuvres d'art dans le public ; le mécénat création pour encourager la création artistique ou l'innovation.

• Utilisation du sponsoring et du mécénat : ces deux techniques de communication sont toutes deux utilisées pour des campagnes de notoriété et d'image. Elles concourent à donner de la banque une image dynamique et à la faire percevoir comme une institution encourageant le progrès de la science et des arts, faisant preuve d'un sens civique et d'une utilité sociale indéniables. Ainsi, chaque grande banque sponsorise des manifestations sportives : BNP Paribas pour le tournoi de tennis de Roland Garros, LCL pour le Tour de France cycliste et la Société Générale pour le tournoi de rugby des six nations. De même, certaines banques ont créé des fondations qui financent la restauration ou l'achat d'œuvres d'art.

Depuis quelques années, les grands établissements intègrent la donne de la RSE (Responsabilité sociétale des entreprises). Au-delà des actions en faveur des sports ou des arts, la RSE conduit les banques à soutenir dans le cadre de leurs politiques de communication, des associations pour le développement de l'enseignement ou de

© Dunod – Toute reproduction non autorisée est un délit.

l'insertion professionnelle ou encore des projets liés à l'environnement ou au développement durable.

La publicité

Elle est très utilisée par les banques comme le prouve l'importance des budgets publicitaires. Si différents types d'action publicitaire sont envisageables pour une banque, la campagne de publicité elle-même ne présente guère d'originalité par rapport à celle menée par toute firme. Certaines formes d'actions relevant du marketing direct sont toutefois bien adaptées.

• Les différentes actions publicitaires : selon le type de communication recherchée, institutionnelle ou informative, elles revêtent plusieurs formes.

– La publicité de notoriété, d'image ou de produit

La publicité de notoriété vise à faire connaître le nom de la banque soit à l'occasion de la pénétration d'un marché (par une banque étrangère, par exemple), soit après une opération de restructuration qui a pu conduire à l'adoption d'un nouveau nom. L'action publicitaire a alors une portée très générale et s'appuie fréquemment sur un logotype, une sélection de graphismes ou de couleurs. La publicité d'image complète la publicité de notoriété et est l'un des outils de la communication institutionnelle. Destinée à la clientèle actuelle et potentielle, elle recherche la différenciation en insistant sur la qualité de la relation et la confiance qui doivent s'établir entre la banque et son client. La publicité de produit vise à faire connaître ce dernier soit à l'occasion de son lancement soit lors de l'entretien des produits existants. Un inconvénient notable de cette action publicitaire tient à l'uniformité des produits bancaires. En vantant les qualités d'un produit, une banque risque de faire profiter les concurrents de cette publicité ; il est donc nécessaire de choisir soigneusement le produit objet de la campagne et de mettre en évidence ses spécificités ;

– La publicité collective ou individuelle

La publicité collective s'adresse à l'ensemble de la clientèle actuelle et potentielle. Elle utilise les grands médias de toute action publicitaire : presse, radio, télévision, affichage. Son contenu est assez général afin d'être perçu par tous les segments du marché. Elle est retenue pour les campagnes de notoriété ou d'image. Elle présente le même inconvénient que celui relevé précédemment : la campagne collective multimédia peut profiter aux réseaux concurrents. La publicité est individuelle lorsqu'elle s'adresse à un client donné qui est contacté par les différents outils du marketing direct.

• Les actions publicitaires adaptées à la promotion des produits bancaires : un premier exemple est fourni par *la publicité sur le lieu des ventes (PLV) qui convient bien à la banque à réseau.* Le client fréquente une agence de banque et à cette occasion il sera touché par la publicité sous forme de dépliants ou brochures installés dans des présentoirs, d'affiches placées dans la vitrine de l'agence ou à l'intérieur. Ces supports publicitaires sont renouvelés fréquemment et sont harmonisés avec les campagnes collectives d'image ou de produit. La PLV atteint le client à un moment où il est disponible pour demander des informations complémentaires sur le produit et en devenir consommateur.

Le marketing direct permet également la promotion des produits bancaires. Les banques utilisent très fréquemment *le publipostage* notamment lorsqu'elles joignent un support publicitaire à l'envoi de relevés de compte qui sont systématiquement ouverts. Le contenu de ce support peut être de la publicité de produit mais également un bulletin de conjoncture ou d'information et le coût de cette opération est faible. Le télémarketing se développe rapidement dans le secteur bancaire grâce aux conseillers en agences ou aux plates-formes téléphoniques qui contactent directement les clients ou prospects pour les informer et leur vendre des produits, pour obtenir un rendez-vous ou pour réaliser des études de marché. Comme on l'a déjà souligné, les fichiers de clientèle structurés en base de données sont les outils irremplaçables du télémarketing qui de plus en plus se substitue au traditionnel démarchage à domicile.

3.3 L'animation de la force de vente

Qu'il soit en agence ou sur une plate-forme téléphonique, l'exploitant bancaire est en contact avec le client et son rôle est de lui vendre des produits. Une formation des vendeurs est nécessaire de même qu'une stimulation entre les points de vente.

La formation des vendeurs

Les exploitants en contact avec la clientèle doivent :
- se voir assigner clairement des tâches à accomplir ;
- connaître parfaitement les caractéristiques des produits qu'ils sont chargés de vendre ;
- recevoir une formation en matière de promotion des ventes avec les techniques de communication directe, les argumentaires ou la conduite de négociation.

Les exploitants peuvent être spécialisés par produits lorsque ces produits sont complexes et être rattachés à plusieurs points de vente. S'ils sont spécialisés par clientèle, ils gèrent les comptes d'un ensemble de clients et la personnalisation de la relation demeure un souci constant.

La stimulation de la force de vente

À l'échelon individuel, chaque vendeur se voit assigner des objectifs commerciaux et il est fréquent que sa rémunération soit liée à la réalisation des objectifs. La stimulation de la force de vente peut être plus collective avec l'émulation entre les

© Dunod – Toute reproduction non autorisée est un délit.

commerciaux grâce à des concours à l'issue desquels des cadeaux ou primes sont attribués aux meilleurs vendeurs.

La promotion des ventes

La promotion des ventes recouvre un ensemble de moyens, utilisés le plus souvent de façon ponctuelle, visant à développer à court terme les ventes d'une entreprise. Ces moyens qui comprennent les rabais, les ventes à prime, les concours, les loteries ou l'échantillonnage, sont utilisés soit pour fidéliser un client soit pour réaliser une première vente. Quand certains de ces moyens conviennent aux produits bancaires (concours, cadeaux, accumulation de points, etc.), les établissements de crédit ne manquent pas de les utiliser.

4 La politique de commercialisation

Elle concerne principalement la banque de détail mais également les services financiers spécialisés. L'objectif d'une politique de commercialisation est d'adapter les canaux de distribution des produits aux préférences des clients afin de les contacter et de leur vendre des produits avec le maximum d'efficacité. En tenant compte du fait que les banques vendent directement leurs produits aux clients, la politique de commercialisation implique en premier lieu de savoir quelle place respective assigner au réseau de guichets et aux nouveaux canaux de distribution. Et, si le choix d'un réseau de guichets a été effectué, il faut, en second lieu, veiller à entretenir ce réseau.

4.1 Banque avec et/ou sans réseau d'agences

À l'heure actuelle, aucune banque n'ignore les canaux de distribution issus des nouvelles technologies qui se sont accrus ces dernières années avec la banque en ligne sur le réseau Internet. Il s'agit alors d'opter entre une banque multi canal ou une banque privilégiant les nouveaux canaux de distribution avec la banque à distance.

La banque multi canal

Elle développe une offre qui intègre trois dimensions : les produits, les clientèles et les canaux de distribution comme indiqué sur la figure 8.4 qui montre clairement que le canal de distribution constitue une dimension qui enrichit le traditionnel couple produit-client pour le faire évoluer vers le triptyque produit – client – canal de distribution et renforce la qualité de la relation avec le client.

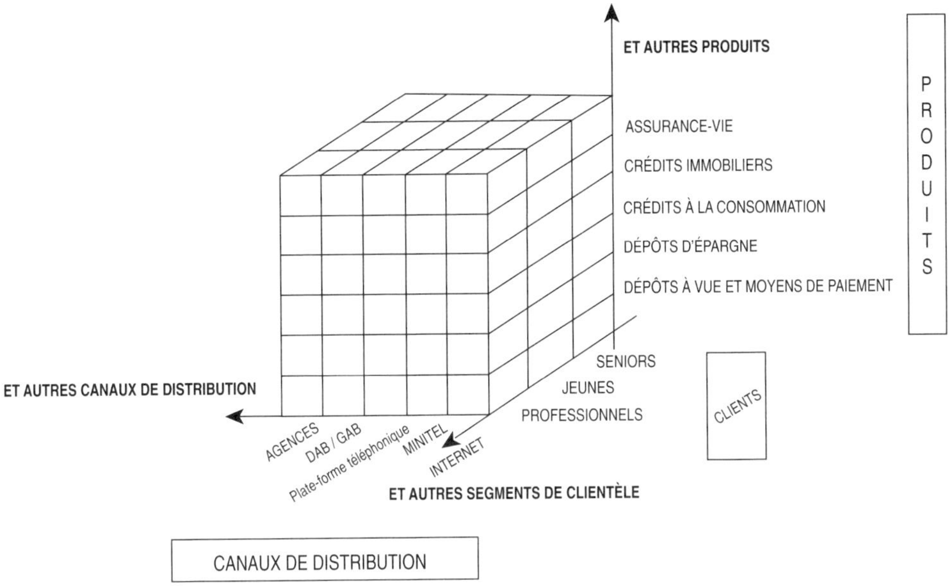

Figure 8.4 – Le triptyque produit – client – canal de distribution

• *Le réseau d'agences* : la banque dispose d'un réseau d'agences qu'elle doit soigneusement dimensionner et implanter.

– Une agence bancaire exerce trois fonctions principales : l'accueil, le conseil et la vente. Elle demeure le lieu privilégié pour gérer la relation avec la clientèle et pour vendre dans la mesure où elle est synonyme de proximité et de personnalisation du contact. Elle conserve indubitablement la préférence de nombreux clients dès qu'une opération autre qu'un dépôt ou retrait d'espèces ou encore une consultation de solde est accomplie. L'agence a, par ailleurs, une fonction psychologique essentielle pour le client, celle de représenter le lieu où « résident » les dépôts et l'épargne. De surcroît, chaque zone d'attraction d'une agence pouvant être assimilée à un micro marché, l'organisation en réseau confère aux directeurs d'agence une certaine autonomie permettant d'adapter l'offre aux caractéristiques de ce micro marché et d'identifier les performances réalisées au niveau de chaque agence.

– Le dimensionnement du réseau. La réglementation bancaire laissant toute liberté aux banques pour ouvrir autant d'agences qu'elles souhaitent en France et dans l'Union européenne, la banque de détail entretient un réseau d'agences. Un réseau dense et géographiquement bien réparti est un atout indéniable pour l'exercice du métier de banque de détail, il renforce sa notoriété et lui confère une image de proximité avec ses clients. Comme le nombre de guichets par habitant est élevé en France et que le maillage de l'espace français est terminé, il est coûteux et risqué pour l'établissement français ou étranger désireux de pénétrer le métier de banque de détail de se constituer un réseau de guichets en créant de nouvelles implantations. L'achat d'un réseau déjà existant est une solution bien préférable.

© Dunod – Toute reproduction non autorisée est un délit.

– L'implantation de nouvelles agences bancaires. De nouvelles agences s'ouvrent néanmoins chaque année mais dans les zones sous-équipées : villes nouvelles, quartiers rénovés et à l'occasion d'une implantation, plusieurs décisions doivent être prises. En premier lieu, et c'est l'objet du géomarketing, il faut choisir une zone d'implantation. Cette zone doit être fréquentée par les clientèles cibles et les agences déjà ouvertes par les concurrents ne doivent pas être trop denses. En second lieu, il importe de choisir un site d'implantation au sein de la zone. L'emplacement retenu doit avoir une situation lui permettant d'exercer une attraction suffisante sur l'ensemble du périmètre prospecté. Enfin, l'agence nouvelle sera ouverte en permanence ou de façon temporaire, quelques heures à quelques jours par semaine, en fonction de l'importance du potentiel bancaire de la zone d'attraction.

Toutefois, *le critère de décision essentiel en matière d'implantation d'agences est la rentabilité prévisionnelle*. À partir de quel seuil de ressources collectées ou de crédits consentis l'agence dégagera-t-elle une marge ? Au bout de combien de temps ce seuil sera-t-il atteint ? La réponse à ces questions oriente à l'évidence les décisions d'implantation qui peuvent également conduire à des fermetures de points de vente non rentables.

• *Les autres canaux de distribution* : le développement de nouvelles technologies a diversifié les canaux de distribution avec les distributeurs et guichets automatiques (DAB/GAB), le téléphone et les plates-formes téléphoniques, le minitel et Internet qui présentent en commun la caractéristique d'une relation anonyme. Au fur et à mesure de leur apparition, les banques de détail les ont intégrés à leur politique de commercialisation et les clients choisissent à leur guise le canal avec lequel ils souhaitent contacter leur banque. Ils sont complémentaires du réseau d'agences et cette complémentarité doit être gérée.

• *La personnalisation de la relation avec le client*[1] : la figure 8.4 met bien en évidence la diversité des clients, produits et canaux de distribution. La banque multi canal doit se fixer comme objectifs, d'une part, d'inciter les clients à choisir le canal de distribution le moins coûteux (DAB/GAB, téléphone) surtout pour les demandes de produits standard et à faible marge et d'autre part de redéployer les moyens libérés dans les agences vers les demandes de produits à forte marge, l'accueil et le conseil des clients haut de gamme et le démarchage commercial.

La réalisation de cet objectif implique :
– une tarification adaptée de l'accès aux différents canaux ;
– la création d'une plate-forme téléphonique pour traiter des opérations standard, assurer le service après-vente et les réclamations ;
– un fichier de clientèle organisé sous forme de base de données, comme indiqué précédemment.

1. Ce développement s'inspire de D. C et J.-C. P, « Adapter le service à chaque client », *Banque magazine*, supplément au n° 606, septembre 1999.

Plus concrètement, si une banque classe sa clientèle en quatre segments : les clients haut de gamme (segment A), les clients bonne gamme (segment B), les clients moyens (segment C) et les clients de base (segment D), tout en repérant ceux des segments C et D qui présentent du potentiel d'évolution, elle peut alors optimiser le triptyque produit – client – canal de distribution comme indiqué dans la figure 8.5 et la politique de commercialisation favorise la différenciation.

	Demandes d'information	**Vente/Conseil**	**Opérations**	**Après-vente/ Réclamations**
SEGMENTS A B C À POTENTIEL	• Conseiller en agence • Ligne dédiée sur plate-forme téléphonique • Accès privilégié aux canaux alternatifs (numéros d'appel spécifiques...)	• Démarche proactive du conseiller dédié • Produits/services exclusifs • Accès direct aux spécialistes • Tarification modulée par client	• Conseiller en agence • Accès privilégié à la plate-forme de services	
C D À POTENTIEL	• Accueil/Service (*MassBanking*) en agence, plate-forme téléphonique ou accès canaux interactifs	• Appels sortants et marketing direct • Exclusivité de certains produits sur canaux directs • Tarification par produit x canal	• Accueil/service (*MassBanking*) • Incitations Dab/Gab et canaux interactifs	• Accueil/service (*MasBanking*) • Plate-forme de services
D	• Réponse standardisée aux sollicitations des clients • Incitation aux canaux hors agence	• Réponse standardisée aux sollicitations des clients • Marketing direct sur vente de services • Tarification par produit x canal	• Incitations Dab/Gab et canaux interactifs	• Incitations plate-forme de services

Figure 8.5 – Adapter le rôle des canaux de distribution

La banque à distance

Par banque à distance ou encore banque directe, on entend une relation avec le client ne s'établissant pas par une agence mais uniquement par les nouveaux canaux de distribution. Des établissements de crédit en France et à l'étranger se sont créés à partir de cette stratégie de commercialisation dont les implications sont :
- un contact pouvant être établi avec le banquier 24 heures sur 24 ;
- pas de temps perdu en déplacement ou attente à un guichet ;
- les économies découlant de l'absence de réseau pouvant être répercutées sur les clients par le biais des conditions tarifaires ;

© Dunod – Toute reproduction non autorisée est un délit.

– une tarification structurée autour d'un abonnement et de commissions par opérations.

Plusieurs établissements ont choisi ce mode de distribution, ainsi Banque Directe en France au début des années quatre-vingt-dix mais qui, après un parcours décevant au regard des objectifs qu'elle s'était fixée, a été rachetée en 2003 par AXA Banque. La pénétration du métier de banque de détail par les compagnies d'assurance s'est souvent effectuée par la banque à distance (Banque AGF ou ING Direct en France). De même, le développement de la bulle financière relative aux valeurs des nouvelles technologies a entraîné concomitamment celui de nombreux courtiers en ligne, entreprises d'investissement fréquemment filiales de grandes banques. L'éclatement de la bulle financière en 2001 a conduit d'ailleurs à de nombreuses restructurations au sein de ces entreprises.

À l'heure actuelle, les stratégies de développement de banques à distance marquent le pas, notamment la banque en ligne qui se heurte à plusieurs obstacles, comme les exemples de Banque Directe ou de la banque Egg[1] le montrent bien. La création en 2009 au sein du groupe Crédit Agricole de BforBank constitue toutefois un exemple récent de création d'une banque en ligne visant une clientèle patrimoniale.

4.2 L'entretien du réseau d'agences

Le réseau d'agences implique son adaptation à l'évolution du marché et sa modernisation.

L'adaptation du réseau d'agences

Adapter le réseau, c'est redéfinir la fonction commerciale et l'organisation de chaque point de vente. Cette adaptation est commandée par les évolutions de la technologie avec l'apparition des automates bancaires et le développement d'Internet, par la redéfinition du rôle de l'agence dans le cadre de la personnalisation de la relation avec les clients, et par les modifications des besoins et comportements de la clientèle.

Elle consiste à distinguer plusieurs types d'agences qui peuvent d'ailleurs être localisés au sein d'une même zone d'attraction avec :
– *les agences polyvalentes* qui sont en mesure de traiter la plupart des opérations destinées à la clientèle de la zone ;
– *les agences libre-service* ouvertes 24 heures sur 24, où ne fonctionnent que des automates bancaires et dont la gamme de produits offerts est obligatoirement limitée et fonction de l'évolution de la technologie des automates ;

1. Cf. chapitre 9, section 2.

– *les agences spécialisées* dédiées au traitement des opérations d'un segment de clientèle donné comme par exemple les entreprises. L'agence spécialisée n'a pas obligatoirement une façade sur rue, elle peut être située dans un immeuble de bureaux et son personnel est formé à la vente des produits de ce segment de clientèle.

La modernisation du réseau d'agences

Les études d'image ont révélé que la clientèle particulière est souvent impressionnée par l'aspect extérieur et l'aménagement intérieur des agences de banque. Les barreaux, grillages et comptoirs hauts donnent à ces agences l'image d'une forteresse ou d'une prison, peu compatible avec le désir de proximité et de qualité de l'accueil. La modernisation du réseau s'efforce d'améliorer l'aspect extérieur et intérieur d'une agence dans le respect des impératifs de sécurité pour le personnel comme pour les clients.

• *L'aménagement extérieur* : les grilles et barreaux sont remplacés par de grandes baies vitrées permettant l'installation d'affiches, de panneaux publicitaires ou d'objets divers à caractère commercial ou culturel en phase avec les actions de promotion menées à l'échelon national ou local. Dans l'aménagement extérieur, une uniformisation est en général réalisée, afin de donner à toutes les agences le même aspect, grâce à l'emploi des mêmes matériaux (vitres teintées, forme des fenêtres, etc.), des mêmes couleurs ou encore en utilisant un graphisme identique pour l'enseigne et en faisant figurer le logotype en évidence. Ainsi, les clients identifient immédiatement lors de leurs déplacements les agences d'une même banque.

• *L'aménagement intérieur* : malgré l'existence de contraintes comme une caisse, l'aménagement intérieur des agences polyvalentes est centré sur l'accessibilité, la convivialité et, aujourd'hui, l'accès aux nouvelles technologies de l'information. Il doit être cohérent avec l'objectif de personnalisation des relations avec la clientèle, ce qui conduit fréquemment les établissements de crédit à organiser ainsi l'espace et la circulation des clients au sein de l'agence :

– *un accueil dont le rôle est d'orienter le client vers le point de contact adapté à l'opération qu'il souhaite effectuer,* guichet automatique pour une remise de chèques à l'encaissement, caisse pour un versement ou retrait d'espèces, téléphone pour une réclamation, chargé de clientèle pour une opération plus complexe ;
– *des chargés de clientèle polyvalents* qui suivent chacun un portefeuille de clients ;
– *des chargés de clientèle spécialisés* par exemple en gestion de patrimoine ou en produits comme les crédits immobiliers.

© Dunod – Toute reproduction non autorisée est un délit.

L'ESSENTIEL

• L'offre et la demande de produits bancaires présentent des spécificités que tout plan et toute politique de marketing doivent intégrer.

• La connaissance des besoins et attentes de la clientèle s'appuie sur des fichiers de clientèle organisés en base de données et supports d'une gestion de la relation client ainsi que sur la segmentation, l'objectif étant de parvenir à une personnalisation de l'offre.

• Le choix des clientèles cibles est commandé par le métier exercé par la banque, la taille et le potentiel des segments, la rentabilité de la relation avec le segment et sa situation concurrentielle.

• Les éléments majeurs d'une politique de marketing, *le marketing mix,* sont :

- des produits innovants et différenciés ;
- un souci permanent de la qualité et de la fidélisation des clients sachant que la banalisation des produits et leur longue durée de vie ne les facilitent pas ;
- une politique de prix contrainte par la réglementation et le consumérisme comme en témoignent les débats récurrents sur la gratuité de certains services ;
- une utilisation constante et massive de tous les aspects de la politique de commu-nication ;
- une rénovation de la politique de commercialisation dans le métier de banque de détail avec l'arrivée de nouveaux canaux de distribution comme la vente en ligne, en complément d'un réseau d'agences, ou comme mode exclusif de distribution.

Chapitre 9

Les stratégies bancaires

SOMMAIRE

Les entreprises ont emprunté au domaine militaire le terme de stratégie pour désigner les démarches qui traitent du potentiel d'une firme, c'est-à-dire son aptitude à concevoir une politique de développement à moyen et long terme, récompensée par une rentabilité conforme aux attentes des actionnaires. Ce concept est employé de préférence à celui de planification car il sous-entend des principes :

– d'adaptation à l'environnement ;
– de rapidité par rapport à la concurrence ;
– d'économie de moyens.

La démarche stratégique est présente dans tous les établissements de crédit qui, confrontés à la mondialisation des marchés et à un univers concurrentiel aux contours renouvelés, cherchent à baliser les voies de leur futur. Cette démarche est réalisée par les niveaux hiérarchiques les plus élevés de la banque, parfois en collaboration avec un cabinet de consultants, et elle s'articule autour du diagnostic puis des choix et mouvements stratégiques.

Section 1 DE L'ANALYSE AU DIAGNOSTIC STRATÉGIQUE

L'analyse stratégique comporte plusieurs volets. Le premier traite de la situation de départ qui, en première analyse, peut signifier l'environnement dans lequel évolue l'établissement de crédit. Il est clair que des éléments comme la globalisation, l'introduction de l'euro et la formation d'un marché bancaire unique ou les évolutions technologiques sont obligatoirement pris en compte pour formuler une stratégie. Ces éléments qui alimentent le diagnostic externe ont été présentés dans le chapitre 1 et ne seront pas repris ; la situation de départ traite uniquement de la dimension interne du diagnostic. Le second volet s'attache à l'étude du champ concurrentiel au sein duquel la banque évolue et le troisième se concentre sur le repérage des avantages concurrentiels dont la banque est dotée. Son aboutissement est le diagnostic stratégique.

1 La situation de départ

Pour connaître la situation de départ, un état des lieux exhaustif est nécessaire et il comporte deux dimensions : une dimension horizontale consacrée à l'organisation et aux ressources et une dimension verticale avec l'identification des métiers grâce à la segmentation stratégique.

1.1 L'organisation et les ressources

À ce niveau, il s'agit d'une part de s'interroger sur cet ensemble d'éléments que l'on désigne souvent sous le nom de culture d'entreprise avec :
- la finalité de la banque et la hiérarchisation à opérer entre la rentabilité, la prise de risques, la croissance, les missions de service public souvent dévolues aux établissements de crédit ;
- le style de gestion pratiqué au sein de l'établissement se définissant en termes de centralisation ou de décentralisation des décisions, de systèmes de régulation et de contrôle ;
- la cohésion réalisée entre toutes les composantes de la banque grâce à des valeurs et comportements communs.

D'autre part, il convient de réaliser le bilan des ressources technologiques, humaines et financières dont la banque est dotée. Ce point évidemment essentiel est traité dans les ouvrages de stratégie d'entreprise[1] et ne sera pas développé ici.

1. Par exemple, *Strategor, politique générale de l'entreprise,* Dunod, Paris, 5e éd., 2009.

1.2 L'identification des métiers de la banque

Il convient de connaître les marchés, clientèles et produits, sur lesquels l'établissement de crédit est présent et d'apprécier le portefeuille d'activités composé par ces métiers et marchés.

La segmentation stratégique

La segmentation stratégique constitue la base méthodologique de l'analyse des marchés et produits d'une firme. *Elle consiste à dresser la liste de ses activités élémentaires, puis à regrouper ces activités en groupes homogènes par rapport à des critères comme la clientèle, la zone géographique, la technologie, etc.* Ces groupes sont habituellement dénommés *domaines d'activité stratégiques* dans la littérature théorique et *métiers* par les praticiens. Le chapitre 1 a distingué quatre grands métiers dans la banque et cette distinction est reprise dans tous les développements de ce chapitre. Chaque domaine d'activité stratégique fait l'objet d'une analyse approfondie pour mettre en évidence les compétences qu'il convient de maîtriser pour réussir dans ce métier. Mais auparavant, il faut s'interroger sur le potentiel de ces métiers ainsi que sur les synergies qu'ils engendrent, ce que les analyses de portefeuille d'activité facilitent, même si elles ne sont plus autant en vogue aujourd'hui qu'il y a quelques années ; elles présentent toutefois l'intérêt d'insister sur la dimension concurrentielle de la segmentation stratégique.

Le portefeuille d'activités d'une banque

Pour chaque segment stratégique ou ligne de produits, on peut établir une *courbe d'expérience*, c'est-à-dire une relation entre la production cumulée d'un produit et son coût unitaire complet. L'entreprise a intérêt à réaliser le plus grand volume de production pour bénéficier d'avantages de coûts : sa part de marché doit donc être significative. De même, chaque segment se caractérise par ses perspectives de développement. Le croisement de ces deux critères, parts de marché détenues et croissance du marché, permet de construire la fameuse matrice à quatre quadrants (les vaches à lait, les vedettes, les dilemmes et les poids morts) sur lesquels les segments stratégiques ou lignes de produits sont positionnés, d'où ressort l'équilibre des activités d'une entreprise. Le modèle BCG appliqué à la banque conduit à distinguer :

- *les vaches à lait*, activités pour lesquelles la banque détient une forte part d'un marché à faible croissance. Les produits au stade de la maturité ou du déclin se situent dans ce quadrant et certains d'entre eux sont très profitables comme les dépôts à vue ;
- *les vedettes*, activités qui se développent rapidement et pour lesquelles la banque occupe une part de marché substantielle. D'un métier à l'autre, les vedettes seront

© Dunod – Toute reproduction non autorisée est un délit.

l'assurance-vie pour la banque de détail, le capital-risque ou la titrisation synthétique pour la banque de financement et d'investissement ;

– *les poids morts*, activités à développement faible et pour lesquelles la banque occupe une part de marché modeste. Les poids morts, souvent déficitaires, sont maintenus au motif d'une offre globale pour les clientèles cible. Certaines banques de financement et d'investissement conservent dans leur portefeuille d'activités les financements de projet ou le crédit-bail à l'exportation, tout en sachant que sur ces marchés, elles sont distancées par des concurrents ;

– *les dilemmes*, activités en croissance mais pour lesquelles les parts de marché sont faibles. Si l'établissement de crédit parvient à accroître sa part de marché, le dilemme devient une vedette, sinon, avec le vieillissement du produit, il risque de se transformer en poids mort.

À titre d'exemple, le portefeuille d'activités d'une banque de détail peu présente sur le marché des entreprises est présenté selon la matrice BCG dans le tableau 9.1.

Tableau 9.1 – Le portefeuille d'activités d'une banque de détail

Croissance du marché			
Élevée	Vedettes : – assurance-vie ; – crédits immobiliers ; – gestion de patrimoine.	Dilemmes : – banque à distance ; – services financiers spécialisés.	
Faible	Vaches à lait : – dépôts à vue ; – dépôts d'épargne ; – cartes bancaires et packages.	Poids morts : – services de change ; – location de coffres-forts.	
	Élevée	Faible	Part de marché

À la lumière de ce classement, la banque a une vision claire de ses marchés et gère son portefeuille d'activités de façon globale. À chaque activité, un choix stratégique est associé : accroître les parts de marché, se désengager…

2 L'analyse concurrentielle du secteur bancaire

Le deuxième volet de l'analyse stratégique traite du champ de la concurrence. Les concepts de l'économie industrielle avec notamment les approches de M.E. Porter[1] (Figure 9.1) sont utiles pour réaliser l'analyse concurrentielle du secteur bancaire.

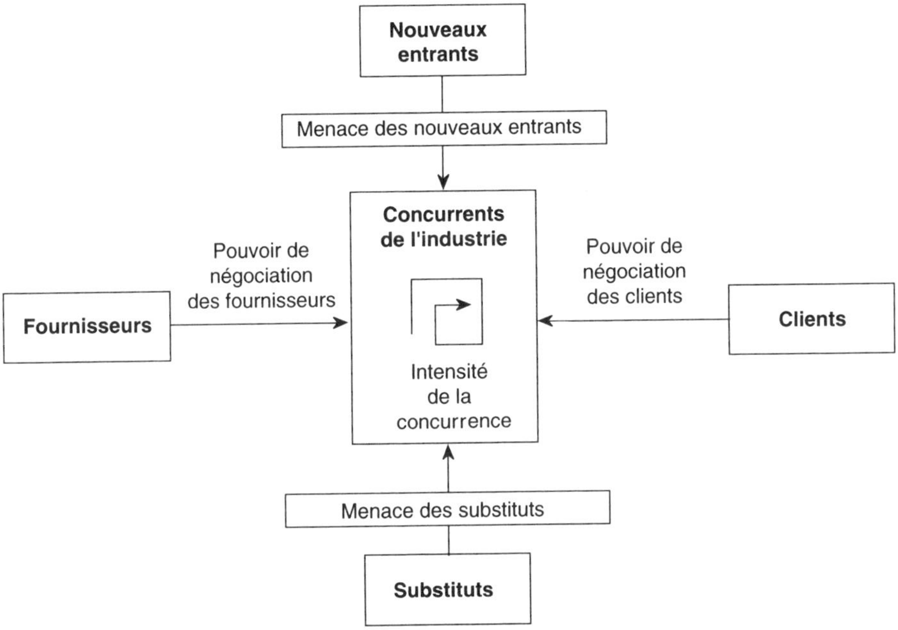

Source : Porter [1986].

Figure 9.1 – Les cinq forces concurrentielles

2.1 La menace de nouveaux entrants

Les barrières à l'entrée comme à la sortie expliquent les conditions de pénétration d'un secteur par des entrants potentiels.

Les barrières à l'entrée

Une barrière à l'entrée empêche l'installation d'une nouvelle firme dans le secteur et diminue le nombre de concurrents sur un même marché. Dans le secteur bancaire, les barrières à l'entrée sont nombreuses.

1. Porter M.E., *L'avantage concurrentiel,* Interéditions, Paris, 1986.

© Dunod – Toute reproduction non autorisée est un délit.

Les barrières réglementaires

L'exercice du métier de banque est subordonné à l'obtention d'un agrément délivré par l'Autorité de contrôle prudentiel. L'agrément ne s'obtient pas facilement car cette autorité est particulièrement attentive à la qualité de l'actionnariat qui doit être à même d'assurer la pérennité de la banque en cas de survenance de difficultés majeures. De ce fait, les créations de banques sont très rares sauf si l'établissement est créé par un groupe industriel ou financier à surface indiscutable comme par exemple une compagnie d'assurances dans le cadre d'une stratégie de bancassurance. En revanche, l'obtention de l'agrément est plus facile pour les établissements de crédit étrangers désireux de s'implanter en France. C'est ainsi qu'à la fin 2011, environ 30 % des établissements de crédit français sont sous le contrôle de capitaux étrangers, majoritairement originaires de pays communautaires. Enfin, il ne faut pas oublier la liberté d'établissement et de prestation de services dans le cadre de l'Union européenne qui permet le développement d'activités bancaires en France sans agrément préalable. *Les concurrents potentiels des banques françaises sont les banques européennes.*

Les économies d'échelle et de gamme

Les économies d'échelle ou de dimension proviennent de rendements croissants, les coûts augmentant moins rapidement que la production. Elles constituent une barrière à l'entrée puisque toute nouvelle firme doit pouvoir produire au même niveau de coûts que ses concurrents. De nombreuses études empiriques ont été menées tant aux États-Unis[1] qu'en France[2] pour démontrer l'existence d'économies d'échelle dans le secteur bancaire.

La mise en évidence d'une courbe de coûts en U dépend fortement de la période, avec les années quatre-vingt moins sujettes aux économies d'échelle que les années quatre-vingt-dix, ainsi que de la constitution de l'échantillon, et logiquement les échantillons composés de banques exerçant le même métier sont plus probants que ceux composés de banques à conditions d'exploitation très différentes. Quoi qu'il en soit, la banque ne peut être une petite ou moyenne entreprise et la taille critique constitue clairement une barrière à l'entrée.

Les économies de gamme ou d'envergure se constatent lorsque les coûts de production d'un ensemble de biens et services sont inférieurs à la somme des coûts de production de chaque produit pris isolément. Dans ce cas, la fonction de coût est sous-additive en raison de l'utilisation de mêmes facteurs de production pour plusieurs produits. L'activité bancaire semble particulièrement concernée par les économies de gamme que l'on désigne sous le nom de ventes croisées (*cross selling*) :

1. Berger A.N. et Mester L., « Inside the black box : what explains differences in the efficiencies of financial institutions ? », *Journal of Banking and Finance*, n° 21, 1997.

2. Dietsch M. et Oung V., « L'efficacité économique des restructurations bancaires en France au cours des années 1990 », *Bulletin de la Commission bancaire*, n° 24, avril 2001.

l'existence de produits liés, l'utilisation de mêmes informations sur un client pour lui vendre plusieurs produits, la polyvalence d'un bon nombre d'exploitants de banque, tous ces éléments concourent à transformer des coûts variables en coûts fixes que l'élargissement de la gamme répartira sur de plus grandes quantités.

Les barrières technologiques

L'activité bancaire nécessite des investissements technologiques considérables tant pour compte propre avec la mise au point de systèmes d'informations de gestion ou de nouveaux canaux de distribution que pour le compte de la profession avec les systèmes relevant de l'interbancarité (CRI, Centrale de règlements interbancaires, RGV2, Règlements grande vitesse). *Toute entrée dans le secteur requiert des investissements au montant élevé et à délai de récupération long et qui ne procurent même pas d'avantage compétitif déterminant lorsque les investissements relèvent de l'interbancarité.*

Les barrières de notoriété

Tout établissement de crédit se présente obligatoirement sur les différents marchés de capitaux. L'accès à ces marchés est fonction de la notoriété de l'intervenant, *notoriété qui dépend principalement de sa notation et qui conditionne le coût des emprunts*. De même, pour certains métiers comme celui de la banque de financement et d'investissement, la réputation constitue un avantage concurrentiel déterminant et elle s'acquiert au fil des années.

Les barrières stratégiques

Les barrières stratégiques sont dressées par les firmes en place afin d'empêcher l'entrée sur le marché. Cette approche enrichit la notion de barrière à l'entrée qui néglige la réaction des firmes installées face à la menace de nouveaux entrants. Afin de dissuader la pénétration, les firmes en place font savoir qu'elles réagiront à toute tentative d'installation et afin de rendre cette menace crédible, elles procèdent à des engagements (*commitments*). Un engagement est en général un investissement qui confère à la firme déjà installée des avantages décisifs. L'exemple le plus fréquemment apporté est celui du maintien de surcapacités de production, signal adressé aux concurrents potentiels pour leur indiquer que toute nouvelle demande peut être satisfaite immédiatement sans qu'il soit besoin d'accroître le nombre de firmes présentes sur le marché.

Le secteur bancaire fournit plusieurs exemples de barrières stratégiques : un réseau d'agences plus dense que nécessaire, des dépenses publicitaires importantes, le développement des nouveaux canaux de distribution que les entrants comptent utiliser.

© Dunod – Toute reproduction non autorisée est un délit.

La sortie du secteur et les coûts irrécupérables

La notion de coûts irrécupérables est liée à la théorie des marchés contestables[1] qui privilégie les coûts de sortie de préférence aux barrières à l'entrée.

• La contestabilité des marchés se résume ainsi :

– un marché dans lequel l'entrée est parfaitement libre et dont la sortie permet la récupération de tous les coûts est un marché contestable ;
– dans ces conditions, peu importe le nombre de firmes installées, la concurrence potentielle discipline le marché et le contraint à abandonner les pratiques anticoncurrentielles en matière de prix et de quantités.

Le caractère contestable d'un marché, même en cas d'oligopole, discipline les prix et les marges. Elle constitue un obstacle à la guerre des prix et aux péréquations tarifaires et elle contribue à la bonne efficience allocative et organisationnelle des firmes. Elle favorise par contre la stratégie de « *hit and run* » selon laquelle attirée par des perspectives de profit élevé, une entreprise pénètre le marché et le quitte dès ses objectifs atteints ou dès que les firmes en place ont réagi à cette pénétration.

• Le marché bancaire est-il contestable ?

Pour répondre à cette question, il convient d'examiner les coûts irrécupérables (*sunk costs)* supportés par une banque quittant le secteur et qui diffèrent d'un type d'actif à l'autre :

– *les actifs à coûts irrécupérables faibles* avec les actifs corporels cédés sur le marché de l'occasion mais peu importants dans le total de bilan et les titres négociés sur les marchés donc liquides et qui font l'objet d'une couverture de risque de taux ;
– *les actifs à coûts irrécupérables élevés* avec les créances bancaires. Le savoir-faire d'une banque dans l'analyse du risque de contrepartie dépend de l'acquisition progressive d'informations sur le client, ce qui peut être assimilé à un investissement dont la possibilité de récupération n'est pas certaine, étant donné le fort contenu *intuitu personae* de la relation de crédit.

D'un métier à l'autre, le degré de contestabilité diffère donc et les activités de marché semblent plus contestables que celles relevant de l'intermédiation financière traditionnelle. Le développement de l'intermédiation de marché a ainsi contribué à rendre plus contestable l'activité bancaire.

Au total, l'existence de barrières à l'entrée comme à la sortie ne préserve pas le secteur bancaire de toute menace de nouveaux entrants. La banque de détail semble à cet égard mieux protégée que les autres métiers ; la gestion d'actifs est sans doute le métier le plus aisément pénétrable, et principalement pour ce qui concerne les activités de gestion collective ou de banque privée.

---

1. BAUMOL W., PANZAR J.-C. et WILLIG R., C*ontestable markets and the theory of industry structure,* Harcourt Brace, 1982.

2.2 Le pouvoir de négociation des clients et fournisseurs

En ce qui concerne les clients, d'un métier bancaire à l'autre, le pouvoir de négociation diffère. Dans la banque de détail, force est de constater qu'à l'exception des entreprises de grande taille les clients sont atomisés et leur pouvoir de négociation est faible. Certes, en France, une législation spécifique protège le client, emprunteur comme déposant, et elle pourra donner lieu à des distorsions de concurrence lorsque le marché bancaire européen sera effectivement constitué. La relation banque – client jouit de surcroît d'une grande stabilité même si elle se déroule dans un environnement de plus en plus concurrentiel. En revanche, dans les métiers de banque de financement et d'investissement ou de gestion d'actifs, les clients qui sont des grandes entreprises ou des investisseurs institutionnels, sont en mesure d'imposer à la relation qu'ils entretiennent avec leur banquier un tour plus favorable.

Quant aux fournisseurs, au sens habituel du terme, ils ne contribuent que pour une faible part au total des charges. Toutefois, la production bancaire incorporant toujours davantage de technologie, l'action menée par certains fournisseurs d'équipements ou de services informatiques, en matière de qualité, délais ou prix peut avoir des conséquences notables sur la compétitivité de la banque. Si on élargit les fournisseurs aux apporteurs de capitaux que sont les actionnaires, la banque cotée ne peut ignorer leurs attentes en matière de rentabilité financière. *Le statut juridique de l'établissement de crédit peut alors constituer une variable stratégique pertinente.*

2.3 La menace de produits de substitution

Cette menace s'analyse en tenant compte de la spécificité de l'intermédiation financière et du monopole dont jouissent les établissements de crédit en matière d'opérations de banque. *Les produits de substitution proviennent principalement de la finance directe avec les OPCVM pour les produits d'épargne et les émissions de titres pour les crédits.* Toutefois, étant également habilitées à exercer les métiers du titre, les banques ont accru la part de leur intermédiation de marché et des prestations de services aux clients désireux d'accéder aux marchés en tant qu'émetteurs ou investisseurs : elles semblent bien contenir cette menace.

2.4 La concurrence au sein du secteur bancaire

Cette question a déjà été traitée en détail dans le chapitre 1 et constitue la trame de nombreux développements, notamment ceux du chapitre 8. On en rappellera les éléments majeurs :

– *pour un métier donné, la concurrence est très intense.* En revanche, pour le secteur pris dans son ensemble, des barrières de mobilité existent et cloisonnent la profession : les banques de détail sont protégées par leur réseau et les banques d'affaires ainsi que les sociétés de gestion d'actifs par leur réputation et la qualité de leurs équipes ;

© Dunod – Toute reproduction non autorisée est un délit.

– *les produits bancaires étant peu sujets à différenciation*, les banques devraient, selon le paradigme classique, s'orienter vers des stratégies de domination par les coûts avec comme corollaire une concurrence intense par les prix, ou vers des stratégies de spécialisation ;
– *les marchés des produits bancaires des pays développés sont proches de la saturation* et la combinaison d'une demande en faible croissance, de coûts fixes élevés et de produits peu différenciables renforce la concurrence au sein du secteur.

3 Les avantages concurrentiels

Un avantage concurrentiel est la capacité d'une entreprise à créer plus de valeur que ses concurrents sur un même marché en raison des compétences qu'elle possède et qu'elle sait mobiliser mieux que d'autres ou parce qu'elle détient des actifs stratégiques.

3.1 Les compétences dans l'exercice d'un métier bancaire

L'analyse des compétences met en évidence les savoir faire qu'il faut posséder et par-là même les ressources à détenir pour exercer un métier.

La chaîne de valeur d'une banque

On peut, comme J. Canals[1], utiliser la chaîne de valeur proposée par Porter[2] pour mettre en évidence les occasions de création de valeur dans une banque (figure 9.2). Trois fonctions composent l'activité principale : la collecte de ressources auprès de la clientèle comme sur les marchés, le marketing qui par sa politique de produit détermine la gamme et par sa politique de commercialisation choisit les canaux de distribution, la vente. Les activités de soutien comprennent l'infrastructure, la gestion des ressources humaines et le traitement des opérations.

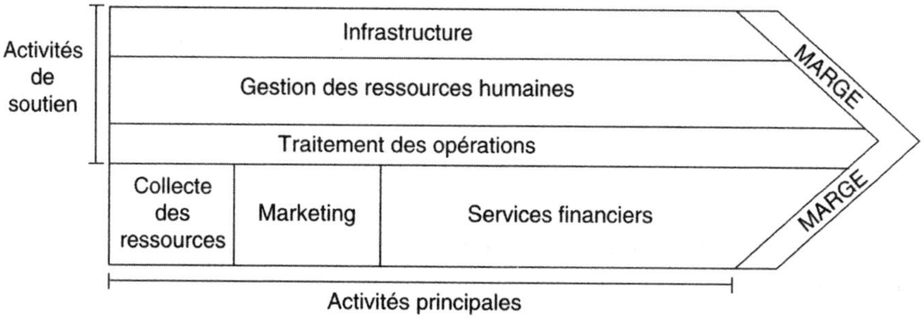

Figure 9.2 – La chaîne de valeur d'une banque

1. Canal S J., *Competitive strategies in European banking,* Clarendon Press, Oxford, 1993.
2. Porter M.E., *Ibid.*

Chaque activité crée de la valeur si :

– elle est dotée en ressources nécessaires et correctement organisée ;

– il y a une coordination effective entre les différents maillons de la chaîne.

L'approche de la chaîne de valeur conduit également à décomposer les processus de production et de commercialisation de façon plus détaillée que dans la figure 9.2, afin de déterminer à chaque étape des processus les compétences et savoir-faire pour lesquels la banque possède un avantage déterminant par rapport à ses concurrents. Lorsque sur un maillon de la chaîne de valeur la banque est peu performante, elle doit s'interroger sur une externalisation de ces activités comme on le verra ci-après, et se concentrer sur les activités créatrices de valeur.

Dans ces conditions, des marges sont réalisées sur les différentes activités et la chaîne de valeur renvoie au calcul de rentabilité des centres de responsabilité du chapitre 5.

Compétences de base et compétences distinctives

L'exercice de l'un des métiers de la banque exige la maîtrise de compétences que la littérature stratégique classe en compétences de base et compétences distinctives.

Les compétences de base

Ce sont les compétences que toute banque doit posséder pour exercer son métier, par conséquent, les ressources qu'elle mobilise ne permettent guère à la banque de se différencier ou de se constituer un avantage concurrentiel déterminant.

Pour une banque, les compétences de base sont liées, par exemple, à l'organisation des *back-offices* avec la maîtrise de systèmes et procédures administratives assurant l'interbancarité et le traitement des opérations sur titres (compensation, règlement livraison) ou encore à l'existence d'un système de contrôle interne conforme à la réglementation.

Les compétences distinctives

Elles sont distinctives à double titre. *D'une part, pour un métier donné il convient de disposer des ressources indispensables à son exercice (un réseau d'agences ou de nouveaux canaux de distribution pour la banque de détail) et de l'autre, elles procurent un avantage concurrentiel difficilement imitable pour celui qui les détient.*

Une compétence distinctive amenée à jouer un rôle accru dans la formulation d'une stratégie est la maîtrise des systèmes de notations internes. Car, comme on l'a vu dans le chapitre 2, elle permet des économies de fonds propres substantielles. Les compétences distinctives diffèrent également d'un métier à l'autre comme indiqué dans le tableau 9.2.

© Dunod – Toute reproduction non autorisée est un délit.

Tableau 9.2 – Compétences distinctives des métiers de la banque

Métier	Compétences distinctives
Banque de détail	– les canaux de distribution ; – la gestion de la relation client : personnalisation et fidélisation ; – la maîtrise des coûts opératoires.
Banque de financement et d'investissement	– la compétence des équipes dans les montages d'opérations complexes ; – la réputation et le carnet d'adresses ; – l'aptitude à l'innovation financière.
Gestion d'actifs	– la qualité de la gestion de portefeuille : allocation d'actifs, gestion des risques ; – le fonctionnement des back-offices.
Services financiers spécialisés	– la sélection de la clientèle ; – l'analyse et le suivi des risques ; – les canaux de distribution et les prescripteurs.

Un pôle de compétences cohérentes, articulées entre elles et bien intégrées aux processus de production de la banque, à l'image de la chaîne de valeur, permet alors l'accomplissement de plusieurs métiers simultanément, d'où des choix stratégiques examinés dans la section suivante.

3.2 Les actifs stratégiques

À la différence des compétences développées au sein de chaque banque, les actifs stratégiques découlent d'éléments qui lui sont externes donc liés à l'environnement. Dans le secteur bancaire, la réglementation est souvent à l'origine d'actifs stratégiques. En France, avant le 1er janvier 2009, le livret A était exclusivement distribué par les Caisses d'épargne et la Banque Postale et le livret bleu par le Crédit mutuel. En Allemagne, les banques régionales disposent d'une garantie accordée par chaque État, d'où un excellent *rating* et un coût d'accès aux marchés favorable. Ces monopoles et avantages réglementaires peuvent constituer des entraves au libre jeu de la concurrence et sont condamnés à ce titre par les instances européennes compétentes ; aussi leur existence est en voie de disparition. En revanche, le statut juridique qui les protège contre les prises de contrôle et qui leur permet de ne pas être coté, rendant ainsi l'objectif de création de valeur pour l'actionnaire peu contraignant, confère aux banques mutualistes et coopératives un avantage concurrentiel évident.

Les barrières à la sortie et l'existence de coûts irrécupérables élevés permettent également à un établissement de crédit de posséder des actifs stratégiques comme dans le cas du Crédit Agricole dont les implantations en milieu rural et l'ancienneté des relations de clientèle lui procurent un rempart contre la pénétration de concurrents sur ces marchés et lui assurent le maintien de sa position dominante.

3.3 La mise en évidence des avantages concurrentiels durables

Les compétences distinctives et les actifs stratégiques constituent des avantages concurrentiels durables si :
- ils sont exploités sur les marchés adéquats ;
- ils sont défendables, c'est-à-dire rares, difficilement imitables et peu sujets à remplacement par de nouvelles compétences ;
- la valeur qu'ils créent peut être conservée par la banque et non captée par des tiers (les clients, l'État).

La banque repère alors les avantages concurrentiels dont elle dispose afin de fonder sa stratégie sur leur exploitation comme elle procède systématiquement à une veille sur les opportunités et menaces pouvant les affecter (figure 9.3).

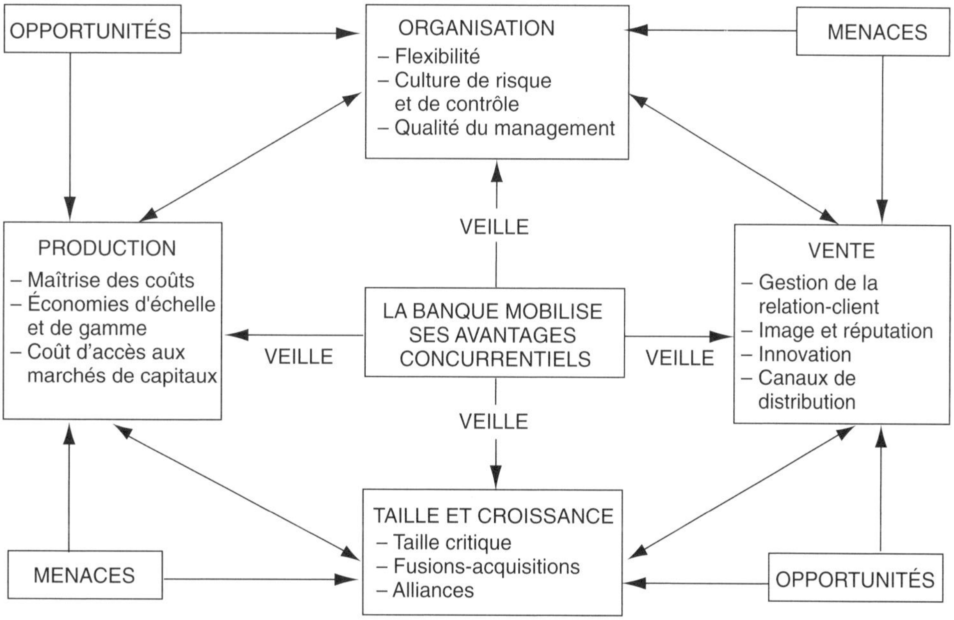

Figure 9.3 – La mobilisation des avantages concurrentiels

Les avantages concurrentiels liés à l'organisation

Les modes d'organisation constituent une source importante d'avantages concurrentiels. Au niveau global, il s'agit de d'assurer de la façon la plus efficiente possible la coordination de toutes les composantes d'une banque, sachant que ces entreprises sont presque toujours des entreprises de grande taille à implantation multinationale. On est alors renvoyé aux approches relevant de la théorie des organisations, de la théorie de la firme ou encore à la mise en évidence d'efficiences coûts ou revenu définies dans la section suivante. Sur un plan plus pratique, on peut considérer que peuvent procurer un avantage concurrentiel :

© Dunod – Toute reproduction non autorisée est un délit.

– le statut juridique de l'établissement de crédit car la pression exercée par les actionnaires et marchés est moindre en cas de société à statut coopératif ;
– la culture d'analyse de risque et de contrôle développée dans l'établissement ;
– la flexibilité organisationnelle et l'aptitude à s'adapter à un environnement changeant. À cet égard, le modèle de « banque éclatée » a été présenté il y a plusieurs années[1] : les grandes fonctions de l'activité bancaire sont exercées dans des entités autonomes, notamment la fonction commerciale liée à l'intermédiation financière traditionnelle, collecte des dépôts et octroi de crédits, et la fonction financière de gestion des risques en découlant ; la titrisation, dans l'esprit de l'auteur, permet de réaliser ce découplage entre l'entité qui initie les opérations de banque et celle qui les finance. Ce modèle, mieux adapté au marché américain où la titrisation est très développée qu'aux marchés européens, ne s'est pas imposé mais il sert fréquemment de référence. Aujourd'hui, la flexibilité organisationnelle est recherchée davantage par l'externalisation qui transforme des coûts fixes en coûts variables, limite les surcapacités et amortit les chocs conjoncturels provoquant des fluctuations de l'activité ;
– et, bien sûr, la qualité du management, c'est-à-dire son aptitude à concevoir et mettre en œuvre une stratégie gagnante.

À un niveau plus spécifique, la gestion des ressources humaines crée des occasions d'avantages concurrentiels. Dans les métiers de la banque d'affaires ou de la gestion d'actifs, la compétence et la technicité des équipes sont déterminantes. Savoir recruter, former, motiver et conserver ses équipes est un facteur de compétitivité décisif d'autant plus que sur certaines activités pointues (les dérivés sur actions, la titrisation synthétique ou la gestion alternative), les spécialistes sont rares et peuvent à tout moment être attirés par un concurrent.

Les avantages concurrentiels liés à la production

Au-delà de la maîtrise des procédures administratives et informatiques qui sous-tendent la plupart des produits bancaires, source évidente d'avantage concurrentiel, la minimisation des coûts est également un puissant facteur de compétitivité. *Dans la banque, les coûts concernés sont principalement le coût des ressources : coût des ressources clientèle pour la banque de détail, coût d'accès aux marchés de capitaux pour les autres métiers, qui dépend de la note décernée à la banque par les agences de notation.* Les économies d'échelle et de gamme peuvent également concourir à la minimisation des coûts.

Les avantages concurrentiels liés à la vente

Dans ce domaine, les avantages concurrentiels qu'une banque peut s'approprier sont nombreux : gestion de la relation client, image et réputation, carnet d'adresses,

1. Bryan L., *La banque éclatée,* InterÉditions, Paris, 1989.

réseau d'agences bien dimensionné et bien implanté, tarification. Tous ces éléments ont été présentés dans le chapitre 8 et contribuent à rendre l'établissement de crédit plus compétitif.

Les avantages concurrentiels liés à la taille et la croissance

La recherche d'une taille critique

La taille constitue une des toutes premières sources d'avantage concurrentiel. Toutes les analyses[1] convergent pour conclure qu'une taille suffisante est indispensable à l'exercice des métiers bancaires.

La taille, en premier lieu, confère des avantages en terme de coûts liés aux économies d'échelle et de gamme : seules les banques de grande taille peuvent supporter les coûts élevés des investissements en informatique ou télématique mais également les dimensionner de façon à absorber les augmentations de volume ponctuelles ou non qui se font à un coût marginal très faible. De plus, les grandes capacités de traitement de ces systèmes peuvent faciliter la diversification dans la mesure où une même information sur un client ou un produit est utilisée de plusieurs façons. Si l'accroissement de dimension est la conséquence d'une opération de fusion-acquisition, la rationalisation des moyens de production (équipes, réseaux, *back-offices*, par exemple) et des gammes de produits sera source de réduction de coûts donc de création de valeur pour les actionnaires.

La taille favorise la domination des marchés avec tous les avantages qui en découlent pour tenir à distance les concurrents. Elle procure une grande notoriété et une image de dynamisme et de réussite, ce qui est très motivant et gratifiant pour le personnel et constitue un attrait pour le recrutement des meilleures équipes. Elle est également un bon rempart contre les OPA, la prise de contrôle de la cible nécessitant la mobilisation de capitaux considérables, et contre la faillite (*too big to fail*).

Il faut donc posséder, marché par marché, une taille critique qui permet de figurer dans le peloton de tête des intervenants et d'exercer un certain contrôle sur ce marché. Cette taille critique assure la mobilisation dans les meilleures conditions des compétences de base comme distinctives et on estime généralement qu'elle correspond à une part de marché de l'ordre de 10 à 20 %.

Les conditions de la croissance

Quant à la croissance, l'avantage concurrentiel proviendra de l'aptitude de la banque à mettre en œuvre un processus de croissance externe. *Sur des marchés saturés, seule la croissance externe permet d'accéder rapidement à la taille critique comme elle permet également de prendre le contrôle d'un concurrent dangereux.* Il convient donc que les performances réalisées dégagent suffisamment de *cash flow*

1. Berger A.N. *et al.*, « Consolidation of the financial services industry : causes, consequences and implications for the future », *Journal of Banking and Finance*, n° 23, 1999.

© Dunod – Toute reproduction non autorisée est un délit.

pour financer les nouvelles acquisitions ou que le cours boursier soit suffisamment soutenu pour un paiement en titres.

EXEMPLE – Les avantages concurrentiels en matière de services financiers spécialisés, le cas de BNP Paribas Personal Finance

Taille critique : n° 1 du crédit à la consommation en France et en Europe continentale.
Produits : une gamme centrée sur les différents crédits aux particuliers (crédits à la consommation, crédits immobiliers, rachat de crédits…) offrant un potentiel de ventes croisées.
Compétences de gestion internationale : une forte présence dans plusieurs pays européens et pays émergents.
Processus : des scores construits de longue date, l'existence d'une offre multicanal, un fort développement de partenariats (notamment avec le secteur marchand).
Appartenance au groupe BNP Paribas : elle confère trois avantages, des synergies avec la banque de détail en France et avec des produits d'assurance, une forte capacité d'acquisition et de développement à l'international, un coût des ressources compétitif.

Source : bnpparibas.com

Et, en définitive, le diagnostic stratégique réalise la synthèse des analyses précédentes. Il met en relation toutes les variables pertinentes en veillant à établir des causalités (et à ne pas confondre les causes et les effets), à opérer des hiérarchisations quantitatives dans l'allocation des ressources et qualitatives dans les avantages concurrentiels et leurs implications. Il sert de base à la détermination de la stratégie de développement et il comporte également une dimension prescriptive en proposant les mouvements permettant la réalisation des objectifs stratégiques.

Section 2 LES CHOIX ET MOUVEMENTS STRATÉGIQUES

La mise en œuvre de la stratégie conduit le banquier à se fixer des objectifs formulés en terme de métier puis à concevoir les mouvements permettant d'atteindre ces objectifs, sachant qu'il y a une forte interdépendance entre ces deux types de décision.

1 Les options stratégiques

Les options stratégiques se déclinent autour des questions suivantes : quel(s) métier(s) exercer ? Dans quelles conditions l'exercer, en référence aux deux grands modes d'exercice de l'activité bancaire, la banque généraliste ou la banque spécialiste ? Peut-on externaliser des activités ?

1.1 Le choix de métier

L'entrée dans un métier

Deux séries de considérations commandent cette option stratégique.

• L'attrait du métier qui pour sa part dépend :
- du potentiel des activités qui composent le métier composé de marchés en croissance et de produits différenciables, jeunes et à bonne espérance de vie ;
- des barrières à l'entrée et à la sortie ;
- de l'intensité de la concurrence qui règne dans ce métier donné ;
- du retour sur investissements à réaliser pour pénétrer ce métier.

• Les avantages concurrentiels dont la banque dispose.

Ayant repéré ses compétences distinctives et ses actifs stratégiques, la banque les applique aux marchés sur lesquels ils sont source de création de valeur sachant que son objectif est de faire aussi bien et même mieux que ses concurrents. Si le métier choisi s'ajoute à d'autres déjà exercés, les synergies entre les métiers doivent être analysées grâce à des concepts comme les économies de gamme, les ventes croisées ou les pôles de compétences.

Le choix d'un métier a des implications stratégiques fortes en matière d'objectifs, de moyens et de contraintes qui sont bien évidemment articulées avec les compétences distinctives qu'il convient de posséder (tableau 9.3).

Tableau 9.3 – Les implications stratégiques de choix de métier

Métier	Implications stratégiques
Banque de détail	– la croissance des parts de marché plus que la taille ; – la collecte de ressources bon marché ; – une image de proximité.
Banque de financement et d'investissement	– la dimension internationale ; – être l'un des tout premiers des différents marchés ; – une image de professionnalisme ; – gérer le caractère cyclique de l'activité.
Gestion d'actifs	– la dimension internationale ; – la taille critique avec le montant des actifs gérés ; – une consommation de fonds propres modérée ; – la récurrence des commissions.
Services financiers spécialisés	– la croissance des parts de marché plus que la taille ; – le coût des ressources.

© Dunod – Toute reproduction non autorisée est un délit.

Exemple – L'entrée d'ING Direct sur le marché français de la banque en ligne

- Le groupe de bancassurance néerlandais, ING, présent en France sur les métiers de banque de financement et d'investissement et de gestion d'actifs, décide en mars 2000 de pénétrer celui de la banque en ligne. La France est choisie parce que ING n'y a pas d'activité de banque de détail et que le marché français offre un potentiel d'épargne disponible largement supérieur à 100 milliards d'euros ;
- L'avantage concurrentiel sur lequel ING s'appuie est l'expérience acquise dans l'activité de banque directe au plan domestique et international (Canada et Espagne), d'où des compétences distinctives en matière de technologie et de marketing ;
- Pour pénétrer le marché français, ING Direct a utilisé un produit d'appel unique et simple, le livret d'épargne Orange auquel une rémunération élevée de 5,30 % était attachée alors que le taux de rémunération du livret A à la même époque était de 3 % ;
- Fin 2008, ING Direct avait ouvert des comptes à 750 000 clients.

L'abandon de métier

La banque décide de se désengager d'un ou plusieurs domaines d'activité. C'est un choix difficile souvent imposé par des difficultés surgissant brutalement (risques mal contrôlés, départ en bloc d'équipes) ou issu du diagnostic stratégique. L'érosion des parts de marché et l'impossibilité de parvenir ou de conserver la taille critique, la mauvaise rentabilité de ce métier sont les symptômes qui conduisent à envisager cette décision étayée par la prise en compte des coûts irrécupérables.

Les exemples d'abandon de métier sont très fréquents : établissements de crédit se retirant du métier de la banque de détail et cédant leur réseau d'agences ; banques abandonnant le métier de banque de financement et d'investissement comme la banque Barclays ou BNP Paribas se retirant du capital-investissement en se désengageant de Paribas Affaires Industrielles ; banques abandonnant un métier dans une zone géographique : ainsi la Deutsche Bank s'est retirée de la banque de détail en France en cédant au cours de l'année 2002 ses agences à ING et au CCF, ou bien Caixabank France vendue en 2006 à Boursorama puis absorbée par la Société générale.

Exemple – Le cas de Zebank, puis d'Egg

- En 1999, en plein gonflement de la bulle internet, le groupe LVMH, en partenariat avec Dexia, décide de créer une banque en ligne, Zebank.
- Zebank est lancée en 2000 avec un ambitieux projet de développement formulé en termes d'ouverture de comptes : 150 000 clients à la fin 2001.
- En 2002, les objectifs commerciaux étant loin d'être atteints (80 000 comptes ouverts) LVMH cède Zebank à l'établissement de crédit britannique Egg, filiale de la Compagnie d'assurances Prudential et leader européen de la banque en ligne, qui saisit ainsi une occasion de pénétrer le marché français de la banque en ligne.
- En 2004, malgré des actions commerciales très dynamiques en matière de produits (carte bancaire) et de prix, Egg se retire du marché français dont elle avait mal analysé l'environnement concurrentiel et les spécificités nationales.

La comparaison des cas ING Direct et Zebank/Egg est intéressante au plan de l'analyse stratégique. Il apparaît que le savoir-faire dont bénéficiait ING et qui faisait défaut au groupe LVMH a constitué un avantage concurrentiel décisif et que les erreurs de marketing (gamme de produits et campagne publicitaire) du groupe Egg ont compromis l'opération de reprise.

1.2 Le mode d'exercice des métiers : banque généraliste ou banque spécialiste

La stratégie de banque généraliste

La banque généraliste, appelée également banque universelle, est un établissement de crédit qui exerce plusieurs ou tous les métiers bancaires simultanément (la dénomination de généraliste étant jugée péjorative, sans parler de celle de banque à tout faire, de *one-stop shopping* ou de supermarché de services financiers sont aussi utilisées). Elle est donc présente sur de très nombreux domaines d'activité définis par rapport à des clientèles donc des produits, des zones géographiques ou des technologies. Elle déborde parfois les métiers strictement bancaires en développant une stratégie de bancassurance. Plusieurs banques françaises ont mis en œuvre une stratégie de généraliste (BNP Paribas, Société générale mais aussi le Crédit Agricole ou le groupe BPCE qui détient le contrôle de Natixis). Cette stratégie de généraliste n'interdit pas une organisation juridique reposant sur une filialisation des pôles métiers, comme c'est le cas pour les groupes bancaires français. De même, certains établissements généralistes peuvent faire le choix de ne pas se focaliser sur tous les métiers mais d'en privilégier plusieurs. La Société Générale en est un exemple avec, pour la gestion d'actifs, la création d'Amundi, filiale commune avec le groupe Crédit Agricole qui en détient 75 %. Cette stratégie est parfois désignée sous le nom de multispécialisation.

La figure 9.4 illustre le poids des métiers pour les principaux groupes bancaires français en 2008 et en 2010, exprimé en termes de produit net bancaire. Sont distingués trois grands métiers, la banque de détail, la banque de financement et d'investissement et la gestion d'actifs, les services financiers spécialisés ayant été regroupés au sein de la banque de détail. Bien que la contribution des différents métiers varie selon les groupes, cette figure montre l'importance acquise par la banque d'affaires et la gestion d'actifs ainsi que l'impact de la crise financière sur l'activité de banque de financement et d'investissement en 2008.

© Dunod – Toute reproduction non autorisée est un délit.

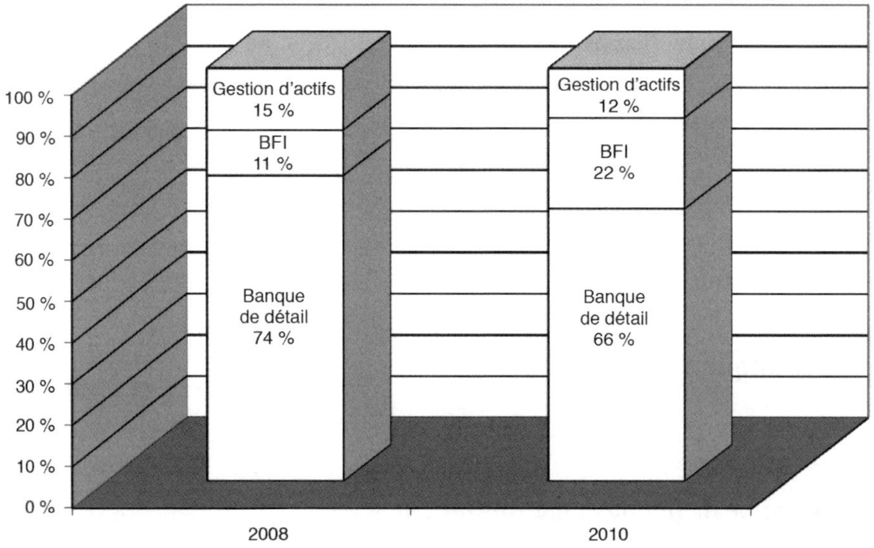

Source : Autorité de contrôle prudentiel.

Figure 9.4 – Poids des métiers en terme de PNB

Cette stratégie de généraliste a certaines implications et présente divers avantages.

Les implications de la stratégie de généraliste

La banque généraliste est, sur une zone géographique donnée, une banque de grande taille occupant des parts de marché significatives car elle s'est efforcée de parvenir à la taille critique pour ses métiers. Elle collecte des ressources considérables affectées à des activités diverses ; de ce fait, la question de l'allocation de ces ressources entre les différentes activités et celle de leur coordination se pose avec une grande acuité.

La banque généraliste choisit comme mode de développement *la diversification*, c'est-à-dire l'extension des domaines d'activité selon la démarche de l'entrée dans un métier et par la suite en élargissant la gamme de produits en fonction des clientèles cibles et des canaux de distribution retenus. Les modes de diversification dans la banque empruntent généralement deux voies, la diversification horizontale et la diversification géographique ; la diversification verticale tant vers l'amont que vers l'aval n'étant pas adaptée à l'activité bancaire.

La forme la plus achevée de diversification correspond à une extension à d'autres métiers que ceux de la banque avec *les conglomérats financiers*, ces groupes transsectoriels composés d'entreprises d'assurance, de banques et d'entreprises d'investissement. Ces conglomérats sont très répandus au Benelux (ING) ou dans les pays scandinaves (Skandia). Depuis quelques années, ils ont été constitués dans d'autres pays comme l'Allemagne (avec en 2001, la fusion d'Allianz, compagnie d'assurances, et de la Dresdner Bank) ou la France (création de la banque AGF en 2000).

Toutefois, une fois l'option de généraliste arrêtée, le choix des métiers constitue sans aucun doute la décision la plus délicate et elle implique de repérer les synergies et les compétences communes que la banque pourra exploiter en englobant dans son périmètre d'activités de nombreux segments stratégiques.

Les avantages de la stratégie de généraliste

- ils découlent de la taille de la banque qui est un élément déterminant de sa stratégie avec les économies d'échelle et de gamme, la position dominante sur un marché et la protection contre la faillite. Les synergies entre les métiers et les ventes croisées jouent un rôle essentiel en rendant possible l'exploitation commune d'informations sur des clients, de systèmes de gestion ou de contrôle ;
- grâce à son réseau d'agences, la banque généraliste collecte des dépôts à vue et d'épargne qui sont pas ou peu rémunérés et qui font preuve d'une grande stabilité ;
- la diversification des métiers, clientèles et zones géographiques assure une division des risques dans de bonnes conditions. La banque généraliste est donc moins sujette que la banque spécialiste aux aléas conjoncturels car elle compense les pertes de tel métier ou activité par des bénéfices en provenance d'autres composantes. Ce phénomène avait déjà été vérifié lors de la crise liée à l'éclatement de la bulle spéculative de 2000, les banques généralistes ayant compensé les mauvaises performances de leur activité de banque d'affaires par celle de banque de détail et par la gestion d'actifs. Il a été particulièrement net avec la crise financière de 2007-2008 où deux métiers ont été fortement touchés : la banque de financement et d'investissement ainsi que la gestion d'actifs. L'on a alors pu constater que le modèle bancaire français, reposant sur les banques généralistes avec une forte composante banque de détail et une gestion raisonnée des risques, présentait une certaine robustesse.

C'est pourquoi la banque généraliste est fréquemment la référence des autorités de tutelle qui le consacrent par la réglementation et considèrent avec bienveillance le développement de ces établissements et leur diversification qui s'effectue le plus souvent par le biais de la croissance externe.

Pour toutes ces raisons et dans un contexte de globalisation, la banque généraliste de type conglomérat financier a été le modèle stratégique dominant dans les économies développées au début de ce XXIe siècle. Dans chaque pays, un ou plusieurs établissements de ce type s'efforcent de maintenir et/ou d'accroître leurs positions sur tous les métiers et tous les marchés, et ce au plan domestique comme au plan international, d'où l'adage *think global and play local*. À la suite de la crise financière, ce modèle combinant banque de détail et banque de financement et d'investissement a été critiqué mais il a montré sa résilience dès lors qu'il s'accompagne d'une appréhension raisonnée des risques. Le contexte de crise et l'évolution de la réglementation Bâle III conduit cependant de nombreuses banques à mener des stratégies de recentrage sur leurs cœurs de métiers.

© Dunod – Toute reproduction non autorisée est un délit.

La stratégie de banque spécialiste

La banque spécialiste est un établissement de crédit qui n'exerce qu'un seul métier bancaire, même si ce métier comprend plusieurs marchés. Elle se définit principalement par rapport aux clientèles et produits sélectionnés et non par rapport à une zone géographique ou à une technologie. Comme exemples de banques spécialistes françaises, on peut citer sur les métiers de la banque de détail ainsi que de la bancassurance et services financiers spécialisés aux particuliers, le groupe Crédit mutuel et sur les métiers de banque d'affaires et de gestion d'actifs, un établissement comme Rothschild et Compagnie.

Les implications de la stratégie de spécialiste

La réussite d'une stratégie de spécialiste est commandée par le choix des segments stratégiques en fonction des avantages concurrentiels détenus par la banque. Ces segments doivent présenter un bon potentiel de développement et une taille suffisante afin que plusieurs concurrents puissent coexister.

La banque spécialiste gère une gamme de produits plus restreinte que la banque généraliste et selon le métier, ses produits relèvent des traitements de masse ou du sur-mesure. Dans ce dernier cas, elle est particulièrement vigilante en matière de qualité et d'innovation car elle ne peut faire jouer les compensations marge – volume.

On pourrait penser que l'effet – taille est moins déterminant pour la banque spécialiste car des établissements de petite taille et qui entendent le rester compte tenu des ressources dont ils disposent, adoptent souvent une stratégie de spécialiste (banques de gestion de patrimoine, par exemple). En fait, pour certains métiers, la taille critique joue un rôle majeur dans la réussite de la stratégie, tout particulièrement pour les métiers de banque de financement et d'investissement et de gestion d'actifs.

Les avantages de la stratégie de spécialiste

Le principal argument avancé pour appuyer la stratégie de spécialiste est qu'une niche de clients ou de produits est plus aisée à exploiter et à défendre de la concurrence. La banque spécialiste englobe quelques segments stratégiques, donc une clientèle concentrée dont elle peut parfaitement analyser les besoins et comportements. Elle en retire des avantages concurrentiels décisifs comme par exemple dans le domaine du crédit à la consommation où les établissements spécialisés savent analyser et suivre le risque de dossiers très nombreux et de petit montant. Ils coexistent avec des établissements généralistes, bien que ces derniers proposent des conditions tarifaires plus favorables. La banque spécialiste est également en mesure de facturer cher les produits sur mesure dont elle détient un quasi-monopole. Elle devrait être particulièrement rentable en compensation de la moindre division des risques. Ce n'est pas toujours le cas, les activités rentables attirant naturellement les concurrents.

Véritablement compétente sur quelques marchés et produits, la banque spécialiste parvient à se forger une image de professionnalisme généralement plus valorisante que celle de banque à tout faire, comme ont su le faire les grandes banques d'investissement américaines.

1.3 L' externalisation et la banque

Comme les autres secteurs économiques, le secteur bancaire est concerné par la question de l'externalisation de certaines activités qui inclut la sous-traitance et la délocalisation. Aussi, dès 2004, la Banque centrale européenne a mené une étude sur la question qui indique que la plupart des grandes banques européennes pratiquent l'externalisation[1].

Les objectifs de l'externalisation

Les objectifs recherchés par les banques sont analogues à ceux de toute entreprise. En premier lieu, l'externalisation permet de réduire les coûts soit parce que le sous-traitant réalise des économies d'échelle en proposant ses prestations à plusieurs clients, soit parce les prestations sont accomplies dans un pays où les coûts de main-d'œuvre sont plus faibles qu'en France. Un second objectif est le recentrage sur les métiers de base pour lesquels la banque dispose d'avantages concurrentiels. Dans les métiers du titre, l'externalisation est fréquente en raison de la longueur et de la technicité de la filière de traitement des opérations sur le marché et post marché. Une banque se spécialise sur une composante de la filière, la négociation par exemple, et sous-traitera la tenue de compte et la conservation. Enfin, comme indiqué précédemment, la flexibilité organisationnelle est un atout décisif pour les établissements de crédit et l'externalisation, en favorisant les adaptations rapides, est un facteur de flexibilité.

Il convient cependant d'observer que l'externalisation induit un certain nombre de risques comme la perte de compétences, la dépendance vis-à-vis du prestataire extérieur, la difficulté de pouvoir le cas échéant ré-internaliser l'activité, l'éventuelle perte de réputation de l'établissement, notamment en cas de baisse de qualité du service, l'accroissement du risque opérationnel et juridique, la possibilité de défaillance du prestataire extérieur.

© Dunod – Toute reproduction non autorisée est un délit.

1. Banque centrale européenne, *Outsourcing in the EU banking sector*, Novembre 2004.

Les activités susceptibles d'externalisation

Toute opération qui n'implique pas un contact direct avec le client pourrait donc être externalisée, pour autant que la réglementation en vigueur sur le contrôle interne est respectée. Les pratiques observées auprès des grandes banques européennes ou américaines indiquent que deux types d'activité considérés comme non stratégiques sont externalisées. Les unes, qui le sont de longue date, englobent les activités de support non spécifiquement bancaires comme la maintenance, le transport de fonds ou les services informatiques ; les autres, plus récemment externalisées, sont liées au développement des technologies de l'information avec les centres d'appel, le traitement des paiements ou des opérations de *back office*. À l'heure actuelle, des activités stratégiques comme le contrôle et la gestion des risques, le marketing ou la gestion des ressources humaines sont rarement externalisées, même si la tendance générale qui consiste à externaliser des activités de plus en plus proches du cœur de métier se vérifie dans le secteur bancaire.

Les modalités de l'externalisation

Chaque banque met au point une stratégie relative à l'externalisation : sous-traitance domestique ou internationale, filialisation réalisée le cas échéant avec un autre établissement de crédit, *joint venture* ou alliance ; et le choix de l'une ou l'autre de ces stratégies découle des activités externalisées. S'il s'agit d'activités non stratégiques pour lesquelles l'objectif de réduction des coûts est recherché, la banque traite avec un sous-traitant domestique, comme dans le cas d'HSBC et Barclays qui ont confié la gestion de leurs comptes titres en France à Natixis, ou situé dans une zone géographique à coûts de main-d'œuvre faibles, et l'Inde semble actuellement une zone privilégiée par les établissements de crédit européens et américains. La filialisation est préférée pour les activités proches du cœur de métier et des composantes ciblées de la filière de traitement des opérations sur titres peuvent faire l'objet d'alliances.

2 Les mouvements stratégiques

Les mouvements stratégiques sont en adéquation avec les objectifs de métier mais également de taille. La taille, on l'a souligné à plusieurs reprises, constitue une préoccupation essentielle d'une stratégie bancaire car elle est tout à la fois avantage concurrentiel décisif et objectif stratégique. Les nombreuses opérations que les secteurs bancaires européen et américain ont connues ces dernières années se situent dans cette perspective d'une recherche de taille critique obtenue grâce à la croissance.

2.1 La croissance interne

Avec ce type de mouvement, l'entreprise choisit de développer par elle-même ses capacités et compétences en investissant pour créer des moyens de production supplémentaires.

Les modalités de la croissance interne

L'augmentation des capacités de production

Pour un métier donné, la banque développe ses moyens de production : la banque de détail accroît son réseau de guichets sur son marché domestique, la société de gestion d'actifs augmente le montant des actifs gérés. Dans le cadre d'une stratégie d'internationalisation, la croissance interne prend alors la forme de création de filiales, d'agences ou succursales dans la zone géographique choisie qui développent les activités que la banque exerce déjà.

La diversification

Pour ajouter un segment stratégique nouveau à son portefeuille d'activités ou pour pénétrer un nouveau métier, la banque crée une filiale qui a vocation à développer ces nouvelles activités, comme le fit le Crédit Agricole en 1986 avec sa filiale Predica qui lui a permis d'entrer sur le marché de l'assurance ou encore les très nombreux établissements de crédit qui ont créé des filiales de banque et de courtage en ligne à la fin des années quatre-vingt-dix.

Avantages et limites de la croissance interne

La croissance interne engendre une expansion régulière de la banque dont elle maîtrise le rythme qui peut être progressif et adapté aux évolutions conjoncturelles. Elle crée une dynamique au sein de la firme bancaire en associant le personnel en place au développement par la voie de nouvelles opportunités de carrière et en minimisant les difficultés organisationnelles et culturelles. Ce type de croissance n'est toutefois concevable que si les marchés ne sont pas totalement saturés et si la banque a du temps devant elle ; en effet, ce processus est lent à mettre en œuvre et peut venir se heurter à des goulots d'étranglements comme par exemple le manque de personnel qualifié pour les produits particulièrement sophistiqués.

Pour des motifs de rapidité dans l'exécution du mouvement, la croissance interne n'est pas le mode de croissance privilégié par les établissements de crédit français et étrangers ces dernières années. Ils ont recouru principalement à la croissance externe.

© Dunod – Toute reproduction non autorisée est un délit.

2.2 La croissance externe

La croissance externe consiste à acheter ou à prendre le contrôle d'une ou plusieurs entreprises présentant les compétences recherchées. L'entreprise achetée peut soit fusionner avec l'acquéreur soit conserver sa personnalité morale d'où l'appellation habituelle de fusions-acquisitions ou de façon plus extensive de restructurations ou consolidation.

Les motivations de la croissance externe

En raison de l'abondance des opérations de fusions-acquisitions dans tous les secteurs d'activité économique, une substantielle littérature se consacre à ce phénomène. Elle souligne tout d'abord que l'objectif mis en avant par les promoteurs des opérations de croissance externe est la création de valeur pour les actionnaires. Et trois arguments sont habituellement mis en avant pour les justifier.

La réalisation de synergies

L'augmentation de taille par le biais de fusions-acquisitions permet la réalisation de synergies qui proviennent d'une réduction des coûts ou d'une augmentation des revenus. *Une banque est efficiente en terme de coûts si, pour un volume de production donné, elle minimise ses coûts.* Elle y parvient grâce à des économies d'échelle réalisées par la rationalisation et la réorganisation des structures (suppression des doublons en matière de réseau d'agences, d'implantations internationales ou de *back offices*, mise en commun de services généraux) et à des économies de gamme avec l'utilisation de moyens existants (systèmes de notations internes, méthodes de *data mining*) pour d'autres produits ou services. *Elle est efficiente en terme de revenus si, pour une combinaison productive donnée, elle maximise son profit.* L'harmonisation de la gamme de produits, les ventes croisées dans une optique de *one-stop shopping* sont source d'accroissement des revenus. Ces efficiences sont toujours mises en avant lors des opérations de consolidation, sachant que les efficiences coûts qui dépendent davantage de facteurs internes à la banque que de facteurs externes comme la modification du comportement de la clientèle, sont plus aisées à réaliser que les efficiences revenus.

Deux mouvements stratégiques sont à même de dégager ces synergies. Le premier consiste à rechercher la prise de contrôle d'un établissement de crédit exerçant les mêmes activités pour optimiser les économies d'échelle, comme dans le cas de l'opération Crédit mutuel – CIC. L'autre, réalisé avec un établissement à activité différente et donc davantage axé sur la recherche d'économies de gamme, permet de pénétrer un nouveau métier et d'accroître les revenus, comme l'acquisition, en 1996, d'Indosuez qui a permis au groupe Crédit Agricole de se développer dans le métier de banque de financement et d'investissement.

La réalisation d'objectifs stratégiques

Grâce à la prise de contrôle d'une autre firme, la banque peut réaliser ses objectifs stratégiques de taille qui, on l'a vu, assurent un avantage concurrentiel déterminant. Parvenir à la taille critique pour dominer un marché constitue une motivation stratégique fréquente. L'objectif de diversification peut également être atteint par la croissance externe qui permet l'entrée dans de nouveaux métiers ou dans de nouvelles zones géographiques comme dans le cas de l'acquisition du CCF par HSBC ou, en 2009, de l'acquisition de Fortis Banque par BNP Paribas qui lui permet d'intégrer deux nouveaux marchés domestiques (la Belgique et le Luxembourg).

Les motivations managériales

En sus de ces motivations relevant de logiques économique ou stratégique, on peut rencontrer le désir des dirigeants d'être à la tête d'un groupe de grande taille, soit par mimétisme (ne pas rester à l'écart d'un mouvement général), soit pour des raisons plus personnelles de recherche de prestige ou de rémunérations élevées.

Avantages et limites de la croissance externe

En contrepoint de l'inconvénient majeur de la croissance interne, la lenteur, *la rapidité d'exécution constitue le principal avantage de la croissance externe* : un nouveau métier, une nouvelle zone géographique sont intégrés sans délai. L'opération, en général médiatisée, renforce l'image de dynamisme et de puissance financière de l'initiateur. Enfin, le mode de financement de la croissance externe, avec le paiement en titres, est moins onéreux que celui de la croissance interne. Si l'opération a été bien conçue et si elle est menée à bien dans de bonnes conditions, elle engendrera des économies d'échelle et les performances du nouvel ensemble seront confortées, au bénéfice des actionnaires.

La rapidité peut néanmoins être source de frictions lorsqu'il faut rapprocher ou fusionner des équipes à culture ou à modes de gestion éloignés, des systèmes informatiques ou de contrôle différents, tout particulièrement en cas d'opérations inamicales. Aussi, on constate parfois (Deutsche Bank et Dresdner Bank en Allemagne, Lloyds et Abbey National en Grande Bretagne) l'interruption de l'opération.

2.3 Les alliances stratégiques

On désigne sous le nom d'alliances stratégiques les coopérations développées entre acteurs du secteur bancaire et financier et qui peuvent prendre la forme de participations croisées ou non, de création de filiales communes ou plus simplement d'accords de coopération pour développer des activités. Ainsi, deux ou plusieurs banques s'associent pour mener à bien un projet spécifique en coordonnant les compétences et moyens qui y sont affectés. À la différence de la croissance externe, chaque firme conserve son autonomie et la maîtrise dans la formulation de sa stra-

© Dunod – Toute reproduction non autorisée est un délit.

tégie, de ce fait l'alliance ne consomme pas autant de ressources financières que la fusion ou l'acquisition. Et en raison de la souplesse qu'elle confère au mouvement stratégique, elle peut évoluer d'une forme à l'autre comme l'exemple du partenariat développé à partir de 2004 entre la banque Lazard et les Caisses d'épargne pour certaines activités relevant de la banque d'investissement et qui, en 2005, a abouti à une prise de participation des Caisses d'épargne dans le capital de la banque Lazard.

Les alliances stratégiques peuvent également précéder un rapprochement comme dans le cas des Caisses d'épargne et des Banques populaires qui ont constitué une filiale commune, Natixis, avant de former le groupe BPCE en 2009.

On distingue habituellement les alliances entre non-concurrents et entre concurrents. En raison de la spécificité des produits bancaires, les alliances entre non concurrents ne sont pas fréquentes, sauf entre la banque et l'assurance ou la grande distribution. Les alliances entre concurrents correspondent à un phénomène croissant qualifié de coopétition. Ces partenariats peuvent prendre la forme d'alliances dyadiques, entre deux partenaires, ou d'alliances multiples.

La création de filiales communes aux établissements bancaires est un phénomène aujourd'hui essentiel dans certaines activités qui n'impliquent pas de contact avec la clientèle. Le domaine privilégié de telles alliances est la conservation des titres avec, par exemple, Caceis, qui une filiale du groupe Crédit Agricole (Crédit Agricole S.A.) et du groupe Caisses d'épargne-Banques populaires (Natixis). Ces partenariats se développent également dans des métiers comme le crédit à la consommation. On peut ainsi citer Crédit Logement, une filiale commune à la plupart des banques françaises exerçant dans le métier de banque de détail pour garantir les crédits immobiliers consentis aux particuliers. Des alliances se nouent également dans la gestion d'actifs, particulièrement depuis la crise financière. En 2009, le groupe Crédit Agricole et la Société générale ont ainsi décidé de constituer une filiale commune, Amundi, en rapprochant leurs structures.

Deux raisons essentielles sont à l'origine des partenariats. Ces opérations permettent, tout d'abord, de développer certaines activités en bénéficiant du savoir-faire de ses partenaires ou en élargissant sa gamme de produits ou sa couverture géographique. C'est, par exemple, une des motivations de la Banque postale qui a conclu, à partir de 2008, différentes alliances dans les domaines de la monétique (avec la Société générale) ou de la gestion privée (avec Oddo et Cie). Ces opérations permettent, ensuite et surtout, de réduire les coûts dans des métiers nécessitant une taille critique compte tenu, notamment, de besoins d'investissements massifs et de leur moindre rentabilité.

En revanche, on peut souligner l'échec des accords de coopération conclus ces dernières années dans le secteur bancaire pour pénétrer un marché étranger, donc à dimension commerciale. L'alliance de BNP Paribas avec Dresdner Bank pour développer des activités bancaires dans les pays de l'Europe de l'Est qui a pris fin en 2001 fournit une bonne illustration des difficultés à nouer des accords de ce genre.

En définitive, du diagnostic aux mouvements stratégiques, il y a un enchaînement de tâches et la force du stratège est de leur donner une cohérence d'ensemble avec la gestion des actifs et passifs ainsi que le marketing, sans oublier d'y adjoindre un système de gestion et de contrôle efficace : tels sont les ingrédients de la réussite.

L'ESSENTIEL

• Grâce à la segmentation stratégique, les quatre métiers bancaires (détail, financement et investissement, gestion d'actifs et services financiers spécialisés) sont mis en évidence. Ils servent de référence pour la réalisation d'un diagnostic stratégique qui consiste à formuler des objectifs à moyen terme et les mouvements permettant de les atteindre.

• L'analyse concurrentielle du secteur bancaire se concentre principalement sur la menace de nouveaux entrants, liée aux barrières à l'entrée comme à la sortie, et sur la concurrence au sein du secteur qui s'exerce métier par métier.

• Les compétences distinctives et avantages concurrentiels sur lesquels la banque assoit sa stratégie sont à rechercher comme pour toute firme dans la qualité de l'organisation, dans la maîtrise des opérations et dans la force de vente. Dans l'activité bancaire, il convient d'y ajouter la taille qui a des implications stratégiques majeures.

• Les choix stratégiques concernent les métiers, d'où des clientèles et des produits, leur mode d'exercice avec la distinction banque généraliste – banque spécialiste. Les métiers de banque d'investissement et de financement et de gestion d'actifs ont obligatoirement une dimension internationale.

• La croissance externe – et les fusions et acquisitions ont été particulièrement nombreuses dans tous les secteurs bancaires depuis 1995 – est le mode de développement le plus utilisé pour entrer sur un métier ou pour atteindre la taille critique avec rapidité.

Bibliographie

Chapitre 1

DELETRÉ B., *Rapport de la mission de réflexion et de propositions de la supervision des activités financières en France*, La Documentation française, 2009.

Rapports annuels de l'Autorité de contrôle prudentiel.

Rapport annuel de l'observatoire de l'épargne réglementée.

Rapports de la BCE, « EU Banking Structures ».

Chapitre 2

ARTUS P., BETBÈZE J.-P., DE BOISSIEU C., CAPELLE-BLANCARD G., *La Crise des subprimes, Conseil d'analyse économique*, La Documentation française, 2008.

BANQUE DE FRANCE, « La crise financière », *Documents et débats*, février 2009.

BANQUE DE FRANCE, « La crise de la dette souveraine », *Documents et débats*, mai 2012.

BONNEAU T., *Régulation bancaire et financière européenne et internationale,* Bruylant, Bruxelles, 2012.

Code monétaire et financier et rapports annuels du Comité consultatif de la législation et de la réglementation financière.

COMITÉ DE BÂLE, *Bâle III : dispositif réglementaire mondial visant à renforcer la résilience des établissements et systèmes bancaires,* Banque des règlements internationaux 2011.

COMMISSION EUROPÉENNE, *Le système bancaire parallèle*, Livre vert, mars 2012.

Chapitre 3

BARNETO P., *Les normes IAS/IFRS*, 2e édition, Dunod, Paris, 2006.

LÉPICIER S. et LE TALLEC Y., *Pratique des normes IFRS par la profession bancaire*, Revue Banque Édition, Paris, 2005.

OGIEN D., *Comptabilité et audit bancaire*, 2e édition, Dunod, Paris, 2008.

ERNST & YOUNG, *IFRS – Les pratiques des grands groupes européens*, CPC, Melyan, 2008.

Chapitre 4

Commission bancaire, *Analyse financière de la situation des établissements de crédit*, Rapport 1995.

CALVET H., *Méthodologie de l'analyse financière des établissements de crédit*, Economica, Paris, 2002.

Chapitre 5

ERRERA J.-M. et JIMENEZ C., *Pilotage bancaire et contrôle interne*, Éditions Eska, Paris, 1999.

ROUACH M. et NAULLEAU G., *Contrôle de gestion bancaire et direction financière*, 6e édition, Banque Éditeur, Paris, 2012.

Commission bancaire, *Mesure de la rentabilité des activités bancaires*, Livre Blanc, novembre 1998.

Chapitre 6

DE LA BRUSLERIE H., *Analyse financière. Information financière, diagnostic et évaluation*, Dunod, Paris, 2010.

DE SERVIGNY A., METAYER B. et ZELENKO I., *Le risque de crédit*, 4e éd., Dunod, Paris, 2010.

DIETSCH M. et PETEY J., « Mesure et gestion du risque de crédit dans les institutions financières », Revue Banque Édition, Paris, 2008.

Chapitre 7

BESSIS J., *Gestion des risques et gestion actif-passif des banques*, Dalloz, Paris, 1997.

DARMON J., *Stratégies bancaires et gestion de bilan*, Economica, Paris, 1998.

DEMEY P., FRANCHOT A. et RIBOULET G., *Introduction à la gestion actif-passif bancaire*, Economica, 2003.

Chapitre 8

BADOC M., *Réinventer le marketing de la banque et de l'assurance*, Revue Banque Édition, Paris, 2004.

BADOC M., *L'essentiel du marketing bancaire et de l'assurance*, Revue Banque Édition, Paris, 2007.

JULIEN A. ET MAROT A., *Marketing de la banque et de l'assurance*, Dunod, Paris, 2012.

LAMARQUE E. (ss. la dir. de), *Management de la banque*, Pearson Éducation, Paris, 2008.

ZOLLINGER M., LAMARQUE E., *Marketing et stratégie de la banque,*5e éd., Dunod, Paris, 2008.

Chapitre 9

PAUGET G., *La banque de l'après-crise*, Revue Banque Édition, 2009

PUJALS G., « Délocalisations et externalisations dans le secteur financier », *Revue de l'OFCE*, 2005/3

GARRETTE B., DURAND R., DUSSAUGE P. (dir.), *Strategor, Toute la stratégie d'entreprise*, 5e éd., Dunod, 2009.

ZOLLINGER M. et LAMARQUE E., *Marketing et stratégie de la banque*, Dunod, Paris, 2004.

On peut consulter les plans de développement stratégique des grands établissements de crédit français et étrangers sur leur site Internet.

« Finance et délocalisations », *Revue d'économie financière*, n° 78, 2005.

© Dunod – Toute reproduction non autorisée est un délit.

Index

N

O

P

Q

R

S

T

V

© Dunod – Toute reproduction non autorisée est un délit.

Gestion – Finance

Analyse financière – *Information financière et diagnostic*, 4e éd., 2010
H. de La Bruslerie

Analyse financière – *Concepts et méthodes*, 5e éd., 2011
A. Marion

Comptabilité et audit bancaire, 3e éd., 2011
D. Ogien

Diagnostic de la performance de l'entreprise – *Concepts et méthodes*, 2012
A. Marion, A. Asquin, C. Everaere

Finance internationale, 2e éd., 2008
P. d'Arvisenet

Gestion de la banque – *Du diagnostic à la stratégie*, 6e éd., 2010
S. de Coussergues, G. Bourdeaux

Gestion de patrimoine – *Stratégies juridiques, fiscales et financières* – 2013-2014, 4e éd., 2013
A. Thauvron

Gestion de portefeuille – *Une approche quantitative*, 2011
P. Clauss

Gestion de trésorerie, 2011
P. Rousselot, J.-F. Verdié

Gestion des risques et produits dérivés classiques et exotiques, 2003
M. Bellalah

Gestion financière, 6e éd., 2005
B. Solnik

Ingénierie financière – *Fusions, acquisitions et autres restructurations des capitaux*, 2012
G. Legros

La finance carbone, 2012
I. Zelenko

Le risque de crédit – *Face à la crise*, 4e éd., 2010
A. de Servigny, I. Zelenko

L'évaluation des entreprises, 2011
G. Legros

Marchés financiers – *Gestion de portefeuille et des risques*, 5e éd., 2009
B. Jacquillat, B. Solnik, C. Pérignon

Pilotage de l'entreprise et contrôle de gestion, 5e éd., 2013
R. Demeestère, P. Lorino, N. Mottis

Pratique des marchés financiers, 3e éd., 2010
D. Ogien

Statistique – *Méthodes pour décrire, expliquer et prévoir*, 2e éd., 2007
M. Tenenhaus

Statistiques pour la gestion – *Applications avec Excel, SPSS, Amos et SmartPLS*, 3e éd., 2012
P.-C. Pupion

Techniques de gestion – *Cours et application*, 3e éd., 2012
F. Hemici, M. Bounab

Trésorerie d'entreprise – *Gestion des liquidités et des risques*, 3e éd., 2012
H. de La Bruslerie, C. Eliez

Comptabilité – Contrôle de gestion

Comptabilité analytique de gestion, 5e éd., 2007
L. Dubrulle, D. Jourdain

Comptabilité de gestion et mesure des performances, 2004
R. Demeestère

Comptabilité financière – N*ormes IFRS versus normes françaises*, 9e éd., 2011
J. Richard, C. Collette, D. Bensadon, N. Jaudet

Comptabilité générale, *Cas corrigés*, 2e éd., 2010
J. Richard et al.

Le contrôle de gestion – *Des outils de gestion aux pratiques organisationnelles*, 4e éd., 2013
H. Löning, V. Malleret, J. Méric, Y. Pesqueux

Le contrôle de gestion de l'immatériel – *Une nouvelle approche du capital humain*, 2012
L. Cappelletti

Normes IFRS – *Application aux états financiers*, 2e éd., 2006
P. Barneto

CENTRE D'ÉTUDES UNIVERSITAIRES
DE BOURG ET DE L'AIN
UNIVERSITÉ JEAN MOULIN
LYON 3
2, Rue du 23ème R.I.
01000 BOURG EN BRESSE
Tél. 04 74 23 82 35

58940 - (I) - (1,6) - OSB 80° - STY - GCO
Imprimerie CHIRAT - 42540 Saint-Just-la-Pendue
Dépôt légal : juin 2013
N° 201304.0406

Imprimé en France